LK 1078

LE
VIOGRAPHE
BORDELAIS,

OU

Revue Historique et Pittoresque

DES

MONUMENTS DE BORDEAUX

TANT ANCIENS QUE MODERNES,

ET DES

RUES, PLACES ET AUTRES VOIES PUBLIQUES DE CETTE VILLE,

dans lesquelles il subsiste

QUELQUES FRAGMENTS D'ANTIQUITÉS,

ou qui rappellent des événements mémorables, singuliers
et peu connus,

RELATIFS A L'HISTOIRE ET AUX TRADITIONS LOCALES.

PAR

L'Auteur de la dernière Histoire de Bordeaux.

> L'habitude et l'esprit de dissipation nous ferment les yeux,
> et sur ce qui est arrivé avant nous, et sur les monuments de
> notre âge. Nous ne faisons surtout aucune attention à ce qui
> s'est passé dans la même ville, dans la même rue que nous
> habitons. Nous marchons sur les débris d'une antiquité respectable, sans qu'ils arrêtent nos regards.
>
> SAINT-FOIX, *Essais sur Paris*, article *sujets divers.*

Bordeaux

IMPRIMERIE DE SUWERINCK,
BAZAR BORDELAIS, RUE SAINTE-CATHERINE.

—

Août 1843.

PROSPECTUS.

Des notices historiques sur ce qu'une grande ville contient de remarquable doivent intéresser également ses habitants et les étrangers qui la visitent. Bordeaux peut fournir une ample matière pour de pareilles notices, si l'on considère, soit ses monuments anciens et modernes, qui rappellent les institutions pour lesquelles ils furent élevés, soit celles de ses voies publiques qui ont été le théâtre de quelques événements importants, ou qui offrent des particularités singulières et peu connues. Le Viographe Bordelais, dont on annonce la publication, traitera de ces divers objets.

On décrira, dans cet ouvrage, les monuments antiques, les édifices destinés aux établissements civils ou religieux que Bordeaux a possédés, et ceux qui subsistent, à quelque époque que remonte leur construction. Ces descriptions seront accompagnées de recherches sur la fondation de ces différents édifices, sur les institutions auxquelles ils furent originairement appropriés, sur les transformations qu'ils ont subies, sur les chefs-d'œuvre d'art et les inscriptions notables qu'ils renferment ou qui ont disparu.

et sur les particularités qu'ils présentent, lorsque leur souvenir méritera d'être conservé.

La description de Bordeaux serait incomplète, si elle ne contenait en même temps une revue pittoresque des rues, places et autres voies publiques de cette ville et de ses faubourgs, dans lesquelles on découvre quelques fragments d'antiquités, ou qui ont vu s'accomplir, dans leur enceinte, des événements qui se rattachent à l'histoire et aux traditions locales. Une pareille revue sera l'objet principal de cette publication. Elle indiquera aussi l'origine des noms singuliers que portent plusieurs de ces voies, et celles qu'ont habitées des hommes distingués dans la carrière des sciences, des arts et du bien public. Le nombre des voies publiques qui fournissent matière à quelque remarque est plus considérable qu'on ne s'imagine communément, car LE VIOGRAPHE mentionne plus du tiers de celles que renferme Bordeaux.

Il a paru nécessaire de faire précéder cet ouvrage de certains éclaircissements relatifs à l'état ancien et actuel de cette ville. Ces préliminaires contiennent entr'autres un précis de son histoire, des observations sur les noms imposés à plusieurs de ses rues en 1793 et en 1842, une notice sur le célèbre intendant TOURNY, dont la vie est peu connue dans la Cité qui lui doit ses premiers et ses plus importants embellissements.

LE VIOGRAPHE diffère entièrement des Descriptions de Bordeaux qui ont paru jusqu'à présent, sous divers titres. Son plan est d'une tout autre portée, par son étendue et par la variété des sujets qu'il embrasse. On a pu apprécier la manière de l'auteur par les essais en ce genre qu'il a publiés dans les journaux du pays, et principalement dans le *Bulletin polymathique du Muséum*, de 1802 à 1811.

Résultat de longues et consciencieuses recherches sur une matière qui n'a encore été qu'effleurée, cet ouvrage traite de tout ce qu'il importe de connaître au point de vue de la topographie archéologique de Bordeaux, et peut être regardé comme le complément de l'histoire de cette ville.

Conditions de la Souscription.

Le VIOGRAPHE BORDELAIS formera un volume in-8°. Il paraîtra en six livraisons, chacune en un cahier de 64 pages et du prix d'un franc, qu'on ne paiera qu'en le recevant. L'impression de l'ouvrage sera en tout conforme au présent Prospectus.

La souscription sera fermée le 1ᵉʳ septembre prochain ; et vingt jours après, on publiera la première livraison. Les suivantes se distribueront régulièrement à de pareils intervalles. La sixième et dernière sera terminée par la liste des souscripteurs et par une table analytique des matières. Cette livraison ne coûtera pas plus que les précédentes, quelle que soit son étendue.

ON SOUSCRIT A BORDEAUX,

Chez MM.

Suwerinck, Imprimeur-Éditeur, au Bazar ;
Lawalle, Libraire, chaussée de Tourny ;
Chaumas-Gayet, Libraire, fossés du Chapeau-Rouge ;
Remy, Libraire, fossés de l'Intendance ;
Delpech, au Bureau des Journaux, place de la Comédie ;
Melon, Marchand Papetier, place du Palais.

LE VIOGRAPHE BORDELAIS,

ou

REVUE HISTORIQUE

DES MONUMENTS DE BORDEAUX,

tant anciens que modernes,

et

DES RUES, PLACES ET AUTRES VOIES PUBLIQUES DE CETTE VILLE,

Qui rappellent des événements mémorables, singuliers ou peu connus, relatifs à l'histoire et aux traditions locales;

AVEC UN PLAN DE BORDEAUX;

Par M. BERNADAU,

Membre de plusieurs Sociétés savantes, auteur de la dernière *Histoire de Bordeaux*.

A BORDEAUX,

CHEZ GAZAY ET Cⁿ, IMPRIMEURS-ÉDITEURS, RUE GOUVION, 16.

—

1844

Les formalités voulues par les lois sur la propriété littéraire ayant été remplies, tout exemplaire non signé par l'Auteur sera regardé comme contrefaçon.

Signature de l'Auteur :

LE VIOGRAPHE BORDELAIS.

CHAPITRE I.

PLAN DE CET OUVRAGE, AVEC QUELQUES NOTICES PRÉLIMINAIRES RELATIVES A L'ÉTAT ANCIEN ET ACTUEL DE LA VILLE DE BORDEAUX ET DE SES FAUBOURGS.

Article I.

Plan de cet ouvrage.

Des notices historiques et pittoresques sur ce qu'une grande et florissante cité contient de remarquable doivent intéresser tout à la fois ses habitants et les étrangers qui la visitent. Bordeaux peut fournir une ample matière pour de pareilles notices, si l'on considère soit ses monuments anciens et modernes, soit celles de ses voies publiques qui ont été le théâtre d'évènements singuliers, peu connus, et qui méritent de fixer la curiosité. Le VIOGRAPHE BORDELAIS traite de ces divers objets, ainsi que l'indique son titre.

On décrit, dans cet ouvrage, les monuments antiques, les édifices destinés aux établissements civils et religieux que Bordeaux a possédé et ceux qui subsistent, à quelque époque que remonte leur construction. Ces descriptions sont accompagnées de recherches sur la fondation de ces différents édifices, sur les institutions auxquelles ils furent originairement appropriés, sur les transformations qu'ils ont subies, sur les chefs-d'œuvre d'art et les inscriptions notables qu'ils renferment ou qui ont disparu, sur les particularités qu'ils rappellent, lorsque leur souvenir mérite d'être conservé. En parlant des édifices subsistants, il a paru convenable de s'étendre peu sur la partie architecturale, et de la subordonner aux remarques historiques qui concernent ces édifices, parce que le lecteur les ayant sous les yeux, peut facilement en apprécier toutes les formes, et que d'ailleurs leurs détails artistiques sont du ressort des *Albums* qui les représentent.

La description de Bordeaux serait incomplète si l'on n'y joignait une revue également archéologique des rues, des places, des quais, et des autres voies publiques de cette ville et de ses faubourgs, dans lesquelles se sont accomplis des événements qui se rattachent à l'histoire et aux traditions locales. Une pareille revue est l'objet principal du *Viographe,* parce que c'est en parcourant, dans un ordre régulier, les principales voies publiques, qu'il décrit les grands édifices qu'on y remarque. Il rappelle en même temps l'origine des noms singuliers ou historiques qu'ont porté ou que conservent plusieurs de ces voies, et celles qui furent habitées par des hommes distingués dans la carrière des arts, des sciences et du bien public, dont les travaux sont succinctement indiqués.

Toutes les voies publiques de Bordeaux ne sont pas indistinctement mentionnées dans le *Viographe*, comme on doit le présumer. Cependant nous osons croire de n'avoir omis aucune de celles qui offraient dans leur enceinte quelque particularité historique ou artistique digne de remarque ; et l'on ne pourra s'empêcher de rendre justice à l'étendue de nos recherches, lorsqu'on verra qu'elles portent sur plus d'un tiers des rues que l'on compte dans cette ville. Leurs descriptions ne pouvant pas être d'une égale importance, il a paru convenable de comprendre, dans des paragraphes de l'article d'une grande voie publique, la notice des petites rues ou même des impasses notables qui viennent y aboutir.

Ce classement n'est pas le seul qu'on ait adopté dans la distribution des matières. Tous les articles dont se compose cet ouvrage y sont rangés dans l'ordre géographique. En conséquence, on a divisé le territoire de la ville de Bordeaux et de ses faubourgs en huit sections qui se suivent du nord au sud, et que sépare entre elles une ligne prolongée du levant au couchant, depuis le port jusques à la banlieue. Dans chacune de ces sections on a successivement décrit les divers monuments anciens et les édifices publics qui y sont situés, ainsi que les cours, places, rues, quais et autres voies remarquables qu'elle renferme dans son territoire. Par ce moyen, le lecteur pourra facilement retrouver les objets dont traite le *Viographe*, et s'assurer de leur exactitude, soit en visitant les différents quartiers de Bordeaux, soit en les rappelant à sa pensée.

Pour ne laisser rien à désirer par rapport à ce qui concerne cette ville, il a paru nécessaire de faire précéder cet ouvrage de quelques éclaircissements relatifs à l'état ancien et actuel de Bordeaux. Ces préliminaires contiennent entr'autres un précis de son histoire, des observations sur les noms imposés à ses rues en 1793 et 1842, une notice sur le célèbre intendant Tourny, dont la vie est peu connue dans la cité qui lui doit ses premiers et ses plus importants embellissements.

Cet ouvrage est d'un genre absolument neuf, et manquait à Bordeaux. Les matériaux qui ont servi à sa rédaction sont dus soit à des manuscrits inédits que nous possédons, soit à des actes publics anciens, soit à des traditions avérées par le témoignage de divers observateurs qui nous ont précédé, soit à nos investigations personnelles faites sur les lieux où nous avons reconnu les objets dont nous parlons. Nous garantissons l'exactitude des faits que nous rapportons, même lorsqu'ils ne s'accorderaient pas avec ceux que certains écrivains auraient avancés. Nous observerons à cet égard que si l'on trouve dans cet ouvrage quelques morceaux qui auraient été publiés dans le pays depuis un demi-siècle, on ne doit pas nous accuser de plagiat. Nous avons inséré dans des recueils périodiques, depuis 1791 jusques à ces derniers temps, plusieurs articles d'archéologie locale qu'on a copiés, souvent sans en citer la source; et si nous en faisons actuellement usage, c'est dans l'intérêt général que nous les reproduirons quelquefois, mais toujours avec des additions. En cela nous usons de nos droits, parce qu'il est permis de reprendre son bien où on le retrouve.

Le *Viographe* diffère entièrement des descriptions de Bordeaux [1] qui ont paru sous divers titres. Son plan est d'une tout autre portée, tant par son étendue que par la variété des objets qu'il embrasse. C'est le panorama de Bordeaux ancien et moderne. Résultat de longues et consciencieuses recherches sur une matière qui n'a encore été qu'effleurée, cet ouvrage traite de tout ce qu'il importe de connaître au point de vue de la topographie archéologique de cette ville, dont il complète l'histoire.

---

[1] On en compte une douzaine, depuis le *Discours des antiquitez de Bourdeaus*, de Vinet, jusqu'au *Nouveau Conducteur de l'étranger* dans cette ville. Celui de ces écrits qui est le moins instructif, quoique le plus étendu de tous, a pour titre: *Recherches et Mémoires concernant la ville de Bordeaux*, par l'abbé Baurein. C'est un recueil de mélanges relatifs aux anciennes églises, rues, seigneuries et familles de cette ville. Les matériaux en sont puisés dans les vieux titres du pays, que l'auteur avait eu occasion de voir, étant très-consulté comme feudiste. Il a publié ces recherches, partie dans ses *Variétés Bordelaises*, et partie dans les *Petites Affiches de Bordeaux*, pour l'année 1778. Une copie de ce travail, contenant deux cents articles en 238 feuillets in-4°, est aux archives de l'Hôtel-de-Ville de Bordeaux, où diverses personnes en ont fait des extraits pour grossir leurs publications.

Article II.

Conjectures sur l'origine de Bordeaux.

La variété des conjectures que les historiens de Bordeaux ont hasardées sur l'origine de cette ville prouve que l'époque de sa fondation est inconnue [1]. Il est présumable que c'était une cité importante des Gaules lorsqu'elle tomba au pouvoir des Romains. Strabon, le plus ancien auteur qui ait parlé de Bordeaux, dit que parmi les petites nations qui habitaient entre la Garonne et les Pyrénées, se trouvaient les *Bituriges-Vivisques*; qu'ils étaient d'origine gauloise; qu'ils vivaient dans l'*Aquitaine,* comme colonie étrangère, et qu'ils y possédaient un marché célèbre (*emporium celebre*) appelé *Burdigala,* qui était situé dans un lieu entouré par des marais que forme la Garonne. Ptolémée, le second écrivain qui ait fait mention de Bordeaux, s'est borné à en déterminer la position géographique. Ausone, poète bordelais, n'a donné aucun éclaircissement historique sur sa patrie dans la description qu'il en a faite.

---

[1] On doit être surpris que dans certains *Almanachs de Bordeaux* on précise l'année de la fondation de cette ville. A la vérité, cette date se trouve à côté de celle de l'invention des moulins à vent, date non moins inconnue, suivant Polydore Virgile, dans son traité *De Inventoribus rerum.*

Les Bituriges-Vivisques ne sont pas nommés parmi les nations gauloises que César soumit cinquante-six ans avant l'ère chrétienne. Il parle seulement des Bituriges-Cubes (habitants du Berri) qui étaient à la tête d'une confédération organisée contre les Romains par les peuples des Gaules. L'armée confédérée ayant été vaincue, ceux qui avaient contribué à la former se dispersèrent pour se soustraire à la vengeance du vainqueur qui incendia plusieurs de leurs villes.

Peu après, une nouvelle confédération de Gaulois tenta de s'opposer à l'invasion des Romains et réunit ses forces dans la partie méridionale de l'Aquitaine. Publius Crassus, lieutenant de César, défit cette armée dans le pays des Sociates, actuellement le canton de Vic-de-Sos (Lot-et-Garonne). Les peuples vaincus de l'Aquitaine envoyèrent des députés vers le général vainqueur pour déclarer qu'ils se soumettaient à la république romaine. Parmi les onze peuples nominativement désignés par César, comme ayant fait leur soumission à son lieutenant Crassus, on ne trouve pas le nom des Bituriges-Vivisques. Ils passèrent probablement sous la domination des Romains, lorsque Valerius Messala fut envoyé dans l'Aquitaine pour en achever la conquête [1]; car, dans un partage de Gaules qu'Auguste fit vingt-sept ans avant l'ère chré-

---

[1] Elle est particulièrement désignée par ce vers de Tibulle :

Gentis Aquitanæ celeber Messala triumphis.

tienne, Bordeaux fut érigé en métropole de la seconde Aquitaine.

On peut présumer, par la ressemblance des noms, que les Bituriges-Vivisques étaient une colonie détachée des Bituriges-Cubes et qui était venue s'établir chez les Aquitains, ainsi que le remarque Strabon, ce qui se voyait fréquemment dans les temps anciens. Il est impossible de déterminer l'époque de cette transmigration. On doit regarder Bordeaux comme une cité gauloise que son heureuse position détermina les Romains à conserver et à embellir, comme tant d'autres des Gaules, lorsqu'ils s'emparèrent de cette vaste et fertile contrée.

Quant aux noms de *Burdigala* et de *Bordeaux* que porte cette ville, on ne peut également hasarder, sur leur étymologie, que des conjectures. Nous ne rapporterons pas celles que divers auteurs ont données : nous nous bornerons à exposer la nôtre, qui n'est fondée que sur des analogies grammaticales. Le nom latin *Burdigala* nous paraît composé de *Burgus* et de *Gala*, mots qui signifient *Bourg de Gaule*. Le mot *Bourg* est très-ancien dans les pays qui représentent l'ancienne Gaule, et désigne une grande agglomération d'habitations. Le lieu dans lequel la colonie des Bituriges-Vivisques était venue s'établir dans l'Aquitaine dut être appelé *Bourg Gaulois* par les peuples qui y abordaient, parce que ses habitants étaient d'origine gauloise. Les Romains latinisèrent ce nom, comme ils le pratiquaient à l'égard des peuples qu'ils soumettaient. En examinant la dénomination française *Bordeaux*, on en trouve la racine dans la première syllabe du mot *Burdigala*, dont la fin s'est altérée par les variations que la langue du pays a graduellement éprouvées. Ces altérations ont été occasionnées par les Visigoths, les Francs, les Sarrasins, les Vascons, les Normands et les Anglais, qui ont occupé plus ou moins longtemps cette ville, et y ont laissé des traces de l'idiome qu'ils parlaient. Ainsi l'*Aquitania* et le *Burdigala* des Romains ont été changés en *Guienne* et en *Bordeaux*, comme *Petrocorium* et *Lugdunum* sont devenus *Périgueux* et *Lyon*. L'histoire n'a conservé aucune trace de l'époque de tous ces changements ; aussi les romantiques ont-ils beau jeu pour les expliquer à leur gré par des documents prétendus inédits, qu'ils font venir de la langue des Gaëls et des Keltes, et qu'ils composent avec du Bas-Breton ou du Basque.

Article III.

De l'enceinte de Bordeaux du temps des Romains, des deux accroissements successifs de cette enceinte et de ses derniers embellissements.

Bien que l'époque de la fondation de Bordeaux soit inconnue, on peut cependant déterminer d'une manière positive la forme que les Romains avaient donnée à l'enceinte de cette ville pendant qu'ils y dominèrent, à quelles années se reportent ses divers accroissements, et quelles étaient leurs limites. Après avoir examiné ces questions, nous ajouterons quelques éclaircissements historiques relatifs aux embellissements qui ont été faits à l'enceinte de Bordeaux dans le XVIIIe siècle.

§ I. *Enceinte de Bordeaux du temps des Romains.*

Lorsque les Romains furent les maîtres de cette ville, ils se déterminèrent à la construire en entier avec ce goût et cette solidité qui caractérisent leurs ouvrages. Ses murs offraient un parallélogramme dont les angles répondaient à l'entrée orientale de la rue de l'Ombrière, au fond de l'impasse Douet, à la Tour du Canon rue de la Vieille-Tour et aux cloîtres de l'église Saint-André. Du côté du levant, le mur de ville avait trois portes. La première était dans la rue de la Tour-de-Gassies, la seconde près l'église Saint-Pierre, et la troisième à l'entrée de la rue Saint-Remi. Le mur méridional était percé de quatre portes. La première s'élevait dans la rue des Epiciers, la seconde rue des Trois-Maries, la troisième à Porte-Basse, et la dernière à l'endroit où la rue des Palanques vient aboutir à celle du Peugue. Il est inutile de désigner la situation des portes du nord et du couchant, attendu qu'elles répondaient directement à celles que nous venons d'indiquer. Ausone a donné une idée succincte de l'enceinte de Bordeaux dans la description qu'il a tracée de Bordeaux. Mais Vinet en a fait connaître tous les détails dans le plan de cette ville qu'il a joint à son *Discours des antiquitez de Bourdeaus*. Ce savant a déterminé dans le même plan les limites des deux accroissements de cette ville. On doit d'autant plus compter sur l'exactitude de ses recherches, qu'il subsistait encore alors de notables débris de ces anciennes limites.

§ II. *Du premier accroissement de l'enceinte de Bordeaux.*

Les Romains ayant été forcés d'abandonner les Gaules, la gloire de Bordeaux s'éclipsa avec eux. Les Visigoths, les Francs, les Sarrasins et les Normands, qui vinrent saccager successivement cette ville, en détruisirent presque tous les édifices. Les ducs d'Aquitaine la rebâtirent au commencement du xe siècle. L'ancien plan fut suivi; on se servit même, pour les murs de clôture, des débris des édifices romains, ce qui acheva de faire disparaître jusqu'à l'idée des beaux ouvrages dont Bordeaux avait été décoré. Cette ville ayant vu augmenter le nombre de ses habitants, son enceinte s'étendit du côté du midi. On construisit un mur de clôture qui prenait depuis la Porte-Basse et suivait jusque sur le port. Les portes de la Rousselle, Bouquière, Saint-Jâmes, du Cahernan, des Ayres et de Toscanam, furent pratiquées dans ce mur, que l'on commença en 1189.

§ III. *Du second et dernier accroissement de l'enceinte de Bordeaux.*

Au bout d'un siècle la population de Bordeaux s'étant accrue, et de nouveaux quartiers ayant été bâtis sur les côtés du nord et du sud de cette ville, les murs de son enceinte furent étendus en 1302. On y renferma les faubourgs de Tropeyte, de Campaure, de Sainte-Eulalie, de Saint-Julien, de Saint-Michel et de Sainte-Croix, avec quelques portions de terrain au levant et au couchant. Les quatre points d'où partaient les lignes de la nouvelle enceinte étaient le lieu où s'élèvent les colonnes rostrales, la place Tourny, la caserne Saint-Raphaël et l'hospice des vieillards. On construisit alors les portes du Mirail, de Saint-Julien, de Sainte-Eulalie, du Far, de Saint-André, Dijeaux, de Saint-Germain, d'Andéyole, du Chapeau-Rouge, du Pont-Saint-Jean, des Salinières, de la Grave et de Sainte-Croix, que nous ferons plus particulièrement connaître ailleurs.

Le souvenir d'une époque aussi mémorable de la prospérité publique de Bordeaux fut consacré par une cérémonie rappelée en ces termes dans la *Chronique* : « En mémoire de l'ancienneté et des limites de l'an-
« cienne ville, annuellement il y a procession géné-
« rale, où les maire et jurats assistent; laquelle estant
« sortie hors de ladite ville et après avoir rentré en
« icelle et ouy le sermon en la plasse de la Corderie
« (rue Condillac), ou s'il faict mauvais temps dans
« les jacobins (terrain des Quinconces), le tout dans
« les anciens fauxbourgs de ladite ville, on se présente
« à la Porte-Médoque (coin des rues Sainte-Catherine
« et du Pont-de-la-Mousque), au devant de laquelle
« on chante avec la cérémonie accoustumée l'*Attollite*
« *portas*. » On plaçait à cet effet une barrière volante

à la porte Médoc; et là le curé de Saint-Mexant répondait en dedans aux antiennes que chantait en dehors le chapitre de Saint-Seurin. Cette cérémonie a été répétée jusqu'au 28 mars 1790; et peu de personnes parmi celles qui y assistaient en connaissaient le motif.

§ IV. *Des travaux publics exécutés pour l'embellissement de Bordeaux, dans le* xviiie *siècle.*

Depuis le commencement du xive siècle, non-seulement l'enceinte de Bordeaux n'avait reçu aucun accroissement, mais encore les arts qui contribuent à la décoration des cités n'y avaient élevé aucun monument digne de l'importance de cette ville. Il était réservé au plus illustre de ses administrateurs de la faire sortir de l'état gothique dans lequel elle se trouvait, et de la doter des établissements dont elle manquait et qui lui étaient devenus nécessaires. C'est au célèbre intendant Tourny qu'elle doit ces avantages. Il y a plus : ce sont ces embellissements qui ont en quelque sorte donné naissance à ceux dont elle a depuis été décorée, soit parce qu'ils les ont préparés, en procurant des issues commodes à des terrains propres à l'exploitation et qui avaient été jusqu'alors abandonnés, soit en faisant naître chez les habitants le goût de la belle architecture qui leur était inconnu.

C'est à ce goût, que Tourny a en quelque sorte importé à Bordeaux, que cette ville doit les nombreux édifices qui ont depuis couvert les terrains récemment livrés à l'exploitation. En effet, lorsque de 1771 à

1780, les marais de la chartreuse et la bordure méridionale du glacis du Château-Trompette furent mis en vente, ces emplacements trouvèrent bientôt de nombreux acquéreurs. Dès lors se multiplièrent les constructions qui ont donné naissance au faubourg des marais et au quartier du Chapeau-Rouge. Dans ces derniers temps les alentours de la promenade des Quinconces se sont couverts de magnifiques édifices, qui attestent combien le goût de la belle architecture s'est propagé à Bordeaux. Nous ferons connaître dans cet ouvrage les divers embellissements dont on est plus particulièrement redevable à Tourny et qui ont accru sensiblement la population de cette ville. Lorsque ce célèbre intendant y arriva, on n'y comptait que quatre-vingt-trois mille âmes : ce nombre s'élève actuellement à deux cinquièmes de plus.

Article IV.

Epoques les plus remarquables de l'histoire de Bordeaux, depuis les premiers temps.

La description de Bordeaux doit nécessairement avoir pour introduction une notice succincte des principaux événements arrivés dans cette ville. Un pareil travail peut tenir lieu d'un précis de son histoire, dans sa partie la plus remarquable, en même temps qu'il servira à classer chronologiquement les recherches qui sont éparses dans les articles du *Viographe Bordelais*.

En l'an 268, Pivésuvius Tétricus, gouverneur de l'Aquitaine pour les Romains, est couronné empereur à Bordeaux par les légions qui étaient sous ses ordres. Il régna pendant six ans sur les Gaules, l'Espagne et l'Angleterre.

On place vers ce temps l'introduction du christianisme à Bordeaux par saint Martial. Le premier évêque connu de cette ville est Oriental, qui assista au concile d'Arles en 314. On compte quinze conciles tenus à Bordeaux, depuis l'an 385 jusqu'en 1624.

379. Le poète Ausone, natif de Bordeaux, et professeur au collége de cette ville, est créé consul romain par l'empereur Gratien, dont il avait été le précepteur.

412. Les Visigoths s'emparent de cette ville, qui cessa alors d'être la capitale de l'Aquitaine.

507. Ils sont chassés de cette contrée par Clovis I. Ce roi érige Bordeaux en capitale du royaume d'Aquitaine, qui passa à divers princes de sa famille, comme un fief dépendant du royaume de France.

729. Bordeaux est pris et saccagé par les Sarrasins d'Espagne.

762. Pepin, roi de France, après avoir défait ces barbares à la fameuse bataille de Tours, vient à Bordeaux, et crée le royaume d'Aquitaine qu'il donne à un de ses fils. Il lui désigne pour lieutenant Seguin, le premier qui ait porté le titre de comte de Bordeaux.

842. Cette ville est incorporée au duché de Gascogne par Charles-le-Chauve.

Dix ans après, des pirates normands s'en emparent.

Les dévastations qu'ils y commettent, pendant près d'un demi-siècle qu'ils en furent les maîtres, forcent les habitants de l'abandonner.

911. Les ducs d'Aquitaine reviennent à Bordeaux, qu'ils font rebâtir sur son ancien plan. On employa à la reconstruction des murs de cette ville les restes des édifices romains que les barbares avaient renversés.

1137. Louis-le-Jeune, fils de Louis VI, roi de France, épouse Aliénora, fille et héritière du dernier duc d'Aquitaine. Les époux ayant divorcé en 1152, cette princesse se marie dans la même année au duc d'Anjou et de Normandie, depuis roi d'Angleterre sous le nom de Henri II. Par ce mariage l'Aquitaine passe sous la domination anglaise et y reste pendant trois siècles, comme un fief dépendant de la couronne de France.

1293. Le roi de France cite à la cour des pairs le roi d'Angleterre, pour répondre aux griefs dont se plaignent les habitants de ce duché. Le roi d'Angleterre n'ayant pas comparu sur cet ajournement, la Guienne est confisquée par le roi de France, qui se saisit de Bordeaux. Il resta en possession de cette ville jusqu'en 1307, qu'elle fut remise au roi d'Angleterre, par suite du traité d'Amiens. C'est la seule fois que Bordeaux ait passé sous la domination française pendant les guerres entre les Français et les Anglais.

1451. Charles VII s'empare de Bordeaux. Les principaux seigneurs du pays y ayant rappelé les Anglais l'année suivante, ce prince parvient à les en chasser, par suite de la bataille de Castillon, où ils furent complètement défaits le 13 juillet 1453. Depuis cette époque la province de Guienne est restée sous la domination française.

1534. Les Bordelais s'associant au mouvement qui s'opérait en France en faveur de l'instruction publique, rétablissent le collége de Guienne et y appellent d'habiles professeurs, parmi lesquels on compte les savants Govéa, Buchanan, Muret, Tévius, Scaliger et Vinet. Ils formèrent les hommes qui se distinguèrent bientôt dans toutes les classes de la société. « Mon « pere, dit l'auteur des *Essais*, m'envoya environs mes « six ans au college de Guyene, trez-florissant pour « lors et le meilleur de France, et à treize ans que « j'en sortis j'avois finy mon cours. »

1548. Une révolte éclate à Bordeaux à l'occasion de la gabelle que le roi voulait y établir. Le gouverneur de la province est massacré, ainsi que plusieurs notables personnages. Le connétable de Montmorency est envoyé dans cette ville pour rechercher les auteurs de la révolte. Il y exerce des actes d'une extrême sévérité.

1572. Le massacre connu sous le nom de *Journée de la Saint-Barthélemy* est exécuté à Bordeaux le 3 octobre de cette année. Deux cent soixante-quatre protestants sont égorgés dans cette ville.

1635. Révolte au sujet d'un impôt sur les cabaretiers. Elle est comprimée par la force armée et suivie d'une amnistie.

1648. Le duc d'Epernon, gouverneur de la province, ayant autorisé une exportation de grains hors de Bordeaux, les habitants s'opposent à cette exportation. L'émeute s'étendit bientôt dans toute la province, qui avait déjà à se plaindre des vexations du gouverneur [1]. Les Bordelais lèvent des troupes pour lui résister, et plusieurs affaires sérieuses sont la suite de ces armements. Les troubles prirent fin par une amnistie accordée par le roi l'année suivante.

1650. La princesse de Condé vient à Bordeaux avec son fils, pour se soustraire aux persécutions du cardinal Mazarin, qui avait fait arrêter son mari et ses beaux-frères le prince de Condé et le duc de Longueville, principaux chefs de la Fronde. Les Bordelais se déclarent en faveur de cette princesse et lèvent des troupes pour la soutenir. Plusieurs combats ont lieu entre ces troupes et celles du gouvernement. Le cardinal Mazarin étant venu faire le siége de Bordeaux, est repoussé devant cette ville. Une amnistie est accordée aux habitants qui avaient pris les armes contre le gouvernement; et la princesse de Condé, qui avait fomenté leur révolte, sort de Bordeaux.

---

[1] Indépendamment des vexations qu'il commettait dans son gouvernement, il y affichait les plus grandes prétentions. Il existe un arrêt du parlement de Bordeaux du 21 mai 1649, qui fait défense au duc d'Epernon de se qualifier de très-haut et très-puissant *prince de Buch,* et aux habitants de lui donner la qualité d'*altesse*. Dans le préambule de cet arrêt il est dit que le duc d'Epernon faisait battre de la monnaie d'argent dans son château de Cadillac, laquelle portait d'un côté son effigie, de l'autre ses armes, et en légende ses noms et titres, avec la qualité de prince de Buch.

Les troubles recommencent l'année suivante, à l'instigation du prince de Condé, qui venait d'être nommé gouverneur de Guienne. Ils se continuent en 1652 et 1653 sous le commandement du prince de Conti, que son frère le prince de Condé avait laissé à Bordeaux pour le remplacer pendant qu'il était allé diriger la Fronde à Paris. Alors s'organise à Bordeaux la faction de l'*Ormée,* qui tenait pour le parti des princes. Cependant la saine partie des habitants, qui voulait le rétablissement de la tranquillité publique, tous les jours plus compromise, négocie secrètement avec les généraux des troupes royales qui se disposaient à attaquer la ville. Une convention est conclue pour la pacification de la ville, et le roi accorde aux habitants une amnistie, qui est publiée le 8 septembre 1653.

1675. Révolte à l'occasion d'un impôt mis sur les ustensiles d'étain fabriqués à Bordeaux, et pour empêcher l'introduction du papier timbré dans cette ville. Cette révolte est apaisée par les soins du maréchal d'Albret, gouverneur de la province. Il promet leur grâce aux révoltés, et tout rentre dans l'ordre. Cependant quelques mois après dix-huit régiments arrivent dans cette ville pour faciliter l'exécution des mesures de rigueur que le gouvernement avait prescrites contre les habitants, à raison de leur dernière révolte. En conséquence le gouverneur ordonne que les habitants soient immédiatement désarmés; qu'ils aient à pourvoir à la nourriture des militaires logés chez eux; que deux portes de la ville soient démolies, et que les cloches qui avaient servi à sonner le tocsin lors de la dernière révolte soient ôtées de leurs clochers. Les cours de parlement et des aides sont exilées hors de Bordeaux, et elles n'y revinrent qu'en 1690, au moyen d'une somme de 400,000 fr. que la ville paya au gouvernement. Il fit alors construire le fort Louis et augmenter les fortifications du Château-Trompette, pour contenir dans le devoir les habitants.

1743. Le marquis de *Tourny* est nommé intendant de Bordeaux. Pendant les quinze années que ce grand magistrat administra cette ville, il la décora de presque tous les embellissements dont elle s'enorgueillit encore. Nous particulariserons ailleurs les travaux de cet illustre administrateur.

De 1747 à 1748, la province ayant manqué de grains, et la guerre empêchant ses approvisionnements par la voie de la mer, Bordeaux éprouve une sorte de famine. L'intendant Tourny parvient à en diminuer la rigueur par les sages mesures qu'il prescrit à cet égard.

Le 17 juillet 1789 on apprend dans cette ville les grands événements qui viennent de se passer à Paris, et qui ont signalé les commencements de la révolution. Les Bordelais arborent la cocarde tricolore. Quatre jours après ils se forment en garde nationale et invitent les quatre-vingt-dix électeurs de Bordeaux à en diriger les mouvements. Ces derniers acceptent cette mission, et concourent avec les jurats à l'administration publique, jusqu'à la nomination de la municipalité constitutionnelle.

1793. Sur la demande des sections de Bordeaux,

les principaux fonctionnaires du département organisent dans cette ville un corps délibérant sous le nom de *Commission populaire de salut public de la Gironde*. Ce nouveau corps avait pour objet de s'opposer aux tentatives que faisait une faction connue sous le nom de *la Montagne* pour s'emparer du gouvernement. En conséquence la commission populaire délibère de lever un corps armé composé de douze cents hommes, d'inviter les autres départements à adopter une semblable mesure et de faire marcher de concert ces divers corps sur Paris, dans l'objet de protéger la liberté des discussions de la convention nationale. La commission populaire n'ayant pu remplir sa mission, se dissout volontairement le 4 août, et le 6 du même mois la convention la met hors de la loi, ainsi que tous ceux qui ont adhéré à ses résolutions.

Le 18 septembre suivant, les sections de Bordeaux cassent la municipalité de cette ville et en remplacent les membres par deux commissaires que chacune d'elles nomme dans son sein.

Le 16 octobre, quatre députés de la convention nationale, délégués par elle à Bordeaux avec des pouvoirs extraordinaires, arrivent dans cette ville pour y faire exécuter le décret du 6 août dernier. Ils déclarent Bordeaux en état de siége, ordonnent le désarmement de ses habitants, le renouvellement des corps constitués du département, dont ils nomment les membres, l'établissement de divers comités révolutionnaires qui maintiennent le régime de la terreur pendant quinze mois.

Le 12 mars 1814, entre à Bordeaux une colonne anglaise faisant partie des armées que les rois confédérés contre Bonaparte dirigent sur Paris. A la suite de cette colonne se trouve le duc d'Angoulême, qui proclame le rétablissement de la famille de Bourbon sur le trône de France.

Le 2 avril 1815, arrive à Bordeaux le général Clausel, nommé gouverneur de cette ville par Bonaparte, qui était venu en France pour ressaisir l'autorité souveraine. La duchesse d'Angoulême avait quitté Bordeaux la veille, ayant renoncé au projet qu'elle avait formé de s'opposer de vive force à l'entrée du général Clausel dans cette ville.

1830. Le 30 juillet, la révolution qui vient de s'opérer dans le gouvernement est connue à Bordeaux. Les habitants déclarent y adhérer ; et tous les signes du gouvernement déchu sont détruits dans cette ville.

1832. Le choléra-morbus exerce ses ravages à Bordeaux pendant cinq mois. On porte à neuf cents le nombre des habitants qui ont été victimes de cette épidémie.

1843. Du 15 au 18 janvier, les quartiers les plus bas de Bordeaux sont inondés, soit par les eaux de pluie provenant des landes environnantes, soit par l'effet d'un grand débordement de la Garonne, qui empêche ces eaux de s'écouler par les canaux du Peugue et de la Devèze. Une souscription est ouverte en ville pour soulager ceux des habitants des faubourgs des Marais et de Saint-Seurin, qui ont le plus souffert de cette inondation. C'est la plus forte qui ait eu lieu à Bordeaux depuis le débordement qu'on y éprouva du 6 au 10 avril 1770, et qui conserve encore dans le pays le nom de *la grande souberme*.

Article V.

Coup d'œil sur la vie et les travaux du célèbre intendant Tourny.

L'administration mémorable de Tourny a laissé de précieux souvenirs à Bordeaux. Cependant on y connaît peu sa vie. Nous avons pensé que les détails que nous allons en présenter seraient accueillis avec quelque faveur dans cette ville. *Louis-Urbain Aubert, marquis de Tourny,* naquit aux Andelys (Eure), vers 1690, d'un père qui avait fait fortune dans les opérations de finances que le ministère obéré de Louis XIV multiplia si fort sur la fin du règne de ce prince. Destiné par sa famille à suivre la carrière de la robe, Tourny fut pourvu de bonne heure d'une charge de maître des requêtes, et se fit distinguer par son application aux affaires d'administration générale qui étaient du ressort de ce corps de magistrats. Le cardinal de Fleury, ministre dirigeant, et le chancelier Daguesseau, furent ses constants protecteurs et contribuèrent à son avancement.

Il fut nommé intendant de Limoges en 1730 et en exerça les fonctions pendant treize ans. Le Limousin lui doit entr'autres les beaux chemins qui ont fait distinguer cette province parmi toutes celles de France. La ville de Limoges conserve encore religieusement le nom de son ancien intendant aux plus notables embellissements dont elle lui est redevable, tels que les allées [1], la place et la porte de Tourny. L'inscription suivante, qu'on grava sur cette porte, dans la même année où ce magistrat fut appelé à l'intendance de Bordeaux, est une sorte d'adieu que les habitants de Limoges adressent à celui qu'ils saluent du nom de père de la patrie.

Turnius hæc nobis parit undique commoda, cives;
Jam dudum pater urbis eam circumauget et ornat.

1743.

Tourny entra en exercice de ses fonctions d'intendant de Bordeaux le 31 août 1743. A peine eut-il porté ses regards sur l'heureuse position de cette ville, qui contrastait singulièrement avec son gothique état architectural, qu'il se sentit enflammé du désir d'ajouter à ce que la nature avait fait pour elle, et d'appeler les arts à venir réparer l'incurie de ses précédents administrateurs. Au milieu du xviiie siècle, l'en-

---

[1] Des *allées de Tourny* subsistent encore à Libourne, à Sainte-Foy, à Périgueux et à Marmande. Celles de Bordeaux furent en partie abattues en 1774, par ordre du maréchal de Richelieu; et le restant a totalement disparu, sans nécessité, en 1831.

ceinte de Bordeaux était encore dans l'état où l'avaient laissée les Anglais, lorsqu'ils en furent expulsés par les armées victorieuses de Charles VII. Les richesses que le commerce y faisait affluer n'ayant point été appliquées à des travaux qui vinssent contribuer à décorer la ville, ses habitants n'étaient nullement excités à concourir à sa décoration, même pour leur avantage particulier. Tourny parvint à vaincre leur indifférence à ce sujet, par la seule annonce des constructions publiques qu'il projettait.

Dès la première année de son administration il fit commencer les travaux [1] d'embellissement dont il dota successivement cette ville. Il les dirigea sur l'extérieur de son enceinte, dont les terrains vides étaient à la disposition de la jurade. Bordeaux se trouvait alors entouré de hautes et antiques murailles, au pied desquelles étaient creusés de larges fossés, que bordaient des chemins sinueux, des terres épaves ou en culture, et en plusieurs endroits de vastes marais. La ville, isolée des faubourgs qui l'avoisinaient sans la toucher, ressemblait à une place de guerre autour de laquelle les maisons doivent être tenues éloignées des forts, parce qu'elles gêneraient le service militaire, et pourraient procurer à ceux qui tenteraient de la surpren-

---

[1] On peut apprécier ces travaux en consultant les *Plans de Bordeaux* qui ont été gravés en 1755 et en 1759. Le premier représente cette ville avec ses embellissements qui avaient été exécutés jusqu'alors, et l'autre fait connaître ce qu'elle était en 1733.

dre, les moyens de s'approcher de ses murailles. Les portes de ville pratiquées dans ces murailles se composaient de plusieurs tours réunies par des arceaux, qui formaient des espèces de donjons, et étaient même en petit nombre eu égard aux besoins de la circulation. Tourny comprit la nécessité de masquer par des maisons particulières ces vieilles murailles, d'en combler les inutiles fossés, et d'entourer la cité moderne de promenades agréables, dont la formation déterminerait insensiblement le rapprochement des faubourgs vers la ville à laquelle ils doivent être unis. Il parvint à faire adopter à l'administration municipale les plans qu'il avait conçus pour l'embellissement dont Bordeaux était susceptible. Le gouvernement ne balança point à autoriser leur exécution dans toutes les circonstances. Il avait même une telle confiance dans les projets que Tourny soumettait à sa sanction, qu'un arrêt du conseil d'état, rendu en 1748, à l'occasion d'un de ses projets, porte textuellement, qu'en cas de dissentiment entre l'intendant et les jurats, l'avis du premier devait être exclusivement suivi.

Nous avons consigné dans l'*Histoire de Bordeaux* la série des établissements conçus et exécutés par Tourny pendant le cours de sa mémorable administration dans cette ville. Ils y subsistent presque entièrement pour convaincre de leur importance. Nous nous bornerons à les indiquer ici en masse. L'éloge le plus vrai qu'on puisse faire d'un administrateur est d'énumérer ses opérations.

Les premières qui occupèrent Tourny furent les six

magnifiques cours dont il embellit l'enceinte de Bordeaux. Sur cette ligne, tracée d'une manière aussi heureuse que durable, il fit reconstruire cinq anciennes portes de ville, et en fit ouvrir quatre nouvelles. Toutes sont d'un style différent, mais toujours noble; l'une d'elles (la porte Bourgogne) est regardée comme un véritable arc-de-triomphe. Au devant de chacune de ces portes s'étendent de vastes places publiques dont les maisons qui les forment présentent une façade d'autant plus remarquable qu'elle est uniforme. Tourny disait que les places qui décorent une ville n'étant qu'une affaire de luxe, il convenait que l'architecture y déployât tout le sien. Les Bordelais doivent aussi à cet illustre intendant dix grandes rues percées dans des quartiers où elles devenaient indispensables, deux promenades publiques dont la ville manquait, sept nouvelles fontaines, l'hôtel de l'Intendance et l'église qui en faisait partie, qu'un incendie avait consumés. Le peuple lui est redevable d'une école gratuite de dessin et de trois écoles primaires, institutions alors très-rares en France.

Le plus important des travaux publics que Tourny ait fait exécuter à Bordeaux, celui qui suffirait seul pour honorer sa mémoire, est la magnifique façade du port de cette ville, qui se compose de plus de trois cents maisons toutes construites sur le même plan, et qu'il parvint à faire achever dans le court intervalle de trois ans. Il hasarda de compromettre sa fortune, en faisant commencer, à ses dépens, cette façade, pour déterminer les capitalistes à acquérir des emplacements en cet endroit, et à y faire bâtir de belles maisons sur un plan qui paraissait alors très-grandiose. Une remarque particulière qu'on ne peut s'empêcher de faire en contemplant les divers monuments élevés par les soins de cet illustre intendant, c'est qu'il ne voulut pas permettre qu'on attachât à aucun d'eux une inscription qui portât son nom, quoique l'étiquette autorisât d'inscrire celui des fonctionnaires du pays sur le frontispice du moindre édifice public inauguré pendant le temps que le hasard les avait placés en charge.

Nous pourrions facilement étendre la liste des travaux d'intérêt général que Tourny a fait exécuter, durant le cours de son administration, dans les parties rurales de la généralité de Guienne; mais il ne doit être ici question que de ceux dont la ville de Bordeaux lui est redevable.

On apprécierait mal l'étendue des talents de ce grand magistrat, si l'on s'imaginait qu'ils étaient concentrés dans ses projets de construction d'édifices publics. Son génie embrassait tout : sciences, agriculture, commerce, administration et jusqu'aux arts d'agrément qui délassent l'homme public, au milieu du mouvement des affaires et des peines de la vie. Souvent, et dans le même jour, après avoir travaillé dans son cabinet à résoudre des questions d'administration que le ministère lui adressait, il allait inspecter, sur les lieux, les travaux qu'il avait ordonnés, d'où il se rendait, soit à une séance de l'Académie des sciences, soit à une assemblée de l'Hôtel-de-Ville ou de la Chambre de commerce, pour prendre part à des discussions d'un autre ordre, puis il venait dans son hôtel se reposer des fatigues de la représentation au milieu d'une société choisie, en se montrant sous les dehors aimables de l'homme du monde [1]. Les affaires publiques n'ont jamais souffert du temps qu'il donnait à ses délassements : son activité suffisait à tout.

Dans le *Nouveau Dictionnaire historique* de Chaudon, la plus judicieuse et la plus impartiale biographie du dernier siècle, on trouve, à l'article *Tourny*, le passage suivant, dont l'exactitude ne saurait être révoquée en doute : « Son activité était extrême. Sa
« lampe était constamment allumée deux ou trois heu-
« res avant le jour. Au milieu des affaires, il con-
« serva toute la sensibilité de son cœur. Il voulait
« être aimé de ceux qu'il enrichissait : il ne put y
« réussir. Le chagrin vint épuiser ses forces déjà af-
« faiblies par le travail. Il mourut loin de Bordeaux,
« en regrettant de n'avoir pu remplir tous ses plans
« de bienfaisance. Aujourd'hui sa mémoire est ho-
« norée dans cette même ville, où il essuya tant de
« contradictions de son vivant. »

---

[1] Tourny avait fait construire, à la suite de l'hôtel de l'Intendance, une salle de concerts, qui a été le premier point de réunion des amateurs de musique, à Bordeaux. Il y avait formé une société philharmonique, qui exécutait, à des époques fixes, les pièces des meilleurs compositeurs du temps. Il ne manquait jamais d'assister à ces concerts, et se plaisait à s'entretenir familièrement avec les exécutants.

Tourny administrait la Guienne à l'époque où la culture de la vigne commençait à y prendre une extension considérable. Les grands bénéfices que le Médoc, les palus et les graves de Bordeaux retiraient de leurs vins chez l'étranger excitaient alors, dans les plus petites communes de la province, une émulation singulière pour planter des vignes dans tous les terrains, sans considérer qu'indépendamment des événements politiques qui pourraient influer sur la vente des vins, la multiplication de cette denrée en ferait baisser les prix, et augmenterait ses frais de culture. On lit à ce sujet ces mots dans un *Essai historique sur l'administration de Tourny*, publié en 1782 : « Les « vignes, disait ce célèbre intendant lorsqu'il sollici- « tait du conseil d'état la défense [1] d'en planter, les « vignes ruineront dans peu toute la Guienne. Cette « denrée n'est pas d'une assez absolue nécessité : les « eaux-de-vie qu'on tire de ces vins n'auront jamais un « cours bien réglé; et cependant le goût de l'agricul- « ture se perd, la population qui s'y livre diminue. »

---

[1] Un arrêt du conseil de 1726 défendait de faire de nouvelles plantations de vignes dans la province, sans l'autorisation de l'intendant. Il est rappelé dans l'arrêt du parlement de Bordeaux du 18 juillet 1764, qui défend à tous propriétaires, négociants et marchands de vins, de faire aucun *coupage de vins*, sous peine de 10,000 fr. d'amende, et ordonne que les propriétaires *estamperont* toutes les barriques du vin qu'ils vendront provenant de leurs domaines. Il est à regretter qu'une pareille mesure soit tombée en désuétude.

Tout bon administrateur doit chercher et exécuter avec persévérance les choses les plus favorables au bien général. Tourny était dirigé par ce principe dans toutes ses opérations. Lorsqu'il avait conçu un projet d'utilité publique et qu'il en avait reconnu la justice et les avantages, il n'était arrêté dans son exécution par aucune considération personnelle. Cette rigidité de caractère lui attira beaucoup d'ennemis parmi les hommes puissants qui songent trop souvent à résister aux améliorations projetées, par cela seul qu'elles sont nouvelles ou qu'elles heurtent leurs opinions. Ainsi l'on vit l'archevêque de Bordeaux tenter de s'opposer à la formation de la place Dauphine, dont le terrain sur lequel elle était ouverte se trouvait dans le fief de l'archevêché. Il prétendait que ce terrain, en tombant dans le domaine public, ne lui produirait plus aucune rente foncière, sans vouloir reconnaître qu'il serait bientôt dédommagé de cette perte éventuelle par la plus value qu'allaient acquérir les fonds environnants qui dépendaient du même fief.

Mais l'adversaire le plus constant que Tourny rencontra dans l'exécution de ses projets fut le parlement. Cette cour, qui s'arrogeait le droit de haute police, souffrait impatiemment de voir que l'intendant voulût exercer exclusivement ce droit, et qu'il ne la consultât jamais, comme ses prédécesseurs l'avaient fait dans plusieurs circonstances. Il parvint cependant, à force de persévérance, à vaincre l'opposition systématique du parlement de Bordeaux, qui, ainsi que les autres parlements de France, se montra toujours jaloux de l'autorité supérieure dont les intendants étaient revêtus. La rivalité du pouvoir a rarement produit la rivalité de zèle pour le bien public entre les fonctionnaires de divers ordres.

Pendant son administration à Bordeaux, Tourny avait été fait conseiller d'état en service extraordinaire. Ce titre, qui n'était d'abord qu'honorifique, lui fut conféré avec toutes ses attributions et prérogatives réelles en 1758, et on l'appela pour en remplir les fonctions auprès du gouvernement. Son fils aîné fut en même temps nommé son successeur à l'intendance de Guienne. Quoique la place de conseiller d'état en exercice primât celle d'intendant, Tourny accepta avec regret ces nouvelles fonctions, parce qu'elles le forçaient d'abandonner les travaux qu'il avait commencés dans son intendance, à laquelle il était attaché, et par le bien qu'il y avait fait, et par celui qu'il se proposait d'y continuer.

On ne peut lire sans émotion ce qu'écrivait à son successeur ce vertueux père, ce grand administrateur, qui tournait encore un regard d'intérêt vers la contrée qu'il abandonnait. Voici quelques fragments des instructions qu'il adressait à son fils : « Je vous laisse,
« mon fils, une province que j'ai aimée avec la plus
« vive affection. Vous recueillerez la gloire de ce que
« j'ai fait pour elle, et vous jouirez plus que moi du
« fruit de mes travaux. Soyez juste, humain, sincère ;
« que jamais vos passions ou des motifs personnels
« n'influent sur votre administration... Croyez que
« tout ce peuple est le juge sévère de nos moindres

« actions, et que ceux même que l'intérêt asservit
« à nous faire leur cour, sont les premiers à nous
« scruter pour profiter de nos faiblesses. Notre place
« nous donne le pouvoir de nous venger ; mais con-
« fondez vos ennemis par vos bienfaits... Ma seule
« satisfaction est de n'avoir commis volontairement
« aucune injustice. J'ai fait beaucoup de bien et ja-
« mais de mal. L'autorité ne m'a semblé douce que
« par le plaisir d'obliger les hommes, souvent malgré
« eux. La véritable puissance ne consiste pas à se faire
« craindre, mais à se faire aimer. »

Tourny est décédé à Paris en 1761. Il avait perdu sa femme à Bordeaux, où elle fut frappée de mort subite le 14 mars 1746. Ils laissèrent de leur mariage deux fils et une fille. Cette dernière se fit carmélite dans le couvent du calvaire à Paris. Elle y édifia par sa piété et par les belles qualités dont elle était douée. Son éloge [1] fut publié sept ans après sa mort, et envoyé à toutes les maisons de l'ordre.

Le fils aîné de Tourny prédécéda son père, et le second mourut peu après. Ce dernier avait établi dans sa terre de la Falaise (Seine-et-Oise) une rosière à l'instar de celle de Salency. Sa femme continua cette institution jusqu'à sa mort, arrivée en 1784. Son

---

[1] Il est intitulé : *La vie de la vénérable sœur Emmanuel* DE TOURNY, *religieuse calvairienne, avec quelques exercices de piété qu'elle avait composés pour son usage.* 1760. Un volume in-12 de 154 et 97 pages.

tombeau, qu'on voyait dans l'église de la Falaise, portait l'inscription suivante, qui avait été composée par l'auteur du *Poème des Mois* :

> Esprit, graces, jeunesse, et fortune, et beauté,
> Tous ces titres si vains où notre orgueil se fonde,
> *Tourny* dans un seul jour, hélas! a tout quitté;
> Et possédant son âme en une paix profonde,
> Sans effort, sans regret elle a vu fuir le monde
> Et s'avancer l'éternité.

Dans le Chapitre IV du présent ouvrage nous parlerons de la statue qu'on a érigée à la mémoire de Tourny sur la place qui porte son nom. Lorsqu'on posa la première pierre de ce monument, on plaça dans les fondements l'inscription suivante, qui est peu connue et dont nous venons de découvrir un exemplaire lithographié :

« *Le 6 avril* 1819,

« *Sous le règne de Louis-le-Désiré, le comte De-*
« *cazes étant ministre de l'intérieur, le comte de Tour-*
« *non préfet, le comte de Montbadon pair de France,*
« *président du conseil général,*

« *Le conseil général du département de la Gironde*
« *a voté une statue à Pierre* [1] *Aubert* DE TOURNY,

---

[1] L'exactitude historique nous commande de faire remarquer que ce prénom est changé en ceux de *Louis-François* dans l'inscription gravée sur le socle de la statue de Tourny, tandis qu'il est

« ancien intendant de la province de Guienne, en re-
« connaissance des services rendus par cet illustre ad-
« ministrateur.

« *Le 20 avril* 1825,

« Sous le règne de Charles X, le comte de Corbières
« étant ministre de l'intérieur, le baron d'Haussez
« préfet du département, M. Ravez président du con-
« seil général,
« *La première pierre du monument a été posée.* »

Article VI.

*Tableaux des nouveaux noms donnés à plusieurs voies
publiques de Bordeaux en 1842 et en 1793, avec
quelques remarques historiques à ce sujet.*

Les diverses voies publiques de cette ville doivent
leurs noms, soit aux établissements qui s'y étaient formés en divers temps, soit à des événements plus ou
moins importants dont elles furent le théâtre, soit à
des particuliers qui les ont habitées. Ces diverses cau-

---

nommé *Louis-Urbain* en tête de toutes les ordonnances par lui
rendues. A la vérité il importe peu de savoir quel est le prénom
d'un homme célèbre; mais puisqu'on lui en donne un publiquement, si faut-il que ce soit bien le véritable.

ses ont occasionné une grande variation dans ces dénominations locales, ainsi qu'on le verra dans cet ouvrage. Depuis un siècle, il y a plus de fixité à ce sujet. L'intendant Tourny ayant le premier ordonné d'inscrire aux coins des rues de Bordeaux leurs noms, que la tradition seule avait conservés, l'autorité municipale fut depuis chargée de nommer celles qu'elle ferait ouvrir, laissant aux propriétaires qui bâtiraient les premiers dans une nouvelle rue, la faculté d'y faire inscrire les noms qui leur conviendraient. Ils conservent encore ce droit. Cependant l'autorité se l'est exclusivement arrogé, soit lorsqu'elle changeait les dénominations qui heurtaient l'opinion dominante, comme il advint en 1793, soit lorsqu'il lui a semblé utile de faire disparaître un même nom que portaient plusieurs rues, afin que leur véritable situation fût mieux désignée.

Ce dernier cas est arrivé de nos jours. En 1839, la mairie arrêta que de toutes les rues qui étaient également appelées, une seule conserverait son nom, et qu'on donnerait à chacune de ses homonymes celui d'un ancien personnage célèbre à Bordeaux, ou bien la dénomination de la rue dont elle serait le prolongement. Cette mesure vient d'être exécutée avec plus ou moins de bonheur. Elle a nécessité un nouveau numérotage des maisons de cette ville, opération qui avait été faite imparfaitement en 1789, lorsqu'on l'entreprit pour la première fois.

Le tableau des voies publiques de Bordeaux, dont les noms ont été changés en 1793 et en 1842, nous a paru devoir être consigné dans un ouvrage destiné à faire connaître la topographie ancienne et actuelle de cette ville. Nous donnerons la première place au travail qui a été arrêté le dernier, parce qu'il est d'une utilité réelle ; celui de 1793 n'est presque actuellement que de simple curiosité. Nous essayerons toutefois de faire disparaître la sécheresse de ces deux listes, en y ajoutant quelques traits anecdotiques relatifs aux personnes et aux événements que certaines dénominations rappellent.

§ I. *Tableau alphabétique des Rues, Places, Cours, Impasses et Chemins qui ont reçu un nouveau nom en* 1842.

NOUVEAUX NOMS.	ANCIENS NOMS.
Rue Baste.	Rue St-Jean des Chartrons.
— Bensse.	Estey-Lambert.
— Berquin [1].	Rue St-Paul St-Seurin.
— Champion.	Petite rue Saintonge.
— de la Concorde.	Rues Prévost et Rousseau.
— de la Cour-des-Aides.	— de la Porte-St-Pierre.
— Couturier.	— Caussade.
— de la Croix-Blanche.	Chemin de la Croix-Blanche.
— Culture.	Imp. Barrau, Dubois, Lecat.
— Degalles.	Rue Lambert.
— Darnal [2].	— St-Joseph St-Seurin.

[1] On a donné à cette rue le nom d'un homme de lettres de Bordeaux, dont il sera parlé au Chapitre VII de cet ouvrage.

[2] C'est le nom du premier continuateur de la *Chronique Bourdeloise*, qui va de 1482 à 1619.

NOUVEAUX NOMS.	ANCIENS NOMS.
Place Delerm [1].	Place Francklin.
Rue Delurbe [2].	Rue Notre-Dame St-Seurin.
— Dupaty [3].	— Ste-Elisabeth.
— Duranteau [4].	— St-Jean St-Seurin.
— Fondaudége.	Chemin du Médoc.
— des Gahets.	Ruelle des Loups.
— Gensonné [5].	Rue St-Louis St-André.
Rue et place Guadet [6].	Rue et place Voltaire.
— Matignon [7].	— Ste-Catherine-de-Sienne.
— Mériadeck.	— des Lauriers St-Seurin.
— Millanges [8].	— du Petit-Loup.
Impasse Ste-Catherine.	Impasse de la Monnaie.
Rue Naujac.	Rue Belair.

---

[1] C'était un carrefour anonyme, situé dans le territoire de la fameuse section Francklin, qui lui légua son nom, n'ayant pu l'imposer à Bordeaux, qu'elle voulait faire appeler *Francklinville*, à l'instar de Lyon, que la convention nationale avait baptisé *Commune affranchie*.

[2] Nom du premier auteur de la *Chronique*, qui commence à l'origine de Bordeaux et finit en 1594.

[3] Ce nom est celui d'un célèbre magistrat dont il est parlé au Chapitre V.

[4] C'est le nom d'un fameux avocat de Bordeaux, mort officier municipal en 1790.

[5] Nom d'un député de la Gironde à la convention, mort en 1793, victime de la faction dite de *la Montagne*.

[6] Ancien conventionnel, victime de la même faction.

[7] Elle porte le nom d'un commandant de Bordeaux, mort en 1597.

[8] C'est le nom d'un ancien professeur au collège de Guienne, qui établit à Bordeaux en 1572 une imprimerie et une librairie, l'une et l'autre bien supérieures à celles qui subsistaient dans cette ville.

CHAPITRE PREMIER.   41

NOUVEAUX NOMS.	ANCIENS NOMS.
Rue Notre-Dame des Chartr.	Rues Charron et Gazeck.
— du Palais-Royal.	— du Château-Royal.
Cours du pavé des Chartrons.	Pavé des Chartrons.
Passage de l'Hôpital.	Corridor de l'Hôpital.
Rue du Peugue.	Rue des Mottes.
Place Pey-Berland.	Grande place St-André.
Rue des Piliers-de-Tutelle.	Rue Pédagen.
— Poirier.	— Mercier.
— Pomme-d'Or.	Petite rue Bareyre.
— Porte-Basse.	Rue des Lois.
— Puy-Paulin.	Petite rue de l'Intendance.
— de la Roquette.	— rue Lagrange.
— Rode [1].	Rue Ste-Thérèse.
— St-Claude.	— Nauté et Prévost.
— Ste-Eugénie.	— Cachecoucuts.
— Ste-Thérèse.	Petite rue Ste-Thérèse.
— de la Taupe.	Grande rue de la Taupe.
— du Temple.	Rue Neuve-du-Temple.
Chaussée de Tourny.	Allées de Tourny.
Rue Vergniaud [2].	Rue Martial.
— Vinet [3].	— Traversière St-Pierre.

Pour éviter des répétitions, on n'a pas relaté, dans ce paragraphe, quelques rues qui ont aussi reçu une

---

[1] C'est le nom d'un artiste bordelais, dont nous parlons à l'article de la *rue du Loup*.

[2] Son nom est celui d'un conventionnel, mort victime de la faction de la Montagne.

[3] C'est le nom d'un savant philologue du XVIe siècle, mort principal du collége de Guienne, et qui a le premier écrit sur les antiquités de Bordeaux.

nouvelle dénomination. On les trouvera à leur rang dans le cours de cet ouvrage, lorsqu'elles donneront lieu d'ailleurs à un article spécial.

§ II. *Tableau des Rues, Cours et Places qui reçurent de nouveaux noms en* 1793.

Quoique les voies publiques que nous allons énumérer n'aient porté un nouveau nom que pendant huit ans, il n'est pas sans utilité de s'assurer de leur situation actuelle, attendu qu'elles se trouvent indiquées dans beaucoup d'actes publics du temps. Un intérêt de curiosité doit d'ailleurs s'attacher à cet amas de dénominations bizarres, et donner lieu à des réflexions plus ou moins graves qui peuvent s'offrir à l'esprit du lecteur. Nous les lui laisserons faire, en nous bornant à rappeler à son souvenir quelques particularités historiques peu connues sur certaines de ces dénominations.

NOUVEAUX NOMS.	ANCIENS NOMS.
Rue des Pêches.	Rue Bonafoux.
— de la Justice [1].	— Bouffard.
— de la Frugalité.	— Boulan.
— Citoyenne.	— Brunet.
— du Sommeil.	— Castelmoron.

---

[1] Cette rue fut ainsi nommée, parce qu'elle conduisait du lieu où siégeait la commission militaire à la place Dauphine, sur laquelle se faisaient les exécutions ordonnées par cette commission.

CHAPITRE PREMIER.

NOUVEAUX NOMS.	ANCIENS NOMS.
Rue du XVII Septembre [1].	Rue Castelnau-d'Auros.
— des Jardins.	— des Catherinettes.
— Ça-Tiendra.	— de la Chapelle-St-Martin.
— du Réveil.	— de la Chartreuse.
— de l'Union.	— Collignan.
— de la Surveillance.	— Cornu.
— des Amarantes.	— Couturier.
— des Nations-Libres.	— du Couvent.
— du Tabac.	— Créon.
— Cassius.	— de la Croix-Blanche.
— Nationale.	— Dauphine.
— des Picques.	— Degascq.
— de l'Unité.	— Dufau.
— des Sans-Culottes.	— Dufourcq.
— du Jeune-Barra.	— de l'Eglise-St-Seurin.
— du Bœuf.	— Faucher.
— de l'Arbre-Chéri [2].	— Ferdinand.
— Montaigne.	— des Feuillants.
— de la Délivrance [3].	— Judaïque St-Seurin.
— de la Fraternité.	— Lacroix.
— du X Août.	— de Lalande.
— Haine-aux-Tyrans.	— des Lauriers.
— de l'Unité.	— Lalliman.
— des Amarillis.	— Lavie.
— du Coq.	— Lecocq.

---

[1] C'est la date de la nuit dans laquelle les députés des sections de Bordeaux, réunis dans le local de celle de Francklin, délibérèrent la cassation de la municipalité, dont il est parlé à la page 23.

[2] On y avait planté ce qu'on appelait un *arbre de la liberté*.

[3] Dans cette rue était l'issue du comité de la section Francklin, qui prétendait avoir *délivré* Bordeaux de l'influence de ce qu'on appelait le *fédéralisme*.

NOUVEAUX NOMS.	ANCIENS NOMS.
Rue de l'Empire-des-Lois.	Rue Merle.
— Guillaume-Tell.	— des Minimes.
— J'adore-l'Egalité.	— Montbazon.
— Brutus.	— Mondenard.
— du Tournesol.	— Mouneyra.
— Vivre-Libre-ou-Mourir.	— Neuve St-Seurin.
— De la Raison [1].	— du Palais-Gallien.
— du Romarin.	— des Palanques.
— de l'Egalité.	— du Parlement.
— de la Conciliation.	— Poissac.
— Plus-de-Rois.	— Pont-Long.
— du Basilic.	— Porte-d'Albret.
— de l'Esprit-des-Lois.	— Porte-Richelieu.
— du Chamois.	— Pradel.
— Ausone.	— Richelieu.
— de l'Indivisibilité.	— Rohan.
— Beauvais.	— Rolland.
— Challier.	— Rougier.
— du Peuple-Souverain.	— Rouleau.
— de la Liberté.	— Royale.
— du Champ-de-Mars.	— Royale St-Seurin.
— de l'Opinion.	— St-André.
— de la Lumière.	— St-Bruno.
— du Temple-Décadaire [2].	— St-Dominique.

[1] Les conventionnels, envoyés pour mettre Bordeaux au pas, comme on disait dans l'argot du temps, étaient logés dans cette rue au ci-devant grand séminaire, où la section Francklin tenait ses assemblées.

[2] Il était établi dans l'église du Chapelet, dont nous parlerons au Chapitre IV. Ce temple avait une succursale dans l'église de Saint-Michel et une autre dans l'église de Sainte-Croix, qu'on appelait les *Salles décadaires de Michel et de Croix*.

CHAPITRE PREMIER. 45

NOUVEAUX NOMS.	ANCIENS NOMS.
Rue Primidi.	Rue St-Etienne.
— Laulan.	— St-Fort.
— du Silence [1].	— St-Louis.
— de la Régénération.	— St-Martin.
— de la Convention.	— St-Nicolas.
— du X Août.	— St-Paul St-Seurin.
— de la Fidélité.	— St-Roch.
— Gemmapes.	— Ste-Colombe.
— du Bonheur.	— Ste-Sophie.
— Beaurepaire.	— Ste-Thérèse, actuellem. des petites Carmélites.
— Ça-Va.	— Segur.
— Michel-le-Pelletier.	— Servandoni.
— de l'Amitié.	— Siron.
— des Navets.	— Vareilles.
— du Bec-d'Ambez [2].	— Verteuil.
— du Français-Libre.	— Villeneuve.
Cours Messidor.	Cours d'Albret.
— de la Convention.	— d'Aquitaine.
— Fructidor.	— du Jardin-Public.
— Thermidor.	— de Tourny.
— Fossés-Marat.	— de l'Intendance et du Chapeau-Rouge.
Place des Droits-de-l'Homme.	Place des Capucins.
— du X Août.	— du Chauf-Neuf.
— Nationale.	— Dauphine.
— du Département.	— Ferdinand.

---

[1] C'était la rue la plus scandaleusement bruyante de la ville.

[2] On avait imposé ce nom au département de la Gironde, attendu qu'alors que ses députés vinrent pour se cacher à Bordeaux, ils débarquèrent au Bec-d'Ambez, où un détachement de la section Francklin manqua de les arrêter.

NOUVEAUX NOMS.	ANCIENS NOMS.
Place de l'Egalité.	Place du Marché-Royal.
— des Picques.	— Mériadeck.
— des Hommes-Libres.	— de la Monnaie.
— Brutus.	— du Palais-de-l'Ombrière.
— du Jeune-Barra.	— du Pradeau
— Guillaume-Tell.	— Rohan.
— de la Liberté.	— Royale.
— de la Montagne.	— St-André (grande place).
— de l'Opinion.	— St-André (petite place).
— de la Convention.	— St-Julien.
— des Sans-Culottes.	— St-Projet.
— Gemmapes.	— Ste-Colombe.

Article VII.

Circonscription de chacune des huit divisions dans lesquelles le territoire de Bordeaux est partagé dans cet ouvrage.

Pour faciliter au lecteur la recherche des objets dont traite cet ouvrage, il a paru nécessaire de partager le territoire de Bordeaux en huit divisions à peu près égales, qui se suivent parallèlement du nord au sud. Chacune de ces divisions est bornée par des voies publiques qui se prolongent en ligne droite du levant au couchant. Les objets décrits se trouvent ainsi circonscrits dans leurs limites naturelles, et placés dans un ordre géographique qui les rapproche les uns des autres, autant que leur situation l'a permis, de manière qu'on lira leur article dans ce livre, comme on en trouvera le sujet lui-même, en parcourant successivement la ville. Chaque division fait la matière d'un chapitre et est limitée ainsi qu'il suit :

Première division (Chapitre II).

Cette division comprend le faubourg de Bacalan, qui est borné au nord par le Bouscat. Elle a pour limite la ligne qui commence à la rue Poyenne et qui se prolonge jusque sur le chemin du Roi, à l'entrée du marais dit de la Grange-Rouge.

Seconde division (Chapitre III).

Elle s'étend à la suite de la précédente, et renferme le faubourg des Chartrons. Ses bornes sont le cours du pavé des Chartrons, le mur de clôture septentrionale du Jardin-Public et l'allée des Noyers, jusqu'à l'entrée du chemin du Médoc.

Troisième division (Chapitre IV).

Les fossés du Chapeau-Rouge et de l'Intendance, le côté nord de la place Dauphine et la rue Judaïque, jusqu'au cimetière des protestants, sont les limites de cette division.

Quatrième division (Chapitre V).

Sa ligne de clôture est formée par les rues Saint-Remi et Porte-Dijaux, par le côté méridional de la place Dauphine, et les rues Pont-Long et Saint-Vincent-de-Paule.

Cinquième division (Chapitre VI).

La ligne qui la termine commence à la porte du Palais, et se prolonge sur la place de ce nom, les rues Poitevine, du Mû, des Trois-Canards, du Peugue, d'Albret et Couturier.

Sixième division (Chapitre VII).

Ses bornes sont les fossés de Bourgogne, de Saint-Eloi, de Ville et des Carmes, les rues Segur, du Palais-de-Justice et Servandoni, jusqu'à la manufacture des tabacs.

Septième division (Chapitre VIII).

Elle est limitée par la rue Peyronnet, le cours Saint-Jean, le cours d'Aquitaine, la rue de l'Enclos, et par le chemin du Tondut, jusqu'à la rue de l'Homme-Mort.

Huitième division (Chapitre IX).

Ses limites sont le Pont-de-Brienne, d'où elles s'étendent, par une ligne dirigée sur le pont du Moulin-d'Arcs, jusqu'à la barrière de Saint-Genès.

Quelque attention qu'on ait apporté pour classer rigoureusement tous les articles du *Viographe* dans la division à laquelle ils appartiennent, on n'a pas toujours pu faire exactement ce classement. Il est des voies publiques qui s'étendent dans plus d'une division, d'autres qui, aboutissant à la ligne séparative de deux divisions, doivent être comprises dans l'une plutôt que dans l'autre, attendu les rapports qu'elles ont avec tel côté d'une ligne plutôt qu'avec tel autre. Pour obvier à cet inconvénient inévitable, on a mis à la fin de l'ouvrage une *Table analytique des matières*, qui indique les pages où les noms de tous les objets qu'elles mentionnent sont rappelés, même les dénominations anciennes des voies publiques. Cette table sera d'un grand secours pour trouver sur-le-champ les moindres articles.

CHAPITRE II.

NOTICES SUR LES ÉTABLISSEMENTS ET LES RUES QU'ON REMARQUE DANS LA PREMIÈRE DIVISION DE BORDEAUX, FAUBOURG DE BACALAN.

Article I.

Du faubourg de Bacalan en général.

Dans une ordonnance rendue en 1759 par l'intendant Tourny fils, pour fixer le prix du péage à percevoir dans les divers ports des environs de Bordeaux, ce faubourg est appelé *Vigne-Garonne* ou *Bacalan*. On ne le connaît plus que sous la dernière dénomination. Le faubourg de Bacalan, qu'on regarde communément comme la continuation de celui des Chartrons, en est séparé par la rue Poyenne, d'où il s'étend sur le bord de la Garonne jusques au quai servant pour le passage de la rivière devant Lormont. Depuis quelques années Bacalan a pris une grande extension, soit parce que toutes ses anciennes impasses ont été ouvertes et prolongées sur le chemin du Roi, soit parce que beaucoup de constructeurs de Bordeaux ont transporté dans ce faubourg les chantiers qu'ils avaient en Paludate, où ils ne pouvaient faire travailler à la construction des navires d'une forte calaison sans de grandes difficultés, attendu les atterrissements qui se sont formés dans la rivière au devant de plusieurs anciens chantiers. Cependant, ces deux faubourgs, qui bornent la ville à ses deux extrémités opposées, n'en doivent pas moins être considérés comme les puissants ateliers de l'industrie maritime bordelaise.

Indépendamment des chantiers de construction, plusieurs usines importantes ont été récemment formées dans le faubourg de Bacalan, comme verreries, poteries, raffineries, magasins pour entrepôt de denrées étrangères. La création de ces divers établissements a singulièrement contribué à l'accroissement de ce faubourg.

On pêche abondamment sur la rive de Bacalan un petit poisson du genre des écrevisses, appelé chevrette ou crevette, et en gascon *esquire*, de son nom latin *squilla*. Ce sont des femmes de ce faubourg qui font la pêche de ce crustacé et qui le vendent cuit par la ville. Cette petite industrie est fort productive dans la saison. Les chevrettes sont un bon manger dans leur fraîcheur. Celles de Bacalan ont cela de particulier qu'elles ne prennent pas, en cuisant, la couleur sanguinolente qui est désagréable à la vue, et qu'elles ne conservent pas l'odeur forte de marée, comme celles qu'on pêche dans la partie inférieure de la Garonne, sous le nom de *santé*.

Feu M. *Dubernet* aîné, négociant, habitait sur le quai de Bacalan, lorsqu'il publia en 1791 un écrit intitulé : *Projet pour liquider l'arriéré des contributions et fournir à tous les besoins financiers que nécessitent les circonstances actuelles.* Ce projet devait s'exécuter au moyen d'une souscription. L'auteur croyait à l'excellence des vues qu'il proposait, car il se porta souscripteur pour une somme de 20,000 fr. Mais il ne trouva point d'imitateurs; et son utopie fut bientôt oubliée, ainsi qu'il est advenu à tant d'autres.

Article II.

Etablissements publics à Bacalan.

§ I. Le *Magasin des vivres de la marine* est établi depuis 1786 sur le quai de Bacalan. Ce bel et vaste édifice a été construit par feu M. *Teulère*, ingénieur de la marine à Bordeaux, le même qui conçut et exécuta en 1788 et 1789 les restaurations les plus importantes qui aient été faites à la *Tour de Cordouan* depuis sa première construction, sur la fin du XVI^c siècle.

§ II. A l'entrée septentrionale de ce faubourg était une chapelle qui servait de succursale à la paroisse de Saint-Remi, dont Bacalan et les Chartrons faisaient autrefois partie. Cette chapelle, dite de Saint-Martial, avait été construite vers le milieu du dernier siècle, par les libéralités d'un habitant du voisinage, nommé *Abert*. Il établit en même temps une rente annuelle de 600 fr. pour un prêtre qui serait tenu de célébrer l'office divin dans cette chapelle tous les jours de dimanches et de fêtes.

§ III. L'ancienne chapelle de Bacalan étant devenue hors de service, fut remplacée en 1804 par une église succursale établie d'abord rue Poyenne, puis à l'extrémité occidentale de la rue Maurice. Cette nouvelle église a été inaugurée le 29 octobre 1840. On lit sur le fronton l'inscription suivante :

D. O. M.

SUB INVOCATIONE SANCTI MARTIALIS.

ARTICLE III.

De quelques rues remarquables à Bacalan.

§ I. Le plus grand nombre des rues de cette division et de la suivante portent le nom d'anciens négociants qui les ont formées sur des terrains inhabités. La *rue Bensse* est une des premières qui aient été ouvertes dans ce faubourg. Par acte du 19 septembre 1717, Nicolas Bensse, ancien juge au tribunal de commerce et jurat de Bordeaux, acheta un petit domaine rural appartenant à la demoiselle Richard [1]. Sur la partie de ce domaine qui bordait le quai de Bacalan il fit construire trois belles maisons uniformes, et sur le derrière trente-six échoppes rangées sur deux lignes parallèles. L'une de ces trois maisons est traversée, au rez-de-chaussée, par un arceau voûté qui sert d'entrée à la rue Bensse.

§ II. La *rue Poyenne* est ainsi appelée parce que M. Poyen y avait établi une manufacture de savon, qui eut un succès équivoque vers le commencement du siècle dernier. On trouve dans les registres de l'Hôtel-de-Ville une permission accordée le 17 août 1753 à la dame Verdier, veuve Poyen, pour rétablir la savonnerie que son mari avait fondée dans cette rue. L'entreprise ayant fini par échouer, divers négociants formèrent dans le même local une réunion de société, qui eut une certaine célébrité pendant plusieurs années, sous le nom de *Bal anglais*.

§ III. Le 8 septembre 1788 on fit le premier essai du *Moulin de Bacalan,* qu'avaient fait construire à leurs frais MM. *Teynac frères* et *Gouffé*. Suivant eux, il devait suffire à fabriquer les farines nécessaires à la consommation de Bordeaux. Les magasins et greniers

---

[1] Ce domaine appartenait auparavant à M. de *Lacroix-Maron*, conseiller au parlement, auteur de deux recueils de vers pieux intitulés : *La Muse catholique*. Bordeaux, 1607 et 1614.

auraient servi de dépôt pour l'approvisionnement de cette ville. Ce moulin comptait vingt-quatre meules : la moitié tournait lorsque les eaux de la Garonne remontaient dans les canaux creusés au devant et sur les derrières du bâtiment, et l'autre moitié quand elles en descendaient. Lors de l'inauguration de ce moulin, les jurats remirent à ses propriétaires des lettres de bourgeoisie, « pour leur donner, dit le registre mu-
« nicipal, un témoignage honorable de la reconnais-
« sance de la cité. »

Cependant après trois ans de service le moulin de Bacalan devint hors d'état de fonctionner, parce que ses canaux avaient été insensiblement obstrués par la vase qu'y déposaient les eaux de la rivière, en mettant en mouvement la machine. Les propriétaires conçurent alors le projet de remédier à cet inconvénient, en obtenant la concession d'une prise d'eau à la Jalle de Blanquefort, afin de s'en servir pour nettoyer au besoin les canaux engorgés. Mais les moyens ayant manqué pour exécuter ce projet, le moulin fut abandonné. Ses bâtiments ont depuis servi à d'autres usages.

§ IV. Avant la construction de cet établissement il y avait tout auprès un des plus vastes celliers qu'on eut encore vus à Bordeaux. Il servait non-seulement pour emmagasiner les vins et eaux-de-vie dont le propriétaire faisait un grand commerce, mais encore à la fabrication des tonneaux de toute dimension qu'il livrait aux nationaux et aux étrangers. Cet établissement est désigné dans divers plans de cette ville sous la dénomination d'*Ateliers de M. Saige*. Il était situé près la rue de même nom. C'était celui d'une ancienne maison de commerce de cette place.

Plusieurs membres de cette famille ont siégé dans la juridiction consulaire et dans la chambre de commerce de Bordeaux, depuis 1602 jusqu'en 1744; et le dernier rejeton de la famille Saige a péri victime de la *sanguinocratie*, le 25 octobre 1793, étant maire de la ville. Ces ateliers jouissaient d'une réputation populaire. Il en est fait mention dans des couplets que les bateliers du bas de la rivière chantaient lorsqu'ils la remontaient, tout en célébrant à leur manière les choses les plus remarquables qu'on apercevait aux approches de ce port. Voici le seul de ces couplets que nous ayons pu découvrir; il est plus vrai que poétique :

> Déjà de Monsieur Sage
> J'entends les tonneliers.
> Bacalan, ton rivage
> Se couvre d'ateliers.
> Mille vaisseaux au large,
> Sous divers pavillons,
> Viennent prendre leur charge
> De nos vins aux Chartrons.   (*Bis.*)

Article IV.

Du quai de Bacalan et des dix autres du port de Bordeaux.

La méthode que nous avons adoptée pour décrire Bordeaux dans un ordre régulier ne nous permet pas de la suivre en ce qui concerne les quais de ce port, parce que, hors les deux premiers, aucun ne se trouve entièrement placé dans une seule division de cet ouvrage. C'est ce qui nous détermine à renfermer leur description dans l'article relatif au premier d'entre eux. Ils y occuperont chacun un paragraphe particulier. La ligne sur laquelle ils s'étendent, depuis la cale d'embarquement pour Lormont jusqu'au Pont-de-Brienne, a 7,580 mètres de longueur.

§ I. Le *quai de Bacalan* est ainsi appelé du nom du faubourg qu'il borde. Il n'est pas entièrement pavé ni abordable dans toute son étendue, parce qu'il est peu fréquenté, vu sa situation éloignée du centre du mouvement des affaires. Seize rues viennent aboutir sur ce quai, et presque toutes sont inachevées ou peu habitées.

§ II. Le *quai des Chartrons*, qui est placé entre celui de Bacalan et celui de Louis XVIII, serait le plus beau de ceux de la ville, si les maisons qui le bordent avaient une façade uniforme. L'intendant Tourny ne pouvait pas prescrire une pareille façade au faubourg des Chartrons, parce qu'elle était de son temps presque entièrement couverte de belles et vastes maisons ; mais il contribua à l'embellissement du quai de ce faubourg en formant et faisant percer plusieurs rues qui y aboutissent, et en ordonnant la construction des fontaines établies au bout des rues Borie et Raze. Ce ne sont pas les seuls travaux d'utilité publique que les Chartrons doivent à ce grand administrateur, ainsi qu'on le verra dans le chapitre suivant.

§ III. Le *quai de Louis XVIII* a pris ce nom du roi sous le règne duquel il a été formé. Ce quai était auparavant bordé par le parapet du Château-Trompette : aucun bateau ne pouvait y aborder, et le passage en était interdit même aux piétons durant la nuit. Cette forteresse fut vendue en 1785 à une compagnie qui devait en exploiter le terrain sur un plan donné par le célèbre architecte *Louis*. On avait commencé à jeter les fondements d'une longue ligne de maisons sur la façade du port, qui devait s'appeler *quai de Calonne*, du nom du ministre des finances d'alors. Mais la vente fut résiliée deux ans après et tous les travaux abandonnés. En 1808, l'empereur donna le Château-Trompette à la ville de Bordeaux, à des conditions que les circonstances ne permirent pas de remplir. Huit ans après, le roi renouvela le même don, mais à titre gratuit. Ce terrain a depuis été utilement exploité, au moyen de la formation du magnifique quartier des Quinconces, dont nous parlerons ailleurs.

Sur le quai de Louis XVIII, on a construit : 1º en 1824, l'*Entrepôt du commerce*, édifice vaste et curieux dans son intérieur, mais dont l'extérieur est loin d'être en harmonie avec les belles constructions qui l'entourent ; 2º en 1826, les *Bains*, qui forment deux établissements séparés, bâtis sur un plan grandiose ; 3º en 1829, les *Colonnes rostrales*, élevées sur le port dans des vues de décoration.

Le 18 juillet 1821, le feu prit à un navire étranger mouillé en face de ce quai. Les secours étant devenus impuissants pour le sauver, on parvint à le dégager de la ligne des bâtiments au milieu desquels il se trouvait, et à le remorquer sur le banc de sable des Queyries, où il se consuma. Sans de hardies et promptes manœuvres, la rade courait risque d'éprouver de graves sinistres. La vue perspective de cet incendie est le sujet d'une lithographie, qui est la première qu'on ait exécutée à Bordeaux, depuis que ce nouveau procédé de gravure a été introduit en France par *Carles Vernet*, peintre célèbre, natif de cette ville.

§ IV. Le *quai de la Bourse* borde les places Richelieu et Royale. Dans la partie septentrionale de ce quai, auparavant appelé *quai du Chapeau-Rouge*, les jurats permirent en 1763 à un particulier de faire construire, sur des piliers bâtis dans la Garonne, les premiers *bains publics* qu'on ait vus à Bordeaux. Ils ont subsisté jusqu'en 1826, ainsi qu'un pareil établissement formé en 1800 à l'autre extrémité du même quai, sous le nom de *Bains orientaux*.

§ V. Le *quai de la Douane* a pris ce nom de l'édifice ainsi appelé, où commence ce quai, pour finir à la rue de la Cour-des-Aides. En ce dernier endroit, le ruisseau de la Devèze se jette dans la Garonne, après avoir traversé la ville de l'ouest à l'est. Ce quai s'appelait anciennement *quai des Anguilles*.

§ VI. Depuis l'embouchure de ce ruisseau jusqu'au pont s'étend le *quai de Bourgogne*, ainsi appelé de la place de ce nom, que nous décrirons ailleurs. Près de cette place et avant la construction du pont était une cale pour les bateaux servant au passage de La Bastide, lequel s'exploitait au profit de la ville, depuis 1764.

§ VII. Le *quai des Salinières* est ainsi appelé du premier nom de la porte Bourgogne, où il commence et se prolonge jusqu'à celle de la Grave. La formation de ce quai date de 1675, d'après le passage suivant de la *Chronique* : « Le 27 juillet audit an, il fut pris
« une délibération dans l'Hôtel-de-Ville, qu'on feroit
« des proclamats de la place qui est entre la Tour-Du-
« pin [1] et la porte de la Grave, afin d'y construire des
« choppes, et de faire un quay au devant d'icelles.
« Cette délibération n'a esté exécutée que longtemps
« après. MM. les Jurats ayant dudepuis baillé cette
« place à fief nouveau, l'on y a basty plusieurs belles
« choppes, et faict un quay au devant, qui sert d'or-
« nement à la ville et de commodité pour le port qui
« estoit inaccessible dans cet endroit avant ladicte ré-
« paration. »

Lorsqu'on forma la place Bourgogne, il s'élevait au centre de son emplacement un gros poteau en bois d'environ 4 mètres de hauteur, que couronnait une toiture circulaire, et dans lequel était nichée une petite statue. Ce poteau était en grande vénération auprès des marins de Bordeaux, qui l'appelaient *lou paü de senta Catalina*. Comme il gênait les travaux à faire

---

[1] Cette tour subsistait dans l'ancien mur de ville sur le côté occidental de la rue encore appelée *de la Tour-Dupin*, laquelle a une issue sur le quai des Salinières, et l'autre dans la place Bourgogne, au moyen d'un arceau qu'on a pratiqué dans une maison, afin de ne pas nuire à la régularité de cette place.

sur cette place, les jurats ordonnèrent son transport au milieu du quai des Salinières, où il a subsisté jusqu'à la révolution. Il dépendait d'une chapelle fondée dans l'église de Saint-Michel, à laquelle appartenait l'argent jeté dans le tronc creusé dans ledit *paü*, provenant des collectes que les marins du haut pays avaient coutume de faire dans les mauvais temps auprès des voyageurs qu'ils transportaient, et après avoir chanté un vieux cantique en l'honneur de sainte Catherine, pour être préservés des ouragans.

Le bourreau levait autrefois un droit d'ancrage sur les bateaux chargés de bois à brûler qui abordaient au quai des Salinières. A mesure qu'ils arrivaient, il jetait à bord de chaque bateau un petit balai, qu'on appelait *geneste,* parce qu'il était fait de branches de genêt; et le batelier était tenu de venir à terre porter au bourreau un *faissonnal* ou trois bûches de la cargaison du bateau.

§ VIII. Le *quai de la Grave* s'étend depuis l'ancienne porte de ce nom jusqu'à celle de la Monnaie. Entre les limites de ce quai fut établie en 1673 la fontaine appelée *Font-de-l'Or* [1], près de laquelle on voit une machine hydraulique, qui sert à élever une eau de source pour alimenter les fontaines placées en plusieurs lieux du port. En 1763, les jurats voulant

---

[1] Le nom brillant imposé à cette fontaine vient uniquement de l'abondance de sa source; car les eaux qui en proviennent sont reconnues pour être les plus mauvaises de celles dont on use à Bordeaux, faute de meilleures.

récompenser le fontainier qui avait imaginé cette machine, lui accordèrent le droit de conduire, par un tuyau souterrain, les eaux de cette source jusque sur le bord de la rivière, et d'y établir un regard, au moyen duquel il pourrait remplir d'eau les tonneaux que les navires de la rade devraient charger pour la provision de leurs équipages. Afin de faciliter l'opération, le fontainier reçut d'abord ces tonneaux autour de la fontaine, où il offrit de les nettoyer intérieurement, de les rebattre, et de les garder moyennant un léger salaire. Il les plaça ensuite sous un hangar construit dans un enclos qu'il ferma, puis complanta d'arbres. Dans ces derniers temps, il s'est prétendu propriétaire du local sur lequel il avait formé cet enclos, lorsque la mairie a voulu le faire démolir, ainsi que les autres clôtures des chantiers de construction établis par tolérance dans cette partie du port. En 1842, un arrêt de la cour royale a débouté de ses prétentions le fontainier de la Font-de-l'Or, et l'a condamné à démolir son enclos.

§ IX et X. Les *quais de la Monnaie* et de *Sainte-Croix* sont peu étendus et n'offrent aucune particularité remarquable. Ils ont pour limites le quai de la Grave au nord, et celui de Paludate au sud. Chacun d'eux n'a qu'une cale d'abordage; le restant de la rive est couvert par des magasins à bois et par des chantiers de construction. Ces derniers sont peu fréquentés maintenant, l'industrie qu'on y exerçait s'étant portée sur d'autres points de la ville depuis l'établissement du pont.

§ XI. *Quai de Paludate.* On peut dire la même chose de ce quai que des deux précédents. Il s'étend jusqu'au Pont-de-Brienne, dont nous parlerons au Chapitre IX. Nous observerons seulement que le chantier de la marine royale est établi de temps immémorial à l'entrée de ce quai, lequel fut autrefois le centre d'un grand mouvement pour le commerce du blé, des vins, des savons et des cafés, qui étaient emmagasinés dans les nombreux celliers de ce faubourg.

CHAPITRE III.

DES ÉTABLISSEMENTS PUBLICS SITUÉS DANS LA SECONDE DIVISION DE BORDEAUX, FAUBOURG DES CHARTRONS, ET DES RUES, PLACES ET COURS REMARQUABLES QU'ON Y VOIT.

Article I.

Du faubourg des Chartrons en général.

C'est le plus considérable des huit faubourgs qui environnent Bordeaux ; et lorsque cette ville était divisée en trois municipalités, les *Chartrons* en formaient une. Son nom vient d'un couvent qui y a subsisté pendant un siècle. Les chartreux de Vauclaire en Périgord se voyant forcés d'abandonner leur monastère, parce

qu'il était continuellement dévasté par les armées françaises qui ravageaient la Guienne, lorsque cette province était sous la dénomination anglaise, vinrent chercher un asile à Bordeaux. Ils y furent accueillis par Pierre *de Maderan*, notaire de cette ville. Par acte du 5 septembre 1383, il leur donna deux maisons et leurs jardins qu'il possédait hors les murs de Bordeaux, dans un endroit appelé *Andéyola*, près l'ancien Château-Trompette. Cette donation fut acceptée par Dom Pierre de Fougeras, prieur de Vauclaire, et par Dom Pierre de Bosco, procureur du même monastère. Les chartreux bâtirent en cet endroit un petit couvent dans lequel ils résidèrent jusqu'à la pacification de la Guienne. Ils occupaient encore ce couvent en 1425, car il en est parlé dans le testament fait le 25 août de la même année par Pierre Andra, chanoine de Saint-Seurin. Cet acte porte le legs suivant en faveur des chartreux de Bordeaux : « Et plus a dat et leyssat lodit
« testayre (testateur) à la capéra de Nostra-Dona deüs
« Chartroux vingt souds una vetz pagaduyras, per tant
« que los prior et frayres de la deyta capéra sian ten-
« gutz de préguar Diü per l'arma (l'âme) deüdit tes-
« tayre. »

Autour de ce couvent se groupèrent insensiblement des habitations particulières, qui formèrent le village des Chartreux, lequel est devenu le faubourg des Chartrons; car ce quartier a porté successivement ces deux noms. Le dernier dérive évidemment du premier, et il est le seul en usage depuis la fin du xviie siècle, ainsi qu'il résulte des écrits du temps.

Lorsque le calme fut rétabli dans la province par l'expulsion des Anglais qui la possédèrent pendant trois siècles, les chartreux retournèrent dans leur couvent de Vauclaire, et aliénèrent les propriétés qu'ils avaient à Bordeaux. Ils n'y conservèrent que la chapelle des Chartrons, dont jusques à la révolution ils ont loué l'usage aux marins étrangers qui abordaient dans ce port, et qui faisaient célébrer l'office divin les jours de fêtes dans cette chapelle. Elle était placée à l'entrée méridionale du quai des Chartrons : on la désignait sous le nom de *Chapelle des étrangers.* Quoique petite et bâtie sur l'alignement de la façade des maisons de ce quai, elle était distinguée par une croix que supportait une belle colonne en pierre qui s'élevait sur le trottoir.

Le faubourg des Chartrons n'a commencé à prendre une grande extension que sur la fin du xviie siècle, car jusqu'alors il n'y avait pas de boulangerie établie, ainsi qu'on l'apprend par le passage suivant de la *Chronique* : « Le 14 décembre 1694, le fauxbourg
« des Chartrons estant d'une longue estendue, il fut
« trouvé à propos par MM. les Jurats d'establir un
« boulanger audit lieu, pour y vendre et distribuer du
« pain au public; et en conséquence est permis au
« nommé Pichon de tenir boutique et ouvroir public
« dans lesdits Chartrons, pour y vendre et débiter du
« pain. » Déjà les jurats, prenant en considération l'accroissement de ce faubourg, y avaient autorisé un établissement utile qui y manquait. « Le 3 novembre
« 1685, lit-on dans l'ouvrage précité, il fut fait un

« establissement de six chirurgiens pour exercer l'art
« de la chirurgie et barberie dans le fauxbourg des
« Chartrons, tout ainsi que les maistres chirurgiens ju-
« rez de la ville ont accoustumé, à la charge de n'en-
« treprendre rien sur les statuts desdits maistres, et
« d'appeler, dans les maladies aiguës et dangereuses,
« des médecins et chirurgiens de ladite ville, pour
« consulter sur lesdites maladies. »

On regarde les Chartrons comme un des plus beaux faubourgs de l'Europe, et surtout comme le plus commerçant. Les rues en sont larges et bien alignées, et les maisons qui les forment, particulièrement celles qui sont sur le quai, sont vastes et d'une belle construction. La majeure partie de ces rues portent le nom d'anciens négociants qui les ont fait ouvrir. On y remarque une grande quantité de magnifiques celliers, vulgairement appelés *chais*, qui renferment les quatre-cinquièmes des vins et des eaux-de-vie du pays que le commerce exporte par la voie de la mer. Ce faubourg doit à l'intendant Tourny plusieurs établissements d'intérêt public que nous faisons remarquer plus bas, et dont le plus important est la formation des grands fossés de dérivation qui servent à conduire les eaux des marais des derrières des Chartrons dans la Garonne.

On remarquait autrefois entre les habitants de ce faubourg et ceux de la ville une différence bien prononcée dans leurs habitudes et dans leur manière de vivre. Les premiers se donnaient même le nom de *Chartronnais*, comme s'ils avaient une origine particulière, et si le faubourg qu'ils habitaient était indépendant de Bordeaux et n'en faisait pas partie. Cette différence, qui ne se remarque plus, vient de ce que ce faubourg a été en tout temps plus particulièrement habité par des négociants étrangers que le commerce avait déterminé à y fixer leur demeure.

L'abbé *Courreges*, qui publia en 1769 le poëme héroï-comique de *Popel*, ou le *Cuisinier du séminaire de Bordeaux*, était originaire des Chartrons. Dans ce faubourg est mort en 1814 Joseph *Despaze*, homme de lettres, principalement connu par ses *Quatre satires sur la fin du* XVIIIe *siècle* et par sa *Poétique de la satire*. M. *Vande-Brande*, ancien négociant de Bordeaux, habitait dans la rue qui porte son nom, faubourg des Chartrons. Il est auteur de la *Relation d'un voyage de Languedoc, Provence et comtat d'Avignon*. Bordeaux, 1774; in-12. Il y a des détails historiques curieux dans cet ouvrage, que l'auteur adressa à M. *de Kater*, aussi négociant de cette ville, qui cultivait comme lui les lettres.

M. *Black*, mort professeur de médecine et de chimie à Edimbourg en 1799, était né dans le faubourg des Chartrons, où son père avait établi une maison de commerce. Il s'est rendu célèbre par ses écrits et par ses expériences sur le magnétisme et sur la chaux vive. Ce savant fut l'ami intime de l'illustre Darcet, qu'il avait connu dans sa jeunesse au collége de Bordeaux, où tous deux reçurent leur première éducation.

Dans le même faubourg habita M. *Barrère*, amateur distingué de musique. Il jouait de la basse d'une manière supérieure, et exécutait sur cet instrument des *solo*, qui jusqu'alors avaient été réservés pour les violons de première force. Pendant plus de vingt ans il a fait l'ornement des concerts de société qui furent autrefois très-nombreux à Bordeaux, et auxquels il se rendait avec une extrême complaisance pour y tenir sa partie. Les amateurs de musique conservent encore des *concerto* composés par M. Barrère.

M. *Lhospital*, homme de lettres de Bordeaux, où il est mort en 1819, a résidé longtemps aux Chartrons. Il a publié, soit séparément, soit dans les journaux, divers pamphlets en prose ou en vers, tous relatifs à cette ville. En 1813 et 1815, il annonça qu'il s'occupait d'une *Histoire de Bordeaux*; mais son projet est venu grossir la liste de tant d'autres tentatives échouées. On a trouvé, dit-on, dans ses papiers, quatre-vingts pages du commencement de ce travail. Feu M. *Dulau*, médecin, doit être aussi compté au nombre de pareils entrepreneurs d'histoire, suivant le *Bulletin polymathique du Muséum*, année 1812.

Article II.

Des cours Saint-André, Saint-Louis et chemin du Roi, et de quelques rues qui y aboutissent.

§ I. Les *cours Saint-André* et *Saint-Louis*, et celui qu'on appelle *chemin du Roi*, qui s'étend à la suite, terminent les magnifiques boulevarts que Bordeaux doit aux soins de l'intendant Tourny. Ce grand administrateur a indirectement contribué à la formation de ces cours, lorsqu'en 1757 il fit commencer la première église dite de *Saint-Louis*, dont nous parlons au § III du présent article.

Avant qu'on n'ouvrit le cours Saint-André, le sol sur lequel on le voit était sillonné par un tortueux chemin vicinal, bordé d'un côté par le mur de l'enclos du couvent des petits carmes, et de l'autre par des échoppes et des jardins dispersés sans aucun alignement. Pour former ce cours, qu'il nomma *grande rue Saint-André*, Tourny indemnisa préalablement les propriétaires du terrain que devait occuper la voie publique. Nous avons sous les yeux un traité passé avec notre aïeul, le 15 juin 1744, par lequel l'intendant s'obligea à lui faire rebâtir une maison qui se trouvait sur la nouvelle rue Saint-André, et à lui faire compter en outre une certaine somme par les jurats, en paiement de la partie de ses propriétés qui avait servi à former cette rue. Ce traité a été parfaitement exécuté dans toutes ses conditions. Nous avons cru devoir rappeler ce fait, pour prouver combien peu étaient fondées les allégations des ennemis de Tourny, lesquels l'accusaient de s'emparer d'autorité des terrains qui convenaient à ses projets.

§ II. Le *chemin du Roi* est une continuation du cours Saint-André. Il fut entrepris par Tourny, pour faciliter le desséchement des grands marais des Chartrons. L'*Estey-Crebat* (Crevé), autrement dit de Rabey, est le principal canal de dérivation des eaux de ces marais, dont l'état ne s'est guère amélioré depuis cette époque.

§ III. Le *cours Saint-Louis*, qui a été entrepris dans ces derniers temps, a pris son nom de celui d'une église que Tourny avait fait commencer à l'endroit où ce cours se joint au chemin du Roi. Les fondements de cette église s'élevaient de la hauteur de 1 mètre au-dessus du sol lorsque le Château-Trompette fut vendu. Le roi avait affecté une somme de 300,000 fr., à prélever sur le produit de cette vente, pour continuer l'église Saint-Louis. Il n'en subsiste plus aucun vestige.

§ IV. La *grande rue Lagrange*, qui débouche sur le cours Saint-André, est ainsi appelée du nom d'un particulier qui y découvrit, il y a un demi-siècle, une source aussi abondante que celle de Figuereau, dont elle est voisine. Dans un *Mémoire* sur les fontaines projetées à Bordeaux en 1791, on a proposé de faire servir la source de Lagrange pour fournir des eaux au faubourg des Chartrons, qui en manque.

§ V. Au cours Saint-André aboutit la *rue Sainte-Eugénie*, qui est nommée *rue Cache-Coucuts* sur les anciens plans de Bordeaux. Le peuple trouva plaisant de l'appeler rue *Cache-Cocu*; et cette dénomination étrange prévalut. La première cependant est la seule exacte, d'autant qu'elle est fondée sur un fait relatif à la situation de cette rue. Elle avait été formée sur un terrain planté d'oseraies, où venaient se nicher les coucous, qu'on nomme en gascon *coucuts* [1]. Dans le

---

[1] Ce qu'on appelle *cocu* en français porte un nom bien différent en gascon.

même endroit abondaient aussi les merles, d'où vient le nom de la rue *Cante-Merle*, qui est à côté de la précédente. Quant à la dénomination de Sainte-Eugénie, qu'on vient d'imposer à la rue Cache-Coucuts, nos recherches ne nous ont rien appris sur son origine. Ce nom ne se trouve d'ailleurs ni dans l'histoire de Bordeaux, ni dans les calendriers de cette ville. Cependant lorsqu'on a changé les dénominations de certaines rues, il paraît qu'on avait eu le dessein d'y substituer des noms reconnus pour historiques.

Article III.

De la place Féger.

Cette place, qui sépare le cours Saint-André de celui du Jardin-Public, fut formée en même temps que ces deux cours. Les registres de l'Hôtel-de-Ville contiennent, à l'occasion de la dénomination de cette place, une anecdote que nous croyons devoir rappeler. Le 13 juillet 1769, les jurats rendirent une ordonnance portant qu'on inscrirait les noms des rues des Chartrons qui n'étaient connus que par tradition. M. *Latour-Féger*, ancien jurat et négociant distingué de Bordeaux, fit effacer son nom que les propriétaires de son voisinage avaient depuis longtemps donné à une place sur laquelle était sa demeure. Ceux-ci s'obstinant à vouloir qu'on replaçât l'inscription, les jurats délibérèrent, le 27 du même mois, « que le nom de

« *place Féger* serait conservé à l'emplacement trian-
« gulaire où aboutissaient les rues *Cornac, Dufau* et
« *Traversière.* »

Article IV.

De la place Picard et d'une rue qui y aboutit.

§ I. La *place Picard* a été formée dans ces derniers temps sur un terrain vacant, situé à la jonction des cours Saint-André, Saint-Louis et du chemin du Roi. Au lieu du nom insignifiant imposé à cette place, on aurait dû lui donner celui de Saint-Louis, que devait porter l'église qu'on projettait de bâtir en cet endroit, et dont nous avons parlé à la page 69.

§ II. Près de la place Picard aboutit la *rue des Retaillons.* Au commencement du dernier siècle, un tailleur nommé Jandot, qui avait fait fortune à l'île d'Haïti, fit bâtir le premier dans cette rue une belle maison, qui était accompagnée d'un jardin d'agrément fort remarquable pour le temps. Et comme alors on n'avait pas encore inscrit le nom des rues dans les Chartrons, les habitants de ce quartier trouvèrent plaisant d'appeler *rue des Retaillons* celle que leur ancien voisin avait ouverte. On supposait qu'il devait sa fortune à l'attention qu'il avait eue dans son métier, de ne pas jeter les rognures de l'étoffe qu'il exploitait, nommées en gascon *retaillons,* dont on accusait cerains tailleurs d'autrefois de faire leur profit. Ce fait vient à l'appui de l'opinion que nous avons émise, que tous les noms de nos rues furent originairement significatifs, et que c'était le peuple qui les donnait, suivant son caprice.

Article V.

De la rue Notre-Dame, de l'église et du temple qui sont situés dans cette rue, et de quelques rues qui y aboutissent.

§ I. La *rue Notre-Dame* est la plus ancienne et la plus longue rue du faubourg des Chartrons. Là s'élevait, depuis 1735, le couvent des carmes déchaussés, vulgairement appelé des petits carmes, parce que cet ordre était une réforme de celui des grands carmes, faite par sainte Thérèse, en 1564. L'origine de ce couvent est singulière; car il fut bâti au moyen des bénéfices résultant d'une lotterie établie à cet effet à Bordeaux. Il en remplaçait un autre qui avait été fondé en 1626, sur le terrain du Château-Trompette, et qu'on démolit pour former l'esplanade de ce château en 1671. Alors on construisit pour ces mêmes religieux un couvent dans la rue Montméjan, dont on parlera ailleurs. C'est de ce dernier couvent que fut extraite la population de celui des Chartrons, qui formait le seul établissement ecclésiastique qu'il y eut autrefois dans ce faubourg.

§ II. Depuis la suppression de ce couvent, son église sert pour la nouvelle *paroisse de Saint-Louis*. La sacristie de cette église renferme un *Jésus au jardin des olives*, dont la tête est d'une grande expression. Ce tableau offre aussi un bel effet de lumière : il est de M. Olivier, qui a peint le plafond de la salle d'audience du tribunal de commerce et plusieurs décorations du Grand-Théâtre de Bordeaux.

§ III. Le 29 mars 1835 a été inauguré le *Temple des protestants*, qu'on a construit sur l'emplacement d'un autre plus ancien. Cet édifice, qui fait honneur aux talents de l'architecte Corcelles, renferme dans ses accessoires le dépôt de la société biblique, et deux écoles d'enseignement mutuel à l'usage des enfants des calvinistes.

§ IV. A la rue Notre-Dame aboutit la *rue Pomme-d'Or*. Elle tire son nom d'une hôtellerie fameuse qui y était autrefois établie et qui portait pour enseigne : *A la Pomme-d'Or*. Cette hôtellerie était particulièrement fréquentée par les marins étrangers, dont les navires stationnaient devant le faubourg des Chartrons, et auxquels les anciens règlements ne permettaient de mouiller au delà de la ligne du Château-Trompette, dans la rade de la ville proprement dite. Dans la rue Pomme-d'Or est établie une école primaire gratuite pour les jeunes filles du premier arrondissement de Bordeaux. Elle est tenue par les sœurs de la charité qui desservent la maison de secours du même arrondissement.

§ V. La *petite rue Bareyre*, actuellement appelée rue Pomme-d'Or, et qui aboutit à celle de Notre-Dame, débouche dans la grande *rue Bareyre*. Le nom de cette dernière rue est celui d'un ancien négociant qui fut jurat en 1744. C'est alors qu'il fit ouvrir cette rue, où il établit son comptoir. La dénomination de presque toutes les rues de ce quartier leur a été donnée par des propriétaires notables qui y ont les premiers habité.

Article VI.

De la place du marché des Chartrons.

§ I. Elle a été formée en 1800, sur le terrain du jardin de l'ancien couvent des petits carmes. On y a établi un marché quotidien, qui contient peu de marchandises, quoiqu'il soit au centre d'un quartier populeux et très-marchand.

§ II. Les *Archives départementales* subsistent sur le côté méridional de cette place, dans un des dortoirs du couvent des petits carmes. Elles contiennent non-seulement les anciens papiers et registres de l'administration départementale, mais encore ceux des divers tribunaux supprimés dans la Gironde, des couvents et chapitres que ce département renfermait, et les minutes des notaires de Bordeaux, auparavant déposées dans la garde-note de cette ville.

Au milieu du dernier siècle, le père *Canteloup*, petit carme de Bordeaux, avait établi dans ce couvent une des meilleures pharmacies de cette ville. Comme il était très-versé dans la chimie et la botanique, il cultivait dans le jardin du couvent plusieurs plantes médicinales dont il se servait dans ses compositions pharmaceutiques. La plus renommée était l'eau de mélisse dont il est l'inventeur, et qui est connue sous le nom d'*eau des carmes*. Il en débitait une si grande quantité, qu'on disait alors dans les Chartrons, que le père Canteloup distillait plus d'eau que tous ses confrères ensemble ne buvaient de vin. Cet homme utile est mort depuis quelques années dans la ville qui l'avait vu naître et travailler honorablement.

Article VII.

Du cours du pavé des Chartrons.

§ I. Ce n'était, il y a un siècle, qu'une large route fangeuse, qu'on appelait le *chemin de la Fausse-Braye,* parce qu'il bordait la contrescarpe du Château-Trompette du côté où était pratiquée une porte masquée de cette forteresse. Tourny fit commencer sur ce chemin un cours pavé, dont la chaussée était bordée de deux rangs d'arbres : c'est ce qui fit donner à cette allée le nom de *pavé des Chartrons,* qu'on vient de changer en celui de *cours*. Il a été prolongé jusque sur le port, depuis la démolition du Château-Trompette, et l'on a construit des maisons sur le côté méridional qui n'était pas bâti. Il eût été à désirer qu'on eût continué la façade uniforme que Tourny avait prescrit pour les maisons élevées sur le côté septentrional. Elles sont d'un riche style, et offrent cela de particulier, qu'elles sont construites en belles pierres grises de Nantes, quoique leur couleur naturelle ait disparu sous un récent badigeonnage.

§ II. Entre les institutions utiles dont notre célèbre intendant a doté Bordeaux, on doit compter la première verrerie que Bordeaux ait possédé. Elle fut établie sur le cours du pavé des Chartrons. Tourny y appela un des principaux ouvriers de la fameuse manufacture de Cherbourg, et fit obtenir à ce nouvel et important atelier le titre de *Verrerie royale*, qu'il a porté jusque dans ces derniers temps.

M. *Granié*, qui est mort en 1820 étant vice-président du tribunal de première instance de Bordeaux, habitait sur le cours du pavé des Chartrons. Ce magistrat est auteur de plusieurs ouvrages relatifs à la législation et à l'histoire contemporaines, et d'une bonne traduction en prose de l'*Art d'aimer*, d'Ovide.

Article VIII.

De la fontaine de Figueyreau et des principales rues qui l'avoisinent.

§ I. La *rue Laroche* s'appelait *chemin de Figueyreau*, au commencement de ce siècle, parce qu'elle aboutit à la fontaine de ce dernier nom, que les nouveaux nomenclateurs des rues auraient bien dû respecter. On apprend par la *Chronique* qu'en 1624 les jurats firent conduire les eaux de cette fontaine à la rue du Chapeau-Rouge et sur la place Saint-Projet, et qu'en 1672, ils ordonnèrent des réparations aux canaux de la même fontaine, et firent faire tout auprès un grand lavoir couvert, que remplissait le superflu des eaux qui s'écoulaient des tuyaux de Figueyreau. Il fut placé à l'entrée une longue inscription latine, dans laquelle nous nous souvenons qu'il était dit « que « cette fontaine appelée *Fons Higuerolii*, avait été « anciennement découverte dans un champ planté de « figuiers (en gascon *higueys*), d'où elle avait pris « son nom. » La toiture de ce lavoir étant tombée de vétusté en 1790, le terrain sur lequel il s'élevait a été vendu, et on y a fait construire diverses maisons. L'ancien bâtiment de la fontaine de Figueyreau a été reconstruit depuis quelques années, et l'on y a établi un appareil propre à remplir les tonnes dans lesquelles des marchands voiturent l'eau qui se vend journellement à Bordeaux. La quantité considérable de ces tonnes prouve que la fontaine de Figueyreau est très-abondante et que celles de la ville ne le sont pas.

§ II. Dans la *rue Lagrange*, un particulier de ce nom qui a ouvert cette rue découvrit en 1773 une source considérable, sur laquelle il fit construire une fontaine dont les eaux se vendent aussi à Bordeaux. Elles font partie d'une grande nappe d'eau qui s'étend sous le sol de ce quartier à 3 ou 4 mètres de profondeur. Depuis un demi-siècle il a été mainte fois proposé de conduire ces eaux en ville pour alimenter de nouvelles fontaines que réclament les habitants.

§ III. A l'extrémité occidentale de la rue Laroche traverse celle dite de l'*Arsenal*, qui aboutit à la *bar-*

rière de Tivoly. Ce dernier nom est celui d'une agréable maison de campagne qu'avaient fait construire en 1770 les frères *Labottière*, anciens imprimeurs-libraires de Bordeaux. Cette maison est la première de ce genre qu'on ait formé dans les environs de cette ville. Elle était occupée en 1801 par un traiteur renommé. Le 27 octobre de cette année, le physicien *Garnerin* y fit la première expérience d'un ballon aérostatique, auquel était adapté un parachute de son invention. Ce parachute se détacha du ballon à une certaine hauteur; et après s'être déployé dans sa descente, il déposa à terre, et sans accident, un animal vivant qu'il portait.

La nièce de ce physicien, Mlle *Elisa Garnerin*, répéta cette expérience d'une manière bien plus surprenante dans le Jardin-Public, le 8 février 1818. Elle était dans une nacelle suspendue au parachute d'un ballon. Etant parvenue à la hauteur d'environ 500 mètres, elle coupa la corde qui liait le ballon à son parachute, et cette dernière machine descendit la courageuse aéronaute sans accident au milieu d'un champ du quartier de Terre-Nègre. Le 28 juin suivant, Mlle Garnerin ayant répété cette expérience dans le même lieu, son parachute la porta sur la rivière devant Bouliac, où elle fut garantie de la submersion par un *flotteur*, corset de liége dont elle avait eu la précaution de se vêtir. Cette expérience aérostatique est la plus étonnante de celles qui ont été faites à Bordeaux à diverses époques et n'y a pas été tentée depuis.

Article IX.

Des allées des Noyers.

On dit abusivement les *allées des Noyers*, comme on dit les allées de Tourny, quoiqu'il n'y ait pas plus d'arbres sur l'un que sur l'autre local. Il y a cependant cette différence à faire entre ces deux voies publiques. La seconde fut une promenade magnifique et très-fréquentée jusqu'au 28 décembre 1830, jour où l'on commença à en abattre les arbres, tandis que l'allée des Noyers n'était, dans l'origine, qu'un grand chemin ouvert par l'intendant Tourny, pour procurer au Jardin-Public qu'il formait une issue nécessaire du côté du couchant, laquelle communiquerait avec la route du Médoc, qu'il restaura dans la suite. Lors de la formation de cette nouvelle voie de communication, elle fut bordée de deux rangs de noyers, parce que l'administrateur qui la fit ouvrir, voyant qu'elle était placée dans un quartier alors isolé de la ville et peu fréquenté, jugea convenable de l'assimiler à un grand chemin, et d'y planter des arbres, comme il le pratiquait sur toutes les grandes routes qu'il avait fait faire. Pour garnir leurs accottements, ils furent bordés de noyers, parce que de tous les arbres, ce sont ceux qui procurent le plus d'ombrage aux voyageurs. On voit encore quelques-uns de ces arbres sur la route de Bordeaux à Cubzac, sur celle de La Bastide à Brannes, et sur celle qui conduit de la porte des Capucins à l'embranchement du chemin du Sablonat, routes qui doivent entr'autres leur création ou leur redressement à l'illustre Tourny.

§ I. Les allées des Noyers ont été insensiblement dégarnies des arbres qui les bordaient, et n'en ont pas moins gardé leur première dénomination. On a percé dans ces derniers temps plusieurs rues qui aboutissent de ces allées à la fontaine de Figueyreau. Il conviendrait que quelque voie publique de ce quartier fût décorée du nom de cette abondante source, qui est si utile à la ville de Bordeaux. Les romains mettaient sous la protection d'une nymphe toute fontaine renommée et lui consacraient un autel.

§ II. A l'allée des Noyers aboutit la *rue du Jardin-des-Plantes*. Le nom donné à cette rue vient d'un jardin botanique [1] qui y fut établi en 1750, et dont les jurats avaient confié la direction à M. *Betbeder* père, savant médecin à Bordeaux. Cet utile établissement subsista pendant dix ans. Dans cette rue a habité feu M. *Lothe*, habile ingénieur-architecte de Bordeaux, qui a récemment dirigé plusieurs belles constructions dans cette ville.

---

[1] Il était tellement dépourvu de plantes médicinales, que le professeur se trouvait souvent obligé d'aller faire ses démonstrations dans les jardins des couvents, qui, tous, sauf ceux des bénédictins et des feuillants, tenaient des pharmacies bien assorties, principalement les jésuites.

CHAPITRE IV.

DES RUES, COURS, PLACES, ANCIENNES PORTES DE VILLE, ÉTABLISSEMENTS PUBLICS ET OBJETS REMARQUABLES QUE RENFERME LA TROISIÈME DIVISION DE BORDEAUX.

Article I.

De l'ancien quartier du Château-Trompette, actuellement les Quinconces, et des diverses transformations qu'il a subies.

Le quartier maintenant appelé les *Quinconces* formait autrefois un petit faubourg qui était connu sous le nom de *Troupeyta* ou *Tropeyte*, d'où, par corruption, on a dit *Trompette*. Lorsque ce faubourg fut détruit pour former l'esplanade du Château-Trompette il était très-considérable, à en juger par les édifices et les voies publiques qu'il renfermait à la fin du xviie siècle, et dont la tradition a conservé le souvenir. On y comptait une douzaine de rues, trois couvents, un hôpital, une citadelle, un grand établissement pour le jeu de mail, un édifice romain et une porte de ville, avec les murs de clôture de la seconde enceinte de Bordeaux. Nous allons particulariser ces divers objets.

§ I. Les premiers couvents qu'eurent les dominicains et les carmes déchaussés étaient établis au centre du quartier de Tropeyte, celui-ci depuis l'an 1626, et l'autre depuis 1230. La *Chronique* rapporte que Clément V avait fait bâtir le dortoir des dominicains pour y placer la chancellerie papale, et que ce fut en cet endroit que « Dominique *de Athéra*, jacobin, et « Arnaud *de Villeneuve*, insigne médecin, disputèrent « devant ce pape sur de grandes et sérieuses ques- « tions. » Ces graves disputes, dont notre chroniqueur n'a pas indiqué la nature, pouvaient bien n'être que de vaines disputes de mots, qui occupaient habituellement les savants du xive siècle, et qui abondent dans les écrits de ces deux docteurs.

§ II. Dans la partie la plus rapprochée du quai de Tropeyte était une rue appelée de *Bernard-de-Mos*. Un titre de 1343 la fait connaître en ces termes : « *Rua* « *quæ dicitur Bernardi de Mos, quæ est apud Tro-* « *peytam, retrò chayum vocatum Dissenta.* » Ce *chai* (cellier) devait être considérable, car il donna son nom à la rue dans laquelle il se trouvait, ainsi qu'il résulte d'un titre de 1454, dans lequel on désigne une maison située « *in rua Dissenta, inter domum Ar-* « *naldi de Berneteyras ex parte orientis, et ruettam* « *Raymundi Forthonis ex parte occidentis.* »

§ III. La rue de *Pey-de-Loën* était voisine de la précédente, suivant une ancienne exporle dans laquelle on lit : « *Pro domo quæ est in ruâ Dissenta inter do-* « *mum Joannis Gombaudi ex parte orientis et ruam* « *vocatam Petri de Loën ex parte occidentis.* »

§ IV. Dans un titre de 1476 on cite une *rue du*

Chantre (deü Chiantra), comme conduisant au Château-Troupeyte.

§ V. La *rue Notre-Dame* est mentionnée dans un acte de 1447 en ces termes : « Tot acquet hostaü qui « es en la paropia de Sent-Arrémedy (Saint-Remi), « en la rua apperada de Nostra-Dona. » Cette rue se dirigeait vers le couvent des dominicains.

§ VI. Suivant un titre de 1411, la *rue deü Prat* (de la Prairie) existait dans le même quartier. On présume que le sol en était originairement aquatique ; car on trouvait dans le voisinage une *rue Cante-Rana* (Chante-Grenouille), qui probablement fut ainsi appelée des grenouilles qu'on y entendait coasser. Le faubourg Sainte-Eulalie renferme aussi une *rue Cante-Rane*, sur le terrain de laquelle on voyait, il n'y a pas encore un demi-siècle, des fossés remplis de grenouilles.

§ VII. Une *rue Bonaventure*, appelée aussi *de Marseille*, partait du Château-Trompette pour aboutir à celle du *Chapeau-Rouge*. Le nom de Marseille lui fut donné parce que son principal habitant s'appelait Pey de Marseille. On a découvert le pavé de cette rue en 1823, lors des fouilles faites pour bâtir la maison qui fait le coin des *rues de l'Esprit-des-Lois* et *de Condé*. Dans cette dernière rue habitait M. *Galard*, habile peintre de Bordeaux, mort en 1842. On a entr'autres ouvrages de cet artiste une collection des *costumes du peuple du pays Bordelais*, qui est extrêmement piquante.

§ VIII. Il y avait aussi une *rue du Saint-Esprit*.

Elle tirait son nom d'un hôpital ainsi appelé, suivant un titre de 1568, dans lequel une maison de la *rue de la Corderie* est désignée comme confrontant d'un côté à l'église de l'hôpital du Saint-Esprit. Cet hôpital fut changé en un prieuré, ensuite annexé à un couvent de religieuses. Dans un titre de 1648 il est question d'une « maison confrontant à la maison et jardin dé-
« pendants du prieuré du Saint-Esprit, possédés par
« les religieuses de Notre-Dame. » En effet, la *Chronique* dit qu'en 1608 la jurade octroya une place pour fonder un *couvent de religieuses de Notre-Dame*, dans la rue du Saint-Esprit, près la corderie.

§ IX. L'atelier de cette corderie était situé dans la *rue du Berguart*, près de la porte de Saint-Germain, suivant un titre de l'an 1343, qui parle d'une maison subsistante « en la carreyra apperada deü Berguart à
« la corderia que es à costat lo portaü de Sent-Ger-
« man. »

§ X. Près de cette porte de ville s'élevait la *Tour d'Andéyola* en 1343. Dans un titre de 1421, son nom fut changé en celui de *Tour de Saint-Georges*, parce qu'on y arborait le pavillon anglais. Suivant un arpentement fait en 1596, par ordre du maréchal de Matignon, gouverneur de la province, cette tour est appelée *Tour de la Trinité*. Ce titre la place à 100 toises de la porte Saint-Germain et à 150 du Château-Trompette. Elle prit ensuite le nom de *Tour de Riquet*, à cause d'un écuyer ainsi appelé, qui, en 1639, obtint des jurats la permission d'établir un manége dans un terrain vacant près cette tour. Le mur de clôture de la ville du côté du nord s'étendait alors depuis le Château-Trompette jusqu'à la porte Saint-Germain, nommée depuis *porte de Tourny*.

§ XI. Au centre de ce mur était une porte de ville appelée *porte deü Casse* (du Chêne). Dans un registre de l'Hôtel-de-Ville, qui porte la date de 1416, il est recommandé au jurat de ce quartier de veiller à la sûreté de cette porte : « Lo théraurey jurat de Tro-« peyta, lit-on dans ce registre, gueytera au portaü « deü Casse et à la tor d'Andéyola. » Cette porte fut murée lorsque Charles VII eut fait construire le Château-Trompette; car dans un acte postérieur à cette construction, elle est nommée *lo Portaü-Barrat* (Porte-Fermée). De nos jours la clôture de Bordeaux, de ce côté de ville, était remplacée par une claire-voie qui divisait l'esplanade du Château-Trompette, et s'étendait depuis la demi-lune de ce fort jusqu'à l'ancien café Moreau, c'est-à-dire depuis le centre de la *place Louis-Philippe Ier* jusqu'à l'extrémité occidentale du *cours Tournon*.

§ XII. Suivant un titre de 1374, il y avait dans le quartier de Tropeyte une rue *deüs Pilars de Tudéla*. Elle aboutissait probablement à l'édifice romain appelé les *Piliers-de-Tutelle*, à moins qu'on n'eût imaginé de donner, comme de nos jours, le nom de ce monument à une rue fort éloignée du lieu où il s'élevait.

§ XIII. Les Piliers-de-Tutelle ont été démolis en 1677, pour agrandir l'esplanade du Château-Trompette. Ils dominaient sur le terrain qu'occupe actuellement la terrasse du café de la Comédie. C'était un péristyle de forme antique, ouvert sur ses quatre faces, dont les grandes avaient 29 mètres d'étendue et les petites 21. Il reposait sur un soubassement voûté, sur l'aire duquel on montait par vingt-une marches. Là s'élevaient vingt-quatre colonnes, dont huit sur les grandes faces et six sur les petites. Ces colonnes, d'ordre corinthien, avaient 1 mètre $^1/_2$ de diamètre sur 12 de hauteur. Au-dessus régnait un autre ordre d'architecture, avec vingt-quatre ouvertures correspondant à ces colonnes, et séparées par autant de cariatides à l'intérieur comme à l'extérieur, toutes au-dessus de grandeur naturelle. Ce magnifique édifice, construit en grandes pierres dures, était assorti d'ornements convenables de la plus belle architecture, et avait 20 mètres de hauteur totale. Lorsque Perrault vint le dessiner pour en orner son édition de *Vitruve*, il ne restait que seize colonnes debout. Les huit autres avaient succombé soit sous la faux du temps, soit sous la main des barbares, soit sous l'artillerie du Château-Trompette, pendant les guerres civiles. Deux des colonnes subsistantes lors de leur démolition paraissaient avoir été endommagées par le canon de cette citadelle.

En octobre 1649, le conseiller d'Espaignet fit établir sur l'aire des Piliers-de-Tutelle une des batteries de l'armée bordelaise qui assiégeait le Château-Trompette, pour en débusquer les troupes que le duc d'Epernon y avait mises. Cette batterie ayant fait une large brèche au fort, les assiégés se virent obligés d'accepter, le 16 du même mois, la capitulation que leur accorda le marquis de Sauvebœuf, général des Bordelais.

§ XIV. Pierre de Brach a publié en 1576 une description en vers des Piliers-de-Tutelle. Nous croyons devoir la rapporter ici, soit comme document historique, soit pour faire connaître comment on rimait alors dans cette ville. La *Chronique* appelle *excellent poëte* l'auteur de ces vers :

> Superbe bastiment dont le tour mesuré,
> Non si large que long, se monstre en un quarré.
> De ses soubs-bassements la grandeur eslevée
> Dans son milieu renferme une vouste cavée
> A la platte fasson, et semble que l'ouvrier
> Au dessus de la vouste ait faict un cavalier.
> En l'une des longueurs par ordre disposées
> Huict colomnes encor sur leurs pieds sont dressées;
> Mais le long traict des ans en ayant emporté,
> Il n'en reste que cinq devers l'autre costé.
> Comme par la longueur de ces mesmes années
> Les colomnes d'un bout sont dutout ruinées,
> N'ayant en sa largeur, prise sur l'autre bout,
> De cinq qui se monstroient laissé que trois debout.
> Dessus chaque colomne encor s'est réservée
> Une figure humaine à mi-bosse eslevée,
> Passant le naturel, ayant pour le soutien
> De ses pieds, l'architrave au front corinthien,
> D'où sortent des arceaux par un tour, qui s'esgale
> A ce qu'une colomne à l'autre a d'intervalle.
> Deux fois huict pieds en tout compassent leur rondeur,
> Et trente-quatre en long mesurent leur hauteur.
> Les bases ont leur forme en fasson dorienne ;
> Les chapitaux sont faicts à la corinthienne.
> Chaque colomne en long a son corps canelé,
> S'embellissant ainsy d'un ouvrage meslé.

Il ne subsiste aucun document sur l'époque de la construction des Piliers-de-Tutelle, ni sur leur destination. On peut raisonnablement conjecturer, d'après le nom que portait cet édifice, que c'était un temple consacré au dieu tutélaire de la cité, et que les dépouilles mortelles des habitants étaient mises sous sa protection ; car on les inhumait dans les environs de ce temple pendant que Bordeaux fut sous la domination romaine, ainsi qu'il résulte du grand nombre de pierres sépulcrales qui ont été trouvées dans diverses fouilles de ce terrain. Cette conjecture est corroborée par la découverte qu'on fit au xvie siècle, dans le Château-Trompette, d'un magnifique autel votif qui est conservé dans le Musée de Bordeaux. Cet autel est d'un seul bloc de marbre gris des Pyrénées, et porte l'inscription suivante :

AVGVSTO. SACRVM.
ET. GENIO. CIVITATIS.
BIT. VIV.

Tous les auteurs qui ont parlé de cette inscription s'accordent à dire que l'autel sur lequel on la lisait était consacré à l'empereur Auguste et au génie tutélaire de Bordeaux, et que cette ville, quoique colonie romaine, jouissait alors du privilége de l'*éleuthérie*, c'est-à-dire qu'elle se gouvernait par ses propres lois, puisqu'elle vénérait un génie particulier. Cet autel est le plus ancien, le mieux conservé et le moins connu des monuments romains qui subsistent en France. En

1590, il fut extrait des décombres de l'ancien Château-Trompette par les soins des jurats, et transporté à l'Hôtel-de-Ville. Le socle sur lequel il fut placé, et qui s'est perdu, comme tant d'autres antiques réunis dans le même local, portait l'inscription suivante :

Hoc annosum marmor, in arce Tropeytâ pulvere et sordibus obsitum, impetrârunt à Jacobo Matignono, Franciæ marescallo et civitatis majore, G. Mullet, F. Bonalgues, P. Desaygues, J. Thalet, J. Guichener et J. Labat, jurati Burdig. præfectique urbis, et G. Delurbe, proc.-syndicus et R. Pichon, scriba; et hîc in memoriam antiquitatis et Vivisci nominis locandum curârunt an. 1590.

§ XV. Sur le côté nord du Château-Trompette on remarquait le *jeu de palle-mail*, établissement que le savant Jodocus Sincerus a cru assez important pour être cité en ces termes dans son *Voyage en France* : « *Nec prætereundum aream ludi qui dicitur* palle-« mail, *esse extrà urbem proximè fossam et arcem* « *Tropeytam à latere medulico.* » Le jeu de mail que cet endroit renfermait était un jeu d'adresse, qui fut autrefois très-couru à Bordeaux. Il consistait à pousser violemment avec un maillet une boule de buis à travers un lieu planté d'arbres, tout en éloignant celle de son adversaire, et à la faire enfin traverser un petit arc de fer qu'on appelait *la passe*. Il existe encore en France beaucoup de promenades qui ont retenu le nom de *mail*, parce qu'on s'y exerçait jadis à ce jeu.

§ XVI. Le Château-Trompette fut construit en 1454 pour loger la garnison de la ville. Il fut considérablement augmenté par Louis XIV, d'après le plan tracé par le célèbre Vauban, qui en fit une vaste et importante citadelle, composée de six bastions et d'une demi-lune, et entourée de fossés remplis par l'eau de la rivière. Les travaux durèrent depuis 1660 jusqu'en 1678. On démolit à cet effet toutes les maisons qui formaient l'ancien faubourg de Tropeyte, que nous venons de décrire, et sur le terrain duquel s'est élevé dans ces derniers temps le quartier des Quinconces.

En 1785, le roi vendit le Château-Trompette et tout le terrain de son esplanade à une compagnie qui devait l'exploiter à son profit, d'après un plan donné par le célèbre architecte Louis. Cette vente fut annulée deux ans après : on n'a jamais bien connu les conditions de cette vente, ni les motifs de sa résiliation. Quelques maisons se trouvèrent alors bâties sur le bord méridional de ce terrain, dont l'empereur fit don à la ville de Bordeaux, en 1808, à la charge par elle d'exécuter certains travaux que les circonstances pénibles de l'époque ne lui permirent pas d'entreprendre.

En 1816, Louis XVIII renouvela le même don, mais à titre gratuit. La ville fut autorisée à vendre à son profit les matériaux du Château-Trompette et tous les terrains qui en dépendaient, pour en employer le prix au paiement de ses dettes, sous la seule condition de former des promenades, un quai, une place publique et des rues sur ceux de ces terrains dont la destination est spécialement indiquée. Les travaux d'exploitation de ces terrains ont commencé en 1818 par la vaste *promenade des Quinconces*. Tous ses alentours se sont successivement couverts de maisons de la plus belle construction, qui, par leur réunion, forment le plus magnifique quartier de Bordeaux.

§ XVII. Les divers noms qu'a porté la principale voie publique qui traverse ce quartier offrent un rapprochement dont nous croyons devoir faire remarquer la singularité. Il s'agit du *cours du XXX Juillet*. Il est ainsi appelé, parce qu'à pareil jour de l'année 1830, les Bordelais, rassemblés en cet endroit, manifestèrent hautement leur adhésion à la révolution qui venait de s'opérer dans le gouvernement. Ce cours se nommait auparavant *cours du XII Mars*, à l'occasion de l'entrée du duc d'Angoulême à Bordeaux en 1814, à la suite d'une colonne anglaise. Avant cette époque c'était la *rue Bonaparte*. Elle remplaçait la *rue Vergennes*, qui fut tracée lorsqu'on vendit les terrains du Château-Trompette, et à laquelle on avait donné le nom du ministre dirigeant en 1785. Ainsi les quatre dénominations que cette voie publique a porté dans moins d'un demi-siècle indiquent autant de changements que la forme du gouvernement français a éprouvés dans le même intervalle.

En 1585, il s'est passé au Château-Trompette un fait peu connu, et que nous croyons devoir rappeler. Le marquis de Belcier, fils du premier président au parlement de Bordeaux, était prisonnier dans ce fort. Sa femme *Olympe de Segur* résolut de lui procurer la liberté. Ayant obtenu la permission de visiter son mari dans les prisons, elle le détermina à s'évader en lui faisant prendre ses habits. Le stratagème réussit. Belcier s'esquiva le soir sous ce déguisement, sans être reconnu des gardes. La courageuse Olympe resta dans la prison comme en otage pour son mari, et obtint dans la suite d'être mise en liberté. De nos jours, Mme de Lavalette a usé d'un pareil moyen, à Paris, pour sauver la vie à son mari.

Article II.

Cours, porte et place de Tourny.

§ I. La quatrième section des grands boulevarts dont la ville de Bordeaux se trouve environnée par les soins de l'intendant Tourny porte le nom de ce célèbre administrateur. Le terrain sur lequel s'étend ce cours n'était auparavant qu'un grand chemin peu fréquenté. Quelques vieilles échoppes et divers jardins le bordaient du côté du couchant. Sur toute l'autre ligne s'élevaient les anciens murs de ville, qui étaient défendus par cinq grosses tours, dont la dernière, qu'on appelait la *Tour de l'Ermite,* n'a été démolie qu'au commencement de ce siècle. Aux pieds de ces fortifications, bâties lors du second accroissement de l'enceinte de Bordeaux, était creusé un large et profond fossé, ce qui augmentait l'insalubrité et le peu de sûreté de ce quartier. Il doit son développement à la formation du *cours de Tourny.*

En 1780, un nommé Belleville transporta sur ce cours le spectacle qu'il tenait auparavant dans une salle qu'il avait fait construire dans le faubourg de Sainte-Eulalie. Ce spectacle, dit l'*Ambigu-Comique*, a subsisté une dixaine d'années dans son nouveau local.

§ II. A l'extrémité septentrionale du cours de Tourny était un carrefour de forme irrégulière, où venait aboutir le chemin du Médoc. On appelait cet endroit la *place Saint-Germain*, du nom d'une ancienne chapelle qui existait tout auprès, et dont un titre du 27 février 1502 rappelle la situation en ces termes : « Aquéra « plassa vuida aü loc aperat au près deu portaü de « Sent-German, en laquaü plassa solé estar la capéra « de Sent-German antiquament. » Lorsque les archevêques faisaient leur entrée à Bordeaux, ils se rendaient d'abord à la chapelle de Saint-Germain, où ils étaient harangués par le chapitre de Saint-Seurin, auquel ils juraient de conserver ses droits et priviléges. De là ils allaient en cérémonie à l'église Saint-André, montés sur un cheval blanc, dont la bride était tenue par le baron de Montferrand, lequel avait le cheval pour récompense de sa corvée. Le captal de Buch et le seigneur de Candale portaient la queue de la chape du prélat, dont ils gardaient pour eux le surplus et le bonnet carré après la cérémonie. Elle est décrite tout au long dans le procès-verbal de l'entrée de l'archevêque Arthur de Montauban, le 18 novembre 1466.

§ III. Sur l'ancienne *place Saint-Germain* Tourny fit ouvrir celle qui subsiste actuellement. Il fut forcé d'en faire construire les maisons extrêmement basses, parce que le ministre de la guerre s'opposa à ce qu'on leur donnât plus d'élévation, afin qu'elles n'empêchassent pas l'action des batteries du Château-Trompette du côté de la campagne. L'ancienne *porte Saint-Germain* s'ouvrait au milieu de quatre tours crénelées, couronnées d'une plate-forme avec des guérites. Tourny remplaça ce gothique et inutile bastion par une belle porte à claire-voie en fer, ayant de chaque côté un guichet pour les piétons. Il conserva à la place et à la porte de Saint-Germain leur ancienne dénomination. Mais la reconnaissance publique lui donna le nom de Tourny, du vivant même de l'illustre intendant.

Sa mémoire a reçu dans ces derniers temps un hommage plus significatif. On lui a érigé sur cette même place une statue un peu mesquine. Un des côtés du socle de ce monument porte l'inscription suivante :

A LOUIS-FRANÇOIS [1] AUBERT DE TOURNY,
INTENDANT DE LA PROVINCE DE GUIENNE DEPUIS 1743
JUSQU'EN 1758,
LA POSTÉRITÉ RECONNAISSANTE.

---

[1] Nous copions ici littéralement cette inscription, quoique fautive. *François* n'est point un des prénoms de Tourny, mais *Urbain,* ainsi que nous l'avons prouvé ailleurs. Cette remarque pourra paraître minutieuse, mais elle est exacte, et l'inscription ne l'est pas, ce qui est un défaut notable dans un monument public contemporain. Lorsqu'on a dernièrement refait les noms des rues, *on aurait dû rectifier* cette inscription, dont l'inexactitude est choquante.

Sur le côté opposé on lit :

CE MONUMENT, VOTÉ PAR LE CONSEIL GÉNÉRAL DU
DÉPARTEMENT DE LA GIRONDE,
ÉTANT PRÉFET M. LE COMTE TOURNON,
A ÉTÉ INAUGURÉ LE 27 JUILLET 1825,
ÉTANT PRÉFET M. LE BARON D'HAUSSEZ.

Nous croyons avoir le droit de rappeler que dès 1803 nous avons émis le vœu, dans nos *Annales de Bordeaux,* que cette ville élevât une statue à Tourny. C'est par nos soins qu'on a son portrait qui avait appartenu à feu M. Jarreau, négociant. Nous le découvrîmes en 1806, et nous annonçâmes cette découverte dans les journaux du temps. Une copie de ce portrait orne la seconde édition de notre *Histoire de Bordeaux.*

Sur le cours de Tourny habitait M. Nathaniel *Johnston,* ancien négociant, qui, par testament du 7 juin 1838, a légué aux pauvres de Bordeaux la somme de 800,000 fr., et pareille somme aux hôpitaux de la même ville. Un don de cette importance recommande le nom de celui qui l'a fait au souvenir reconnaissant des Bordelais.

Feu M. *Dutasta,* ancien négociant, avait sa demeure sur le même cours, lorsqu'il fournit à Raynal d'utiles matériaux pour l'*Histoire philosophique du commerce des Deux-Indes.* L'auteur appréciait tellement l'importance de cette communication, qu'il voulut dédier son ouvrage à M. Dutasta. Le modeste négociant refusa ce témoignage public de la reconnaissance du philosophe.

Sur le même cours de Tourny a habité M. *Lonsing*, habile peintre allemand, qui s'était fixé à Bordeaux dans les dernières années de sa vie. Les amateurs de cette ville conservent de lui plusieurs morceaux capitaux très-estimés. Il a aussi fait beaucoup de dessins allégoriques pour le fameux *Voxin*, autre artiste de Bordeaux, qui avait, en quelque sorte, créé l'art de peindre en cheveux. L'ouvrage le plus considérable et le dernier que Lonsing ait exécuté, est la décoration d'une salle du château de la Louvière à Léognan, représentant les amours de Psyché. Il n'eut pas le temps de terminer son ouvrage. La mort le surprit le pinceau à la main, le 8 avril 1799, à l'âge de cinquante-six ans.

Article III.

Des porte et place Richelieu, et d'une rue qui y aboutit.

§ I. La *porte Richelieu* fut ainsi appelée du nom du dernier gouverneur de la province. On ouvrit cette porte lorsqu'on bâtit le massif des maisons qui sont à la suite du Grand-Théâtre. Elle offre dans sa construction quelques circonstances assez singulières. On prit pour la décorer un des piliers de la porte du Chapeau-Rouge, sa voisine, que l'on transporta, pierre par pierre, à l'un des côtés de la porte Richelieu, ce qui donna à toutes deux une forme irrégulière, en ce que chacune d'elles n'eut qu'un seul pilier d'architecture pour appui. En 1810, lorsqu'on voulut faire la façade septentrionale de la rue qui devait aboutir à cette nouvelle porte, on s'aperçut que le pilier transporté se trouvait au milieu de cette rue. Il fut abattu, ainsi que la porte qu'il soutenait. Quelques années après on en fit autant à la porte du Chapeau-Rouge. Il est résulté de cette double démolition que les magnifiques groupes de personnages allégoriques, que le célèbre Wanderworth avait sculptés sur les deux piliers abattus, se trouvent actuellement confondus ensemble, c'est-à-dire qu'ils sont totalement perdus pour les arts.

§ II. Lorsqu'on supprima cette dernière porte, la rue qui y conduisait s'appelait *rue Porte-Richelieu* : on lui imposa le nom de *rue de l'Esprit-des-Lois*. C'est la première fois qu'on a donné à une rue le titre d'un livre. Dans cette rue est l'*hôtel de la Banque*. Cet utile établissement a été fondé en vertu d'une ordonnance royale du 23 novembre 1818 : ses bureaux sont ouverts depuis le 1er juillet de l'année suivante. La Caisse d'épargnes est dans l'hôtel de la Banque, et en est une dépendance.

§ III. La *place Richelieu* portait auparavant le nom de *Marché-aux-Vins*, parce qu'on y vendait le vin par barriques. Cette place offrirait un plus beau coup d'œil si le côté nord était bordé de maisons sur un plan uniforme qui correspondît à celui de l'autre côté.

§ IV. Le 20 août 1763, la jurade autorisa la construction des *Bains publics du Chapeau-Rouge* sur le bord septentrional de cette place. A la partie opposée s'élevait un établissement du même genre, appelé *Bains orientaux*. Tous les deux ont été démolis en 1826, lorsque les bains des Quinconces furent construits.

Article IV.

De la place de la Comédie, avec quelques recherches historiques sur les spectacles à Bordeaux.

§ I. Cette place a été formée en 1773 [1], lorsque l'on commença le Grand-Théâtre. Pour aider à le construire, le roi donna 9,660 mètres de terrain de la bordure méridionale de l'esplanade du Château-Trompette à la ville, et l'autorisa à vendre la partie de ce terrain qui ne serait pas occupée par cet édifice, à la construction duquel fut affecté le produit de ces ventes. Leur prix s'éleva à 839,233 fr. La salle a coûté,

---

[1] Dans le *Nouveau Conducteur de l'étranger à Bordeaux* il est dit : « On fait remonter l'établissement de la place de la Co- « médie à la fin du xiiie siècle. » C'est une erreur manifeste. Tous les anciens plans de Bordeaux, jusqu'à celui de 1733, attestent qu'il n'y avait jamais eu de place publique sur le terrain où celle de la Comédie a été commencée en 1773, et qu'avant cette époque il n'existait que quelques maisons isolées sur les côtés sud et ouest de ce terrain.

y compris douze décorations pour le théâtre, la somme de 2,436,523 fr.

Le Grand-Théâtre a été inauguré le 8 avril 1780, et l'on y joua pendant trois jours consécutifs la tragédie d'*Athalie*, avec un divertissement allégorique, intitulé *le Jugement d'Apollon*, dont les paroles étaient du souffleur de la comédie et la musique de M. Beck. Le jour de l'inauguration, M. le marquis de *Saint-Marc*, homme de lettres de Bordeaux, adressa les vers suivants à M. *Louis*, célèbre architecte qui a donné le plan et dirigé la construction de ce magnifique édifice.

Quel spectacle enchanteur! Quel monument pompeux!
    Sous ces voûtes retentissantes
Les arts parés de fleurs, les muses triomphantes
Invitent les mortels à s'unir à leurs jeux.
Ce jour enfin, Louis, au temple de mémoire
Voit inscrire ton nom et tes nobles travaux.
    Nos neveux, ainsi que l'histoire,
    Ne pourront parler de Bordeaux
    Sans parler aussi de ta gloire.
Vainement contre toi dirigea ses serpents
    La sombre et criminelle envie.
La main de la justice a pris la faux du temps
    Et les a fait tomber sans vie.
    Bientôt, vers cent climats divers,
    La naïade de la Garonne,
    En se jouant sur le cristal des mers,
Ira s'enorgueillir, aux yeux de l'univers,
    Des lauriers dont on te couronne.
Jouis de ton triomphe; entends de toutes parts
    Honorer en toi le grand homme,
Par qui l'heureuse France, asile des beaux-arts,
Ne doit plus envier ni la Grèce ni Rome.

Nous croyons pouvoir nous dispenser de donner une description de ce théâtre; il est assez connu. Les amateurs des arts s'accordent à dire que c'est le plus bel édifice de ce genre qui subsiste en Europe. Il n'est plus aussi fréquenté qu'autrefois. Dans l'origine, cette salle fut affermée pour la somme de 56,000 fr. Ce prix a graduellement baissé, quoique celui d'entrée soit augmenté. Depuis le 4 avril 1831, la ville donne 90,000 fr. de subvention et le bail gratuit de la salle à celui qui en prend la direction.

§ II. La nature de cet article nous engage à le terminer par quelques recherches historiques sur les divers théâtres qui ont été établis à Bordeaux avant celui dont nous venons de parler. La *Chronique* fait mention d'un arrêt du parlement rendu en 1557, qui maintient la jurade dans le droit de police sur les spectacles que le commandant de cette ville voulait s'arroger. Dans le tome X de l'*Histoire du Théâtre français* il est dit que Molière joua la comédie à Bordeaux en 1645, et que le duc d'Epernon lui fit un accueil flatteur. Nous avons vainement cherché la preuve de ce fait. Il n'était cependant pas inconnu à Montesquieu; et des personnes qui avaient vécu avec lui nous ont assuré que ce philosophe disait tenir de bonne source, que Molière avait fait jouer à Bordeaux une tragédie de sa composition, intitulée *la Thébaïde*; mais qu'ayant reconnu son inaptitude pour ce genre, il avait mis à l'écart sa pièce, et qu'à son retour à Paris, il en fit présent au jeune Racine, qui commençait à se distinguer dans la carrière des lettres.

§ III. La plus ancienne salle de comédie que l'on sache avoir subsisté à Bordeaux était située dans la rue Montméjan. Il ne paraissait alors dans cette ville, comme dans toutes celles de province, que des troupes de comédiens ambulants qui ne jouaient pas tous les jours. On apprend par les registres de l'Hôtel-de-Ville que le 4 mars 1701 les jurats permirent à des acteurs, dits de la troupe royale, de représenter la comédie française, à la charge par eux de ne commencer qu'après vêpres les jours fériés, de donner une représentation au profit de l'hôpital Saint-André, de se conformer pour le prix des places à la taxe fixée par les jurats, de leur réserver une loge, et de leur donner d'ailleurs deux billets d'entrée au parterre, pour distribuer à qui bon leur semblerait.

La salle des spectacles d'alors appartenait à un particulier nommé Barbarie, qui y tenait aussi un jeu de paume. Elle devint la proie des flammes le 14 juillet 1716. Pour la reconstruire, les jurats autorisèrent l'établissement d'une loterie, sur les produits de laquelle ils donnèrent 25,000 fr. au propriétaire. En avril 1720, il sollicita un privilége exclusif pour obtenir qu'on ne jouât la comédie que dans sa salle, offrant de la louer à raison de 15 fr. par représentation, comme il l'avait fait depuis 1690, suivant les registres de l'Hôtel-de-Ville. Ils n'apprennent pas ce qui fut statué sur cette demande. On sait seulement que le 14 janvier 1731, à la suite d'une représentation du *Festin de Pierre*, le feu consuma une nouvelle salle des spectacles, qui était située rue du Chai-des-Farines.

On remplaça cette salle par une autre, que la demoiselle Dujardin, directrice de l'opéra, fit construire en planches, dans la cour de l'Hôtel-de-Ville, en 1735. Quatre ans après, la ville fit bâtir en pierres, dans le même lieu, le théâtre qui fut incendié le 28 décembre 1755. Dans le mois suivant, les spectacles reprirent leur cours dans la salle du concert qui était à l'Intendance. On y joua pendant trois ans, au bout desquels fut terminée la salle provisoire qui fut construite à l'endroit où s'élève le Théâtre-des-Variétés. Cette salle a servi jusqu'à ce que le Grand-Théâtre actuel ait été achevé.

§ IV. Quoiqu'on ait beaucoup de goût pour les spectacles à Bordeaux, on n'y vit que fort tard des troupes sédentaires. On apprend par les registres de l'Hôtel-de-Ville, que le 12 novembre 1740, les jurats permirent à M. Brémond de faire jouer sa troupe; qu'elle débuta par l'opéra de *Pyrame et Thisbé*, et qu'elle donna des représentations jusqu'à la quinzaine de Pâques suivante. On payait alors pour l'opéra 5 fr. sur le théâtre, 3 fr. aux premières loges et à l'amphithéâtre, 2 fr. 40 c. aux secondes, et 1 fr. 50 c. au parterre et au paradis. Le prix des mêmes places pour la comédie était de 2 fr. 40 c., 1 fr. 50 c., et 90 c. Cette dernière fixation fut invariablement maintenue pour tous les genres de spectacles joués sur ce théâtre, lorsqu'il reçut une nouvelle organisation en 1761.

Alors le maréchal de Richelieu, gouverneur de la province, créa une société d'actionnaires, à laquelle il fit accorder l'entreprise des spectacles de Bordeaux pour neuf ans. Cette société, après avoir réalisé trente actions de 3,000 fr. chacune, composa et entretint constamment une troupe permanente et complète d'acteurs, qui jouait, alternativement et à des jours fixés de chaque semaine, la tragédie, la comédie, le grand opéra, l'opéra comique et les ballets d'actions. Cette troupe portait le titre de *Comédiens ordinaires du roi, français et italiens*. Sa direction était confiée à M. Belmont, ancien comédien, dont l'intelligence et l'activité furent très-utiles à cette entreprise. A l'expiration du premier bail, il fut renouvelé en faveur de la même société; et jamais le théâtre de Bordeaux n'a été aussi bien administré, à la satisfaction du public, des actionnaires et des acteurs.

§ V. Quelques années avant l'ouverture du Grand-Théâtre il s'établit dans cette ville un spectacle, pour les représentations à bon marché, des pièces du bas-comique, qui n'avaient jusqu'alors été jouées que transitoirement dans les baraques de la foire. En 1773, un cafétier nommé Belleville fit bâtir hors les murs une vaste salle de bal sous le nom de *Colisée*, dont nous parlerons ailleurs. Bientôt après il ajouta à son établissement un petit théâtre dit l'*Ambigu-Comique*, sur lequel une troupe d'enfants jouait de petites pièces du genre des variétés. Ce spectacle ayant pris de l'accroissement, fut transporté, au bout de trois ans, sur un théâtre plus vaste, situé sur le cours de Tourny, où il a subsisté jusqu'en 1792.

§ VI. Le 29 avril de la même année on fit l'ouverture du *Théâtre de Molière*. Le genre comique n'y était pas exclusivement admis. On y jouait aussi la tragédie et le vaudeville. Ce théâtre était établi rue du Mirail, dans un local qui avait appartenu aux jésuites. On lisait sur le rideau la devise : *Risu ac lachrymis,* que les habitués traduisaient par ces mots : *Riez aux larmes.* Ce théâtre se soutint pendant cinq ans, à quelques intermittences près.

§ VII. Le *Théâtre de la Montagne* a subsisté pendant l'hiver de 1793 sur les fossés des Carmes. Il était dirigé par le vaudevilliste Mayeur, qui l'occupait presque entièrement par des pièces de sa composition, dont plusieurs étaient relatives aux circonstances.

§ VIII. Le 10 juin 1795, le *Théâtre de l'Union* s'ouvrit sur les allées de Tourny, dans une baraque qui servait auparavant pour les exercices de divers saltimbanques. Quoiqu'il n'ait subsisté qu'environ un an, de bons acteurs y ont joué, tels que Molé, Perroud et Mme Contat.

§ IX. Une association de capitalistes ayant fait construire sur le terrain de l'ancienne salle de la comédie le *Théâtre-Français,* il fut ouvert le 29 novembre 1800. Feu M. *Dufart* en a dirigé la construction. On doit à cet habile architecte le dessin du *Palais-Gallien,* qui est dans l'*Histoire de Bordeaux,* et le plan de distribution des terrains des *Quinconces,* qui a été publié en 1816.

§ X. Le 12 avril 1801, un petit spectacle pour le genre des variétés fut ouvert sur les allées de Tourny, dans une baraque décorée du nom de *Salle de la Gaîté.* Ce spectacle avait pris faveur, lorsque la représentation d'une pièce de circonstance, intitulée 1, 2, 3 et 4, qui y attirait la foule, fut, dit-on, la cause de son incinération, le 12 mars 1802. Les acteurs remontèrent leur scène dans l'ancienne salle du concert. La même pièce lui attira le même sort. Alors le directeur fit rebâtir son ancienne salle à Tourny. Elle a subsisté jusqu'en 1810, époque où l'on réduisit les théâtres permanents à Bordeaux au nombre de deux, dont un pour les grands spectacles, l'autre pour le genre des variétés. C'est l'état actuel des spectacles dans cette ville. Il semble qu'un seul théâtre y suffirait, comme autrefois, puisque deux se soutiennent difficilement, quoique réunis sous la même direction et recevant une subvention de la ville.

Des acteurs d'un grand mérite ont constamment captivé les applaudissements publics sur les divers théâtres de Bordeaux, quoiqu'ils se fussent définitivement fixés dans cette ville. M. *Martelly,* mort en 1817, âgé de soixante-six ans, est un de ceux qui s'y est le plus distingué par ses talents en plus d'un genre. Il a fait pendant vingt ans l'ornement du Grand-Théâtre dans la tragédie et dans la haute comédie. Il allia la culture des lettres à l'exercice de sa profession. On a de lui cinq pièces de théâtre, dont la plus remarquable est intitulée *les Deux-Figaro.* Cette comédie, en cinq actes et en prose, fut représentée avec succès à Bordeaux dans le cours de l'année 1790. Il a aussi publié un *Recueil de Fables,* dont plusieurs, avant leur impression, avaient été lues dans des séances publiques du Musée, qui le comptait au nombre de ses membres.

§ XI. La manie des spectacles a été poussée à tel point dans cette ville qu'on y a vu plusieurs *comédies bourgeoises* subsister à la fois. Les acteurs, les employés et les actionnaires de ces réunions, étaient de simples amateurs appartenant à diverses classes de la société, qui jouaient *gratis* pour leur plaisir et celui de leurs amis. Le plus ancien de ces théâtres bourgeois commença à se monter en 1782. Divers acteurs, qui sont devenus l'ornement de la scène française, se sont formés sur ces théâtres d'amateurs.

Les époux *Dauberval*, artistes dramatiques distingués chacun dans sa spécialité, ont habité jusqu'à leur retraite dans le Grand-Théâtre, dont ils firent les délices pendant longtemps. Le mari, que Bordeaux a vu naître, est auteur de plusieurs grands ballets d'actions que l'on exécute encore sur les théâtres de France. Il est mort en 1806, peu avant sa femme, que l'on regarde comme ayant créé la dame noble et gracieuse.

Romainville (J.-L.-F. Donnet, dit), acteur renommé du Grand-Théâtre de Bordeaux, est mort dans cette ville en 1781. Des admirateurs de ses talents ont fait exécuter son portrait, qui se voit au chauffoir de ce théâtre, peint dans le rôle de *Crispin*. Au bas est le quatrain suivant :

> Roscius des Français, sans art, sans imposture,
> Il fit briller Thalie et goûter ses bons mots;
> Il reçut de Momus le masque et les grelots.
> La scène perd en lui l'acteur de la nature.

M. *Blanc*, ancien professeur d'hydrographie, a habité sur la place de la Comédie. Il a rédigé au nom d'une commission spéciale un *Mémoire sur la possibilité d'établir à Bordeaux un nombre suffisant de fontaines*. Cet ouvrage, qui contient d'excellentes vues, a été imprimé aux frais de la ville en 1787.

Article V.

Des fossés de l'Intendance et du Chapeau-Rouge.

Le nom de *fossés*, que portent les rues de l'Intendance et du Chapeau-Rouge, vient de ce que ces rues ont été formées sur le terrain où furent autrefois creusés les fossés de ville qui bordaient la première enceinte de Bordeaux du côté du nord. Lorsque cette enceinte subit un accroissement du même côté, ces fossés furent comblés, et l'on y forma une longue rue, dont la partie supérieure prit le nom de *Campaure*, et l'inférieure celui de *Troupeyte*.

La première dénomination était celle du quartier actuellement compris dans le triangle qui aboutit aux places Dauphine, de Tourny et de la Comédie. Ce quartier s'appelait Campaure (*Campus aureus*), parce qu'il était consacré à la sépulture des principaux habitants de Bordeaux pendant que cette ville resta sous la domination romaine, et qu'en fouillant ensuite les terres de cet endroit on y a découvert des objets précieux enfermés dans des tombeaux antiques. On inhumait alors les prolétaires dans le quartier de Terre-Nègre.

§ I. L'ancienne paroisse de Puy-Paulin faisait partie du ténement de Campaure. Un titre de 1356 porte cette désignation : « *In parochiâ Beatæ Mariæ de Podio « Paulini, in carreyrâ quæ est suprà fossatum, loco « vocato à Campauriâ.* » Ce nom se conservait encore dans le xviie siècle; car la *Chronique* rapporte qu'à l'entrée du maréchal de Thémines, en qualité de commandant de Bordeaux, le 28 avril 1624, les troupes bourgeoises stationnaient depuis la porte du Chapeau-Rouge jusqu'à *l'ormeau de Campaure.*

§ II. Le nom actuel des *fossés de l'Intendance* fut substitué à l'ancien en 1707, époque où l'intendant eut son hôtel dans cette rue. A son extrémité occidentale était d'un côté le *couvent des récollets*, sur l'emplacement duquel on a formé le *marché des Grands-Hommes*, dont nous parlerons ailleurs, et de l'autre le *couvent des grandes carmélites.* On lit dans la *Chronique:* « Au mois de septembre 1614, fut faite procession « générale par M. le cardinal de Sourdis, pour con-« duire dévotement les religieuses carmélines, se re-« muant de la maison où elles estoient près la porte « Saint-Germain, en leur couvent basti de nouveau « vis-à-vis des récollets par les libéralités des person-« nes d'honneur. » Ces personnes étaient le président de Gourgue et son épouse, qui venaient de faire construire ce couvent, dans l'église duquel leur mausolée a subsisté jusqu'à la révolution.

La sœur *Madelaine du Saint-Sacrement*, qui est morte religieuse dans ce couvent en 1697, a écrit deux ouvrages de dévotion, l'un sur les vertus théologales, l'autre sur la prière. Ils sont imprimés à la suite de sa *Vie*, qui a été publiée en 1714, par Dom Martianay. On trouve dans le *Decus Carmeli religiosi*, du père Philippe de la Trinité, des notices sur la vie et les écrits de plusieurs autres carmélites du couvent de Bordeaux.

§ III. L'*hôtel de l'Intendance*, qui subsiste comme propriété particulière dans la *rue du Jardin*, fut bâti, en 1755, sur les fondements de l'ancien château de Puy-Paulin, par les soins de l'intendant Tourny. Près de cet hôtel était une vaste salle, dans laquelle on a donné des *concerts spirituels*, jusqu'à la construction du Grand-Théâtre. On n'exécutait que des morceaux de musique religieuse dans ces concerts, et ils avaient lieu aux jours de fêtes, pendant lesquels les spectacles étaient fermés. Cette salle a aussi servi à des réunions littéraires, politiques et dramatiques. Le *Musée* y tint ses assemblées de 1782 à 1791. Le *club national* y motionnait, lorsqu'il fut dissous par les représentants en mission à Bordeaux le 1er février 1795. Une société littéraire et philharmonique sous le nom de *Lycée* y subsista jusqu'en 1797. On y vit enfin un petit théâtre de variétés qui occasionna la destruction de cette salle. L'alignement de sa façade était en dehors de celui qu'on a suivi de nos jours pour le côté septentrional des fossés de l'Intendance et du Chapeau-Rouge. On regrette, pour l'embellissement de ces deux rues, et par rapport au beau point de vue qui les termine au levant, qu'on n'ait pas compris que la façade de la salle des concerts était un jallon que Tourny avait placé pour régulariser un jour leur alignement. Là devait appuyer la ligne partant de la place Dauphine et aboutissant au pavillon de la Bourse, afin de faire disparaître la saillie désagréable qu'offre actuellement ce pavillon, qui masque le bout de la rue du Chapeau-Rouge.

§ IV. En creusant les fondements d'une maison de la *rue Neuve-de-l'Intendance,* en 1828, on a découvert un stylobate bien conservé, ayant 1 mètre 42 centimètres de hauteur, et 57 centimètres de largeur sur ses quatre faces. Sur l'une d'elles est sculptée une couronne civique ornée de lemnisques. La face opposée offre l'inscription suivante :

TVTELAE. AVG.
C. OCTAVIVS. VITALIS.
EX. VOTO. POSVIT.
L. D. EX. D. D.
DEDIC. X. KAL. IVL.
IVLIANO II. ET. CRISPINO. COSS.

L'époque des deux consuls romains nommés dans cette inscription étant connue par les marbres capitolins, on voit que ce stylobate, qui devait supporter une statue, à en juger par les fragments de crampons scellés à sa partie supérieure, fut dédié à l'empereur Alexandre-Sévère le 22 juin, l'an 224 de l'ère vulgaire. C'est le seul des monuments romains trouvés à Bordeaux qui porte une date certaine.

Sur les fossés de l'Intendance a habité feu M. *Combes*, habile architecte de Bordeaux, qui a décoré cette ville de plusieurs beaux édifices. Lorsqu'il fut chargé des dernières réparations de l'église de Saint-André, il ne put sauver de la destruction que les beaux bas-reliefs qui ornaient le jubé de cette église, en les encastrant près de la nouvelle porte d'entrée.

§ V. Les *fossés du Chapeau-Rouge*, qui forment le prolongement de ceux de l'Intendance, ont pris leur nom d'une hôtellerie fameuse dès le XVIe siècle, qui portait pour enseigne un chapeau de cardinal. La dénomination de beaucoup de rues de Bordeaux tire son origine d'anciens cabarets, qui furent jadis aussi fréquentés que les plus brillants cafés de nos jours.

L'hôtellerie du Chapeau-Rouge était tenue, en 1582, par Jean Peyre; et il s'y réunissait une société qui donna naissance à un procès singulier. Il y avait autrefois dans les hôtelleries renommées de France un tronc destiné à recevoir les aumônes que ceux qui venaient y loger faisaient aux pauvres. Un pareil tronc était établi à l'hôtel du Chapeau-Rouge. Ses habitués, qui formaient une société appelée l'*Abbaye des marchands*, en distribuaient l'argent partie aux marins naufragés, partie aux voyageurs qui avaient été détroussés par les voleurs, et partie à l'hôpital de Bordeaux. Un des membres de cette société la présidait sous le titre d'*abbé des marchands*. Les autres l'assistaient en qualité de conseillers, de procureur fiscal, de greffier et d'huissiers. Deux flamands qui se rendaient au collége de Toulouse, étant logés dans cette hôtellerie, où ils avaient dîné avec plusieurs sociétaires, témoignèrent le désir d'assister à leur réunion. On satisfit à leur demande par une mystification à laquelle ils ne s'attendaient pas. Le soi-disant procureur fiscal de l'abbaye des marchands imagina de faire un réquisitoire, dans lequel il articula divers manquements aux usages et bienséances du monde que ces deux étrangers avaient, disait-il, commis à Bordeaux, pour réparation de quoi il conclut à ce qu'ils fussent condamnés à une amende de 2 ducats, applicable à la boîte des pauvres secourus par le tribunal de l'abbaye. Ce tribunal rendit une sentence conforme à ces conclusions. Un des flamands s'exécuta de bonne grâce, en payant l'amende prononcée. Son camarade refusa de se prêter à la plaisanterie; et les huissiers de l'abbaye se permirent de retenir son manteau et de rosser son cheval. Sur la plainte qu'il porta de cette violence aux jurats, un d'eux se transporta à l'hôtellerie du Chapeau-Rouge; et après avoir informé des faits, il ajourna les parties à comparaître à l'audience de l'Hôtel-de-Ville. Les jurats ordonnèrent la restitution des objets appartenant au plaignant, lui accordèrent les dommages-intérêts convenables, avec dépens, au paiement desquels furent condamnés solidairement l'hôtelier du Chapeau-Rouge et les membres de la société qui se tenait chez lui.

L'affaire ayant été portée par appel devant le parlement, l'appointement rendu par les jurats fut confirmé par arrêt du 18 septembre 1582, et il fut ordonné, de plus, que la boîte aux aumônes de cette hôtellerie serait dorénavant fermée à deux clés, dont l'une resterait déposée à l'Hôtel-de-Ville et l'autre gardée par l'hôtelier du Chapeau-Rouge ; que cette boîte serait ouverte tous les trois mois en jurade, et que l'argent qu'elle renfermerait serait distribué aux pauvres de la paroisse.

La société de l'abbaye des marchands fut dissoute par suite de cette aventure, mais l'hôtellerie continua de subsister sous la même enseigne sur le côté septentrional de la rue à laquelle elle avait donné son nom. Lorsqu'on démolit les maisons sur ce côté pour former l'esplanade du Château-Trompette, Gabriel Besse, qui tint le dernier l'hôtel du Chapeau-Rouge, le quitta le 30 juin 1676. La maison qu'il occupait fut immédiatement démolie, ainsi que les autres qui se trouvaient sur la même ligne.

Les fossés du Chapeau-Rouge, formant à cette époque la rue la plus large de Bordeaux, furent choisis pour y donner deux fêtes publiques. Le 3 février 1601, le maréchal d'Ornano, commandant de la province, courut la bague avec le comte de Gramont sur ces fossés, qu'il avait fait dépaver à cet effet. Cette rue fut aussi le théâtre d'un magnifique carrousel que le duc d'Epernon donna à Bordeaux dans le carnaval de 1627. La description de ce carrousel remplit un volume in-8°, que le secrétaire de ce seigneur a publié, et dans lequel il n'épargne pas les louanges à son patron, dont il place le tournoi au-dessus des jeux olympiques.

M. Henri *Fonfrède*, homme de lettres et négociant à Bordeaux, a longtemps habité sur les fossés du Chapeau-Rouge. L'ouvrage dans lequel il a plus particulièrement consigné ses méditations sur la constitution française a paru, sous ce titre, en 1839 : *Du Gouvernement du roi et des limites constitutionnelles du pouvoir parlementaire.* L'auteur est mort deux ans après, âgé de cinquante-trois ans. La chambre de commerce de Bordeaux lui a érigé un monument funèbre, qui a été solennellement inauguré le 12 octobre 1843. On vient d'ouvrir une souscription pour les *OEuvres de M. Fonfrède.* Elles formeront de huit à dix volumes, dont le produit est abandonné aux hospices de Bordeaux.

Dans la même rue habitait le comte *Journu-Auber,* ancien négociant de Bordeaux, mort pair de France en 1815. On a de lui divers *Mémoires* relatifs à l'économie rurale. Le département lui doit l'introduction des *mérinos.* Il a fait don à cette ville d'un riche cabinet d'objets d'histoire naturelle, que son père avait commencé à former, et qui est cité dans la *Conchyliologie* de Dargenville.

M. *Thibaut-Delille,* ancien capitaine de navires, habitait dans la même rue. En 1801, il fit construire à Bordeaux un navire auquel il avait ajouté un quatrième mât, qu'il appelait l'*intermédiaire.* On n'a pu constater les avantages du procédé de l'inventeur, attendu que ce navire fut capturé par un corsaire anglais à la sortie de la Gironde, et que personne depuis n'a fait usage de cette invention. M. Thibaut a publié plusieurs *Mémoires* sur diverses questions relatives au commerce de Bordeaux.

Article VI.

De la place du Chapelet, de l'ancien couvent des dominicains et du Musée de la ville, qui sont auprès de cette place.

§ I. La *place du Chapelet* est ainsi appelée parce que sur la porte de l'église située sur cette place on a sculpté un grand bas-relief représentant la Vierge Marie qui accueille l'hommage d'un chapelet offert par saint Dominique. Ce chapelet ne subsiste plus depuis les métamorphoses qu'a subies cette église. Elle faisait partie du couvent des dominicains qui avait été rebâti en 1707, pour en remplacer un plus ancien, dont nous parlons ailleurs. Le frère *Jean*, qui avait donné le plan du nouveau couvent, était un jeune bordelais qui fit preuve de talent dans son travail. C'était le plus beau et le plus riche monastère de cette ville.

Entre plusieurs religieux de ce couvent qui se sont distingués par leurs ouvrages on citera les suivants, dont les trois premiers sont originaires de Bordeaux :

Les pères Jean-Baptiste et Hyacinthe *Barreyre*, auteurs de plusieurs livres de piété. Ils ont publié ensemble la vie de leur mère sous ce titre : *Eloge de la sœur Deyme, morte en odeur de sainteté dans le couvent des catherinettes de Bordeaux.* 1717.

Le père Julien *Lesage*, dont on a un *Eloge funèbre de Louis XIV*, qu'il avait prononcé à la Martinique, et qu'il fit imprimer à son retour en France en 1717.

Le père Jean-Baptiste *Gonet*, qui professa longtemps et avec distinction la théologie à l'université de Bordeaux, et dont on a plusieurs ouvrages. Son crédit était si grand dans cette université, qu'il parvint à y faire approuver les fameuses *Notes de Wendrock* (Nicolle) *sur les Provinciales,* malgré l'opposition des jésuites.

§ II. En 1790, la société populaire dite des *Amis de la constitution* établit sa première tribune aux harangues dans l'église du Chapelet. On en fit ensuite l'église paroissiale de *Saint-Dominique.* Les sans-culottes de 1793 s'en emparèrent pour y célébrer leur fameuse *fête de la raison* le 10 décembre de la même année, puis elle fut surnommée le *Temple de l'Etre suprême.* On avait construit dans le chœur de cette église une belle montagne de bois peint, sur laquelle étaient placés les bustes des plus grands démocrates anciens et modernes, depuis Brutus jusqu'à Marat. Au sommet des décorations on lisait l'inscription suivante, entre plusieurs non moins ridicules : *Montagne sainte, l'univers attend de toi sa liberté!* A côté s'élevait une estrade, du haut de laquelle les conventionnels ou leurs délégués, qui venaient gouverner Bordeaux à tour de rôle, prononçaient, dans les jours appelés *décadi,* leurs allocutions civiques [1], que terminait un concert à grand

---

[1] Dans la fête décadaire du 30 décembre 1793, Mme Thérézia Cabarrus-Fontenay prononça un *Discours sur l'éducation,* qui fut imprimé dans le temps. On ne connaît aucune autre dame de Bordeaux qui ait encore parlé en public.

orchestre. Lorsqu'on célébrait quelques solennités pendant le mauvais temps, elles avaient lieu dans ce local. On a vu le programme d'une des fêtes d'alors, qui portait au bas ces mots : *En cas de pluie, on dansera chez l'Etre suprême.*

Après cette époque néfaste, le susdit temple reprit son ancien nom d'église paroissiale de Saint-Dominique, qui a été changé en celui de *Notre-Dame.* Ainsi le Panthéon de Rome, consacré à tous les dieux par Agrippa, est devenu Notre-Dame de la Rotonde.

§ III. La *rue Mautrec*, qui aboutit à la place du Chapelet, est ainsi appelée par corruption de son nom primitif *Maü-Traject* (Mauvais-Passage), à cause du danger qu'il y avait à la parcourir, lorsque les tueries des bouchers de la Porte-Médoc y étaient établies pendant les xive et xve siècles, ainsi que l'attestent les anciens titres.

Dans cette rue habitait le savant *Latapie*, qui a fait des cours publics de botanique au Jardin-des-Plantes de Bordeaux, et de langue grecque à l'école centrale de la Gironde, et dont les leçons dans ces deux enseignements furent très-suivies. M. Latapie a fourni plusieurs *Mémoires* au *Journal de Physique et d'Histoire naturelle,* de Rosier. Il a publié en 1771 l'*Art de former les jardins modernes,* traduit de l'anglais Whately, et est mort en 1823, âgé de quatre-vingt-quatre ans. On lui doit la fondation de la *Rosière de La Brède,* le premier établissement qui ait été fait en ce genre dans les départements méridionaux.

Dans la même rue habitait feu M. *Guilhe*, ancien

professeur de philosophie et de théorie commerciale, instituteur en chef de l'école des Sourds-Muets, etc. Il a publié en 1835 un in-8° de 380 pages, intitulé : *Etudes sur l'histoire de Bordeaux, de l'Aquitaine et de la Guienne, depuis les Celtes jusqu'à la révolution française, formant une histoire complète.* Cet ouvrage est dédié au conseil municipal de Bordeaux, qui a fait les frais de l'édition. Elle est déposée aux archives de la ville.

§ IV. A la place du Chapelet aboutit la *rue Saint-Dominique*, où l'on voit le *Musée de la ville*. On y trouve réunis six établissements d'instruction publique, qui ont été organisés en 1810 par l'administration municipale. Le Musée renferme : — la bibliothèque publique, qui est composée de 37,109 articles ou ouvrages séparés, dont le *Catalogue* est imprimé en cinq volumes in-8°; — un cabinet d'histoire naturelle, où sont classées des collections d'objets des trois règnes de la nature; — un dépôt d'antiques renfermant divers morceaux de sculpture romaine ou du moyen âge, recueillis à Bordeaux ou dans le département; — un observatoire muni de tous les instruments astronomiques, dont le professeur d'hydrographie indique aux marins la manière d'en faire usage; — l'école gratuite de dessin; — une salle où se donnent alternativement des cours publics de géométrie, de chimie et d'agriculture, appliquées aux arts, au commerce et aux besoins du pays; — l'académie des sciences, les sociétés de médecine, de pharmacie et médicale d'émulation.

L'hôtel du Musée fut autrefois occupé par l'académie royale des sciences, belles-lettres et arts, fondée en 1712. Il avait été donné en 1738 à cette compagnie par M. *Bel,* bordelais recommandable qui alliait la culture des arts aux devoirs de la magistrature. Il ajouta à ce don celui de sa bibliothèque, à condition qu'elle serait publique.

Au milieu de la bibliothèque de la ville s'élève le buste de *Montesquieu,* sculpté par le célèbre Lemoyne. Il fut donné à l'académie en 1768 par le prince de Beauveau, commandant de Bordeaux. Le roulier chargé de transporter dans cette ville la caisse qui contenait ce buste s'étant présenté à la douane pour acquitter les droits, avec la lettre de voiture étiquetée *buste d'un philosophe,* le préposé, après avoir feuilleté ses instructions, dit au roulier : « Le tarif ne parle pas « de ce que paie un buste de philosophe ; c'est donc « une marchandise prohibée, et je dois déclarer votre « colis confisqué comme contrebande. » Pour obtenir main-levée de cet étrange saisie, il fallut que l'académie se pourvût auprès du directeur de la douane, qui s'empressa de faire remettre le ballot confisqué, en excusant la bévue de son préposé et riant beaucoup de l'aventure.

Article VII.

De la place du Marché des Grands-Hommes.

La dénomination de ce marché peut d'abord paraître un peu singulière. Elle lui a été donnée à cause des nouvelles rues qui viennent y aboutir, et qui toutes portent des noms d'hommes célèbres du dernier siècle. Le peuple a trouvé plus naturel de l'appeler le *Marché des Récollets,* parce qu'il est formé sur le terrain de l'ancien couvent des récollets, celui des dominicains qui l'avoisinait n'ayant fourni que l'emplacement de la rue Mably, une des rues qui conduit à ce marché. Il a été ouvert au public le 1er mai 1806. Quoiqu'il soit moins ancien et plus petit que le Grand-Marché, il est aussi bien approvisionné que ce dernier, et l'on prétend même que les regrattières s'y abstiennent de tous jurons, parce qu'elles vendent, disent-elles, sur une terre sainte.

Le *couvent des récollets* fut construit en 1489, par les libéralités de la famille Caussade de Saint-Maigrin, qui avait de grandes propriétés en Guienne. Il fut d'abord destiné à servir de maison de novices à celui des cordeliers. Ces derniers l'ayant abandonné, Henri IV le donna aux récollets, qui y furent installés le 7 janvier 1602 par le provincial des cordeliers, en présence du cardinal de Sourdis. Comme ce couvent bordait une grande partie des fossés de l'Intendance, ils sont nommés, dans plusieurs plans de Bordeaux, les *fossés des Récollets.* Ce couvent possédait une belle bibliothèque. Sur la porte de la salle qui la contenait, on lisait le distique suivant :

Tu mihi curarum requies, tu nocte vel atrâ
Lumen, et in solis tu mihi turba locis.

ARTICLE VIII.

Des ci-devant allées de Tourny.

C'est le seul des travaux d'embellissements dus au célèbre intendant Tourny que l'on ait détruit, sans aucun prétexte d'utilité publique. Depuis le donjon qui formait la *porte Saint-Germain* jusqu'au bâtiment gothique appelé la *porte du Chapeau-Rouge* s'étendait un large chemin, bordé d'un côté par l'esplanade du Château-Trompette, et de l'autre par le mur du jardin des dominicains, par quelques échoppes jusqu'à la rue Mautrec, et par les maisons dont se composait le seul côté qui subsistait de la rue du Chapeau-Rouge. Tourny conçut le projet de couvrir ce terrain par une belle promenade qui manquait alors à Bordeaux; car il n'avait pas encore créé celle du Jardin-Public. L'intendant ayant obtenu, non sans beaucoup de résistance de la part des dominicains, l'aliénation des emplacements qui bordaient les murs du jardin de leur couvent, donna le plan des maisons qui devaient y former une façade uniforme parallèlement aux allées qu'il fit en même temps planter. Il fut forcé de donner peu d'élévation à ces maisons, parce que le directeur des fortifications s'opposait même à la formation des allées projetées, prétendant qu'elles domineraient les bastions du Château-Trompette. Le ministre de la guerre, auquel cette discussion fut soumise, approuva cependant ces allées et la construction des maisons qui les borderaient, à condition que ces maisons seraient bornées dans leur hauteur de manière à ne pas masquer la vue du fort sur la ville et la campagne environnantes.

Lors de la formation des allées qui portent son nom, Tourny prescrivit une façade uniforme pour les maisons qui les bordaient. Il a persisté dans ce système pour tous les alignements qui ont été suivis pendant sa mémorable administration. On doit regreter qu'un pareil système n'ait pas été suivi lorsqu'on construisit les maisons élevées dans ces derniers temps sur le côté nord de ces allées.

Elles s'étendaient originairement jusqu'à la clairevoie en fer qui se prolongeait sur le côté du port, entre la porte du Chapeau-Rouge et le bastion méridional du Château-Trompette. En 1773, on diminua de moitié la longueur de ces allées pour bâtir le Grand-Théâtre et les maisons qui sont à la suite de ce magnifique édifice : sa construction a dédommagé d'un sacrifice devenu nécessaire.

La suppression totale des allées de Tourny s'est exécutée en 1831. On en abattit d'abord les arbres, sous prétexte qu'ils avaient besoin d'être renouvelés; puis on annonça que dans l'année suivante on rétablirait cette promenade, pour le renouvellement de laquelle on sollicitait les avis des gens de l'art. Cette promesse est restée sans exécution. Au centre d'un beau quartier, la vue d'un vaste terrain absolument vide a affligé les habitants, qui croyaient que le nom seul du grand administrateur auquel ils devaient ces magnifiques allées, les préserverait de la destruction. Ils s'en consolent maintenant, en songeant qu'elles vont être incessamment couvertes par des monuments consacrés à la mémoire de Montaigne et de Montesquieu, qui font aussi la gloire de Bordeaux.

Article IX.

Du cours du Jardin-Public et de quelques rues qui y aboutissent.

§ I. Le *cours du Jardin-Public* est la cinquième section des grands boulevarts dont la ville fut dotée par son célèbre intendant. Avant la formation de ce cours, le terrain sur lequel il s'étend était parcouru par un chemin sinueux et impraticable qui conduisait sur les derrières des Chartrons, et que bordait l'esplanade du Château-Trompette, de petits jardins et quelques échoppes. La seule maison qu'on remarquait sur ce chemin était l'ancienne faïencerie dont nous parlerons plus bas.

§ II. Sur ce cours débouche la *rue de la Course*. Elle était naguère divisée en deux parties par la *rue du Jardin-Public*; la partie du côté du levant s'appelait *rue Dufau*, et celle du côté du couchant *rue Clouet*. Le nom de la rue de la Course vient d'un spectacle pour des combats d'animaux, qui fut ouvert le 1er mars 1755, sous le nom imposant de *Cirque*. Cet établissement était dirigé par un nommé Raymond

Avon, auquel un arrêt du conseil en avait accordé le privilége pour six ans. Voici comment un instituteur nommé Nau-Dumontet a célébré ce singulier spectacle dans des *Pastorales héroïques* dédiées au chapitre de Saint-Seurin en 1758 :

> C'est là qu'on voit Cerbère et sa troupe enchaînée
> Enrager, comme lui, de se voir trop gênée.
> Les lions et les loups, et des ours, ou quelque ourse
> Sont les premiers acteurs des beaux jeux de la course.
> Dans l'autre parti sont les bœufs et les taureaux,
> La mule, le mulet, l'étalon, les bardots,
> Et tout ce qu'on a cru pouvoir mettre en campagne
> D'animaux rassemblés de l'Afrique et d'Espagne.
> Mais tant d'autres bientôt des pays étrangers
> Viendront avec ceux-ci partager les dangers.
> On y verra, dit-on, jusques à la volaille
> Venir se battre en duel dans ce champ de bataille.
> Aguerris au combat, les coqs éperonnés
> S'y sont, par leur valeur, de gloire couronnés.
> Peut-être aussi qu'un jour le chafoin, la belette,
> S'y viendront disputer le prix d'une omelette ;
> Et nous verrons chez nous faire la guerre aux œufs
> Presque aussi rudement qu'aux tigres et qu'aux bœufs.

§ III. La *rue Hustin*, qui aboutit au cours du Jardin-Public, porte le nom du propriétaire de la première faïencerie qui ait été établie à Bordeaux. « Le « 15 janvier 1714, lit-on dans les *Chroniques* de Tillet, « MM. les Jurats donnent permission à sieur Jacques « *Hustin* d'établir une manufacture de faïence hors « la ville et près la porte Saint-Germain. » L'intendant Tourny, voulant récompenser les talents du propriétaire de cette fabrique, la fit décorer du titre de *Faïencerie royale*. C'est depuis cette époque que fut ouverte la rue Hustin, qui n'était auparavant qu'une impasse.

Sur le cours du Jardin-Public habitait le docteur J.-B. *Moulinié*, ancien professeur à l'école de chirurgie de Bordeaux, fondateur de la *Société médicale d'émulation*, qui a subsisté dans cette ville depuis 1798 jusqu'en 1810. Cette société était composée d'anciens médecins et chirurgiens, qui faisaient des cours publics et gratuits sur les diverses parties de l'art de guérir, et donnaient des consultations aux indigents qui avaient recours à leurs lumières. Il paraissait tous les mois une *Notice des travaux de la société médicale d'émulation*. L'honorable fondateur de cette société, après avoir consacré la moitié de sa vie à l'enseignement public avec un zèle et un désintéressement dignes d'éloges, est mort le 20 février 1819, à l'âge de soixante-douze ans, emportant les regrets de tous ceux qui l'ont connu. Il n'a laissé aucun écrit, mais il a eu le bonheur de former un grand nombre de praticiens qui honorent leur profession. Après sa mort, ses élèves ont fait exécuter son buste, au bas duquel on lit l'inscription suivante, qu'on attribue à un homme de lettres de Bordeaux, qui a fait de bien meilleurs vers :

> Comme brille dans l'ombre un fanal salutaire,
> Il servit de flambeau dans des temps orageux ;
> Et tous ceux qu'instruisit son savoir lumineux
> Dans un maître éclairé trouvaient le cœur d'un père.

Article X.

De la formation du Jardin-Public.

Lorsque Tourny forma le *Jardin-Public* dans un quartier alors isolé de la ville, il avait principalement en vue les avantages que ce quartier allait retirer d'un pareil établissement. Le local sur lequel il le plaça se composait de plusieurs pièces de terres, qui étaient en différentes espèces de culture, et sur lesquelles plusieurs échoppes se trouvaient éparses. Il fit faire l'acquisition de ces fonds par l'administration municipale, qui, par un arrêt du conseil du 15 janvier 1747, fut autorisée à employer une somme de 80,000 fr. pour les dépenses nécessaires à la formation de cette nouvelle promenade. En l'exécutant, l'intendant ne la considérait pas uniquement comme un simple lieu d'agrément qu'il procurait aux habitants de Bordeaux, il entrevoyait encore les avantages réels et durables qui en résulterait pour un quartier presque inhabité, dont la population ne pouvait manquer de s'accroître. Afin d'atteindre ce but, il ouvrit plusieurs voies nouvelles, qui toutes aboutissant au Jardin-Public, devaient non-seulement rendre ses abords faciles, mais encore faire décupler la valeur des terres qui borderaient les percées prescrites, lorsque des maisons y seraient construites.

Le premier ouvrage auquel la création de cette promenade donna lieu fut l'achèvement des grands boulevarts qui devaient ceindre la ville par de belles allées d'arbres, et qui furent continués jusques au fond du faubourg des Chartrons. La porte d'entrée du Jardin-Public du côté du nord détermina la percée de la rue du même nom, laquelle était destinée à se prolonger à travers les marais de ce faubourg. A la porte du couchant on pratiqua l'*allée des Noyers*, qui procura une nouvelle communication avec le chemin du Médoc. Les *impasses Dumas* et *des Tanneries* trouvèrent une issue par la place ouverte au devant de la porte qui est sur la terrasse.

Trois vastes péristyles furent construits dans ce jardin pour abriter au besoin les promeneurs. Ils pouvaient dans l'un d'eux jouir de la vue des exercices d'un manége royal [1] que l'intendant fit construire en même temps pour instruire gratuitement un certain nombre de jeunes gens qui se destineraient à prendre du service dans les régiments de cavalerie. Cet établissement s'appelait alors *Académie du roi,* et les plaisants disaient que c'était celle où l'on faisait le plus vite son chemin. Sur le fronton de ce péristyle on remarque un bas-relief représentant le char du soleil. Ce beau morceau est de l'auteur des sculptures qui décoraient le piédestal de la statue de la place Royale, dont nous parlons dans le chapitre suivant. Depuis longues

---

[1] La direction en fut d'abord confiée au célèbre Bourgelat. M. *Merlet,* qui y a depuis professé, a publié en 1803 un ouvrage intitulé : *Manuel théorico-pratique d'équitation.*

années ce péristyle, ainsi que les deux autres que Tourny a fait construire dans cette promenade, ne sont plus ouverts au public, à l'usage duquel ce bienfaisant administrateur les avait consacrés. Quoiqu'il en soit, le Jardin-Public est encore la plus agréable et la plus magnifique promenade de Bordeaux.

Le 26 juillet 1784, MM. *Darbelet, Chalifour* et *Desgranges* firent leur seconde expérience aérostatique dans le Jardin-Public. Le ballon qu'ils montaient et qui avait 15 mètres de diamètre, les transporta, sans encombre, dans la commune de Peugnac, près de Bourg, à trois myriamètres du point de départ. Uniquement satisfaits d'avoir procuré à leurs concitoyens la vue d'un spectacle alors nouveau, ils en abandonnèrent le produit à l'hôpital. Dans le mois de mai précédent, deux particuliers de cette ville avaient tenté en cet endroit une pareille expérience, qui eut la plus déplorable issue.

Ce fut dans le même local que les Bordelais, au nombre d'environ trente mille, se réunirent spontanément le 20 juillet 1789, et y délibérèrent de se former en garde nationale, ce qui fut exécuté dès le lendemain dans chaque paroisse de la ville.

Article XI.

De la place Bardineau et d'une rue qui y aboutit.

§ I. On a donné à cette place le nom d'un fameux traiteur, qui y avait formé, il y a près d'un siècle, un bel et vaste établissement, dans lequel l'élite des habitants de cette ville se réunissait souvent pour des galas et des bals de société, qui étaient aussi brillants qu'agréables. En 1777, le cardinal de Bernis, en sa qualité de *grand maître du noble jeu de l'arc*, autorisa M. Gilbert-Alexis Astier, franc-archer de la compagnie de l'arbalète fondée à Clermont, de former à Bordeaux une *compagnie de l'arbalète*, qui jouirait des prérogatives attachées aux établissements de ce genre alors existants en France, d'après les statuts qui les avaient constitués en 1733. Dans plusieurs villes on a vu, jusqu'à la révolution, des compagnies d'arbalétriers qui figuraient dans certaines fêtes publiques et s'y livraient à des exercices du jeu de l'arc pour y disputer des prix. Celle de Bordeaux se réunissait à huis clos dans le jardin de Bardineau, et n'a subsisté que pendant un an.

Feu M. *de Lisleferme*, savant avocat de Bordeaux, habitait sur la place Bardineau. Il a publié, de 1800 à 1802, l'*Abrégé méthodique du droit romain conféré avec le droit français*. On a aussi de lui un volume de *Fables*. L'auteur l'a imprimé lui-même en 1796, dans sa maison de campagne du Bosc, près d'Agen, et en a tiré cinquante exemplaires, pour distribuer à ses amis.

§ II. La *rue Duplessis*, qui aboutit à la *place Bardineau*, a pris son nom de Mme Duplessis, qui y avait sa demeure en 1750. Cette dame est citée dans les *Lettres familières* de Montesquieu comme cultivant les lettres et possédant une belle collection d'objets d'histoire naturelle.

Article XII.

De la rue Fondaudége et de trois rues qui y aboutissent.

§ I. La *rue Fondaudége* a pris son nom de celui d'une fontaine qui est située dans cette rue. On l'appelle *Odeia* dans nos vieux titres. Certains croient reconnaître dans cette fontaine celle qu'Ausone a célébrée sous le nom de *fons Divona*. Darnal, sous l'an 1559 de la *Chronique*, a contribué à propager cette erreur en disant : « Les jurats firent faire une mu« raille à la fontaine d'Audége, pour la séparer du « grand chemin et empêcher que les terres ne tom« bassent dans le vase de ladite fontaine, belle et « abondante, et de laquelle parle dans ses œuvres le « poète Ausone, bourdelois et citoyen romain. »

Le chroniqueur Pontelier ne paraît pas adopter cette opinion, lorsqu'il dit, sous l'an 1676 : « Les jurats, « pour la conservation de la fontaine d'Audége, qui « dépend de la ville, firent construire un grand mur « aux dépens de la ville. L'eau de cette fontaine est « très-ancienne et fort excellente. » Il est certain que la *font d'Audége* ne peut point être la *Divona* d'Ausone, puisque cet auteur dit qu'elle était située au centre de la ville, tandis qu'*Odeia* est à l'extrémité d'un faubourg.

§ II. Quoiqu'on ait fait souvent des réparations à cette fontaine, ses eaux ne sont pas aussi abondantes qu'elles le furent anciennement. Elles servaient aux travaux des tanneurs qui étaient autrefois établis en grand nombre dans la *rue des Tanneries.*

§ III. Dans la *rue Victoire-Américaine,* qui aboutit à celle de Fondaudége, est décédé, en 1836, M. *Dudevant,* dont on a plusieurs ouvrages relatifs au commerce et à l'histoire naturelle.

§ IV. Au couchant de la rue Fondaudége commence le *chemin du Médoc*. On en doit le redressement à l'intendant Tourny, qui le prolongea jusqu'à Soulac, en vertu d'un arrêt du conseil d'état du 13 octobre 1750. A l'entrée de ce chemin habitait feu M. *Saige,* un des hommes de Bordeaux qui s'est le plus occupé, dans ces derniers temps, des matières politiques et de droit public. On en trouve la preuve dans les ouvrages qu'il a publiés, et qui sont aussi fortement pensés que purement écrits.

Dans la même rue est établi l'atelier de la raffinerie des salpêtres, qui alimente la manufacture royale de poudres, située dans la commune de Saint-Médard en Jalles, à 6 kilomètres de Bordeaux.

MM. *Laclotte* frères et fils, architectes renommés à Bordeaux dans le dernier siècle, habitaient sur la place Fondaudége. Un quart des maisons construites de leur temps à Bordeaux, et même plusieurs beaux hôtels, l'ont été par leurs soins et sur leurs plans. L'un d'eux fut chargé d'achever, en 1774, l'ancien palais archiépiscopal, actuellement l'Hôtel-de-Ville, le célèbre ingénieur Etienne, qui avait donné le plan de cet édifice, étant mort avant son achèvement.

Article XIII.

Du faubourg Saint-Seurin et de quelques particularités concernant l'église de ce nom.

§ I. C'est le plus ancien des faubourgs de Bordeaux, à en juger par le genre de construction de quelques vieilles maisons qui y subsistent, et surtout par les monuments antiques qu'on y remarque. Les murailles de ces maisons sont bâties en petites pierres carrées et en briques régulièrement superposées comme au Palais-Gallien. Indépendamment de ce dernier de nos monuments romains, il en a existé un autre non moins ancien, dont on a découvert de précieux restes dans des fouilles faites entre les rues de Saint-Seurin, Saint-Martin, Nauté et Pont-Long. C'est dans ce périmètre qu'on exhuma, en 1594, une grande quantité d'antiques de diverses formes, comme statues, cippes, vases, anneaux, inscriptions et médailles, qui appartenaient évidemment aux règnes de Claude et de Néron. Delurbe, qui a décrit ces antiques, assure qu'ils étaient conservés religieusement à l'Hôtel-de-Ville. « Aucuns « pensent, dit cet auteur, que ce fut un palays, les « autres un temple, d'autres des bains ou estuves... « Il n'est pas toutes fois hors de propos de penser que « ce soient les ruines des bains bastis par les Romains, « commandants en la Guyenne, tant pour la commo- « dité du ruisseau de la Divise qui coule auprès de « ladite terre, que pour avoir esté le bastiment divisé

« comme en cellules, avec des longiers de murailles
« en forme de portiques. »

La découverte d'un beau pavé de mosaïque, faite au commencement de ce siècle, dans la rue du Manége, a rappelé l'existence des thermes dont parle Delurbe. Non loin de ces ruines s'élèvent les restes du *Palais-Gallien*. Il est naturel de penser qu'autour de ces deux édifices publics s'étaient groupées des maisons particulières; ce qui autorise à croire qu'elles ont donné naissance au faubourg, dans le temps que Bordeaux était sous la domination romaine.

§ II. L'ancienneté de ce faubourg est également démontrée par celle de *l'église de Saint-Seurin*. L'église actuelle, qu'on estime avoir été construite dans le XIe siècle, en remplace une plus ancienne, qui était dédiée à saint Etienne, et dont les restes se voyaient encore à la fin du siècle dernier, sur le côté septentrional de l'église actuelle. La première bâtie dans ce faubourg n'était qu'une chapelle, dans laquelle saint Amand fit inhumer le corps de saint Seurin, qui lui avait demandé d'être enseveli dans un lieu éloigné de la ville. Ces deux saints furent les troisième et quatrième évêques de Bordeaux.

L'église de Saint-Seurin a possédé, jusque dans ces derniers temps, un chapitre collégial. Ce fut d'abord un monastère. En 814, Louis-le-Débonnaire donna la terre de Méchetz en Saintonge au couvent de Saint-Seurin de Bordeaux, *ad sustentationem fratrum in monasterio degentium*, porte le titre de cette donation. Il fut sécularisé en 1188. Ce chapitre se composait de quatre dignitaires, de seize chanoines, de quatre demi-chanoines et de quatre prébendiers. Il jouissait des droits seigneuriaux sur le territoire de la paroisse Saint-Seurin et sur les communes du Bouscat et de Caudéran.

Lors des troubles de la Fronde, l'armée royale qui assiégeait Bordeaux, sous le commandement du cardinal Mazarin, était cantonnée dans le faubourg Saint-Seurin. Les soldats qu'on rencontrait en maraude dans les campagnes voisines étaient journellement tués par les paysans de Caudéran. Le capitaine de cette commune, craignant que ces fusillades ne fissent manquer de poudre à sa troupe, fit afficher un ordre du jour portant défense aux habitants de tirer sur les fantassins, « attendu, ajoutait-il, suivant les *Mémoires de* « *Lenet*, qu'un mazarin à pied ne vaut pas la charge. »

Le 5 septembre 1699, une partie de la voûte de l'église de Saint-Seurin s'écroula. Lorsqu'on la reconstruisit, on négligea de rétablir l'ancienne porte d'entrée du côté du couchant. On l'a bâtie dans le genre gothique en 1829.

§ III. Sous le chœur de cette église est un caveau dit de *saint Fort*, qui est l'objet d'une dévotion particulière de la part des mères qui ont de petits enfants dont le corps manque de force. Il y a dans le pays de pareilles dévotions nominales, à *saint Clair* pour le mal aux yeux, et à *saint Loubès* pour guérir de la morsure des loups. Les tombeaux de saint Fort, de saint Seurin et de saint Amand, et ceux des saintes Véronique et Bénédicte vierges, qu'on dit être originaires du Médoc, se voient dans ce caveau ou chapelle souterraine, qui fut en grande réputation jadis sous le nom de *fort Saint-Seurin*.

Suivant les *Anciennes coutumes de Bordeaux*, les tribunaux de cette ville admettaient quatre sortes de serments décisoires, dont ils ordonnaient la prestation en divers lieux, en raison de la nature de la demande. On connaissait les serments *sobre lo plan* (à l'audience); *à Sent-Progeist* (dans l'église Saint-Projet); *sobre lo libre de la cort* (sur le livre des évangiles), et *sobre lo fort Sent-Seurin* (à Saint-Seurin). Ce dernier serment était déféré dans les cas les plus importants. Les commentateurs de ces coutumes font, à ce sujet, la remarque suivante, qui, par sa nature historique, nous a paru devoir être rapportée en entier :

« L'origine et la vraie signification de ce mot *fort
« Saint-Seurin,* disent-ils dans la note 13 de leur
« *Avant-propos*, sont assez difficiles à fixer. On pré-
« sume que c'était quelque relique de saint Seurin,
« sur laquelle le serment qu'on faisait était des plus
« authentiques et des plus sacrés. Le nom de *fort*
« était équivalent à celui de verge ou bâton pastoral,
« comme nous l'apprenons d'un ancien titre que l'abbé
« Baurein nous a communiqué. C'est une transaction
« passée le 12 janvier 1325, entre Marguerite de Gi-
« ronde, dame de Castillon en Médoc, et Guitard,
« seigneur d'Arsac. Les parties promettent de jurer
« *super forte seu virgam sancti Severini, Burdigalæ;*
« et plus bas, l'obligation du même serment est re-
« nouvelée en ces termes : *Facere juramentum, seu*

« *præstare et jurare super virgam et forte sancti Se-
« verini.* On voit que *forte* est synonyme de *virga.*

« Quelques-uns pourraient croire que ce *fort* ou
« *forte,* sur lequel on jurait, étaient des reliques d'un
« *saint Fort,* dont on célèbre en effet la fête le 16
« mai. Mais indépendamment des raisons qu'on vient
« de relever, il y a tout lieu de soupçonner que ce
« saint est un peu apocryphe. La légende ne dit rien
« de sa vie, et les actes n'en sont rapportés dans au-
« cun martyrologe, ni dans les bollandistes. D'ailleurs
« il existe dans les archives du chapitre de Saint-Seu-
« rin une transaction, passée le 10 mai 1270, entre
« ce chapitre et le sacriste, où au rang des principales
« fêtes de cette église, et dans lesquelles les offrandes
« étaient les plus considérables, il n'est fait aucune
« mention de *saint Fort,* mais seulement du produit
« *de juramentis super forte.* D'où l'on conjecture que,
« dans un siècle d'ignorance, on aura fait un saint
« d'une relique, qu'on exposait peut-être plus parti-
« culièrement à la vénération des fidèles le 16 mai,
« jour auquel on aura déterminé depuis la célébration
« de sa fête. »

§ IV. Il y avait autrefois dans l'église de Saint-Seurin une relique encore plus renommée dans le pays Bordelais, et qu'on invoquait dans des circonstances graves, avec des cérémonies toutes particulières. C'était un fragment du bâton pastoral de saint Martial, renfermé dans une châsse d'argent, longue d'environ un demi-mètre et ayant la forme d'un bras. Ce reliquaire s'appelait *la verge de saint Martial.* Lorsqu'on éprouvait une sécheresse extraordinaire dans les environs de Bordeaux, on faisait la procession de la verge de saint Martial pour obtenir de la pluie par l'intercession de ce saint. Sa relique était portée solennellement de l'église de Saint-Seurin à la fontaine de Figueyreau. Quatre chanoines étendaient sur le réservoir de la fontaine une nappe d'autel, et l'officiant y plaçait cette relique de manière à ce qu'elle pût être légèrement mouillée. Elle restait ainsi suspendue sur l'eau pendant qu'on chantait certaines prières composées pour cette cérémonie.

La *Chronique* mentionne en ces termes une de ces cérémonies : « Le 16 septembre 1696, y ayant une
« sécheresse extraordinaire, l'on fit la procession de
« la verge de saint Martial dans le fauxbourg de Saint-
« Seurin, à laquelle MM. les Jurats assistèrent avec
« leurs robes et chaperons de livrée. Cette verge, qui
« étoit portée avec solemnité dans cette procession,
« fut mouillée dans la fontaine de Figueyreau, avec
« les solemnités et cérémonies ordinaires; et par l'in-
« tercession de ce grand saint, qui est l'apôtre de
« la Guyenne, il y eut incontinent après des pluyes
« qui durèrent quelques jours, et qui rétablirent les
« vignes et les autres fruits qui avoient été extrême-
« ment endommagez par les grandes chaleurs. »

On trouve dans les registres de l'Hôtel-de-Ville que pareille cérémonie fut répétée le 9 août 1705 et le 16 mai 1716. Il ne paraît pas qu'elle ait été renouvelée depuis. On apprend par une *Notice sur l'église Saint-Seurin,* publiée en 1840, que la verge de saint

Martial a disparu depuis la révolution. Ce même ouvrage rapporte l'extrait suivant d'une *Vie de saint Martial* : « Dans l'extrême sécheresse, le bâton de ce
« saint est plus puissant que la verge de Moïse. Il fait
« descendre les eaux célestes pour arroser les campa-
« gnes ; et dans l'inondation des pluies, il ferme les
« cieux. Pour ce double miracle il ne faut que porter
« la verge de saint Martial à Figueyreau. » Personne n'avait encore entendu parler à Bordeaux de ce dernier miracle, qui serait souvent aussi utile que l'autre.

Dans la *Description des principaux lieux de France*, Dulaure dit que la verge de saint Martial appartenait anciennement aux habitants de Limoges ; que ceux de Bordeaux la leur ayant empruntée, refusèrent ensuite de la rendre ; qu'alors les Limousins massacrèrent les otages que les Bordelais leur avaient envoyés pour garantir la remise de la relique prêtée, et que ces otages, donnés comme étant des jurats de Bordeaux, furent reconnus pour être des portefaix de cette ville. D'autres auteurs prétendent que la verge de saint Martial fut empruntée à Limoges pour chasser un dragon monstrueux qui faisait de grands ravages à Bordeaux, et que les habitants de cette ville gardèrent la relique, lorsqu'ils découvrirent qu'elle avait la vertu de préserver facilement leurs vignes des malheurs d'une extrême sécheresse. Ces deux traditions ne sont pas plus probables l'une que l'autre. Ce qu'il y a de positif dans tout ceci, c'est qu'on appelle encore à Bordeaux, par ironie, les portefaix, *jurats de Limoges*, et que le reliquaire de la verge de saint Martial est perdu pour l'une et l'autre ville, à moins qu'un double miracle ne le fasse découvrir, puis bien et dûment authentiquer.

Article XIV.

Du Palais-Gallien et de la rue ainsi appelée.

Qu'on ne s'attende pas à ce que nous expliquions ce qu'était le *Palais-Gallien* qui a donné son nom à cette rue, ni à quelle époque ce monument antique fut construit. Les documents manquent pour éclaircir ces questions, et nous ne voulons pas ajouter des conjectures nouvelles à celles qu'on a déjà débitées à ce sujet. Le genre de la construction de cet édifice, sa forme, le nom qu'il porte, font présumer que ce fut un amphithéâtre ou cirque romain destiné aux spectacles publics, et qu'il fut élevé pendant le règne de l'empereur Gallien, dont il a conservé le nom.

§ I. Le Palais-Gallien, appelé dans les anciens titres *las arénas* (les arènes), avait une forme ovale de 137 mètres de longueur sur 114 de largeur. L'élévation du mur extérieur et du suivant était de 21 mètres, et son épaisseur de 1 mètre $\frac{1}{2}$. Les quatre autres murs intérieurs diminuaient de hauteur et d'épaisseur en allant vers le centre, où était l'arène du cirque, qui avait 79 mètres dans son plus grand diamètre, et 56 dans le plus petit. Les galeries destinées aux spectateurs étaient au nombre de quatre, dont deux au rez-de-chaussée et deux à l'étage au-dessus.

Elles régnaient tout autour de l'amphithéâtre. Il était percé à chaque étage de soixante ouvertures en arcades qui avaient 6 mètres de hauteur sur 2 de largeur. A chaque extrémité du grand diamètre de l'ovale était une porte d'entrée ayant 9 mètres de hauteur sur 6 de largeur, ornée de quatre pilastres avec leurs chapiteaux qui supportaient l'architrave. Au-dessus de chacune de ces portes et dans l'étendue de l'étage supérieur s'ouvrait une arcade de 6 mètres de hauteur et de 4 de largeur, également accompagnée de pilastres, entre lesquels étaient deux niches qui paraissaient destinées à recevoir des statues. Une corniche soutenue par des modillons et surmontée de divers ornements d'architecture régnait autour de cet édifice, et le terminait. Tous les murs étaient bâtis en pierres carrées, qui avaient 10 centimètres d'épaisseur sur 34 de longueur. De dix en dix assises ces pierres étaient entrecoupées de briques couchées, en partie plates et en partie à rebords sur le parement, et dont chacune avait 4 centimètres d'épaisseur, 29 de largeur et 48 de longueur.

Environ un tiers du Palais-Gallien restait sur pied, quand le terrain sur lequel il s'élevait fut vendu en 1795 pour y bâtir des maisons. On était près d'achever de le démolir, lorsqu'à son arrivée à Bordeaux le premier préfet de la Gironde fit suspendre cette démolition, dans l'intérêt des arts et pour l'honneur de la cité. L'arrêté publié à ce sujet est du 17 octobre 1800. La porte d'entrée du Palais-Gallien du côté du couchant et quelques pans de murs de ce monument

CHAPITRE QUATRIÈME.

subsistent encore, comme pour accuser le vandalisme qui a opéré sa destruction.

Le 13 mai 1626, un nommé Jarisse, cabaretier à Bordeaux, présenta requête aux jurats de cette ville à l'effet d'être autorisé à fouiller le terrain du Palais-Gallien, « pour en retirer, disait le demandeur, les dif-
« férentes choses qui peuvent y être enfouies, et qui
« sont inutiles à la société humaine, comme argent
« monnoyé et autres objets d'orfévrerie, sous la sou-
« mission qu'il fait de ne porter préjudice ni aux murs,
« ni aux bâtiments construits dans ledit palais, et en
« cas de réussite de payer un certain *quantum*, soit
« à la ville, soit aux pauvres. » On ignore quelle réponse il fut fait à ce chercheur de choses qu'il disait *inutiles à la société humaine*, et dont il espérait cependant faire son profit.

Le 15 juillet 1774, la jouissance du Palais-Gallien, qui avait antérieurement été accordée à celui qui avait l'entreprise de l'enlèvement des boues et bourriers de la ville, fut concédée pour neuf ans à M. Duhaultois, pour y remiser les fiacres, dont il avait le privilége, à la charge par lui de ne rien faire qui pût dégrader ce monument.

Tous les hommes instruits qui ont vu le Palais-Gallien se sont accordés à reconnaître que c'était un monument romain aussi remarquable que ceux de ce genre dont il subsiste des restes dans plusieurs villes de France. Cependant on n'a pas craint de soutenir, dans une séance de l'académie des sciences de Bordeaux, que ce vaste et magnifique édifice était digne des Visigoths, et qu'il n'offrait que des murs d'attente, sur lesquels on devait *plaquer* des ornements d'architecture. Cette ridicule opinion est consignée dans les termes suivants, à la page 10 du *Prospectus des Annales de Bordeaux*, lu à l'académie de cette ville, le 28 décembre 1783, et par elle approuvé : « On ne recon- « naît dans l'amphithéâtre de Gallien, tel que nous le « voyons aujourd'hui, ni le ton de grandeur, ni le « goût qui caractérisent les autres ouvrages des Ro- « mains en ce genre. Sans doute il faut croire que ces « masses informes, qui n'offrent qu'une surface nue « et grossière, et une architecture digne des Visigoths, « étaient comme des murs d'attente qui devaient re- « cevoir un revêtement plus magnifique. » Celui qui écrivit ces lignes est *Don Carriere*, qui avait ouvert une souscription pour l'*Histoire générale de Guienne* en 1782, et pour les *Annales de Bordeaux* en 1784, et qui n'a publié aucun de ces ouvrages, quoiqu'il ait survécu vingt ans à ses *Prospectus* [1]. Ce n'est pas, au reste, le seul conte absurde qu'on ait débité avant et

---

[1] Nous remarquerons à ce propos, qu'en 1837 on annonça qu'il s'était formé dans la rue du Palais-Gallien une *société d'historiographes*, qui se proposait de donner incessamment l'*histoire de Bordeaux*. La table des matières qu'on devait traiter fut publiée dans un journal qui parut pendant trois mois de la même année. La soi-disant *société d'historiographes*, improvisée dans une ville où les historiens n'ont jamais abondé, était sans doute une mystification; car le projet de cette *histoire de Bordeaux* ne s'est pas encore réalisé.

après celui-ci, en pleine académie, sur ce malheureux Palais-Gallien.

§ II. Dans la *rue du Palais-Gallien* fut bâti en 1730 le *grand Séminaire*, actuellement occupé par l'*hôtel des Monnaies*. Ce bâtiment est vaste, mais de mauvais goût. On dit qu'il fut construit sur les dessins d'un frère lazariste, dont la congrégation venait d'être appelée à Bordeaux, pour diriger le séminaire des ordinants et pour faire des missions dans ce diocèse.

§ III. Près le Palais-Gallien est la *rue Saint-Fort*, qui, avant 1786, s'appelait *rue Putoye*, à cause des filles publiques qui y étaient confinées, ainsi que dans la rue du Palais-Gallien, où elle débouchait. L'auteur de l'*Itinerarium Galliæ*, en nous apprenant cette particularité, dit qu'ayant demandé dans son auberge qu'on le conduisît au Palais-Gallien qu'il voulait visiter, on le lui indiqua avec des remarques plaisantes qu'il fait connaître en ces termes : « *Hodiè luparum et prosti-*
« *bulorum istic est consistorium; sic etiam ut cùm in*
« *hospitio quæreremus ubi Palatium Galieni esset, risu*
« *exsonuerint omnes, et pulpamentum nos quærere pu-*
« *tarint.* »

§ IV. La *rue des Religieuses*, qui aboutit à celle du Palais-Gallien, a pris ce nom d'un couvent de religieuses de l'ordre de sainte Catherine, appelées communément *les catherinettes*. Ce couvent avait été bâti en 1664. L'*institution royale des Sourds-Muets* occupe ce local, dont les bâtiments ont été augmentés dans ces derniers temps, de manière à faciliter les moyens d'enseignement qu'y reçoivent les élèves. Ils sont nombreux dans les deux sexes, tant ceux qui sont entretenus aux frais du gouvernement, que ceux qui payent pension. Indépendamment de l'instruction nécessaire pour parvenir à exprimer leurs pensées par des signes manuels, on leur donne des leçons d'écriture, de calcul, de dessin et de morale religieuse. Lorsqu'ils possèdent tous les principes de l'instruction commune, ils passent dans les ateliers dépendants de l'école, où ils apprennent la profession pour laquelle ils montrent le plus d'aptitude. Une commission spéciale administre cet établissement, dont le régime intérieur est confié à des dames de la congrégation de Nevers.

Deux artistes dont Bordeaux regrette la perte ont habité la rue du Palais-Gallien : M. *Cessi*, qui a sculpté avec talent les moules des bustes de Montaigne et de Montesquieu, qu'on trouve dans tous les cabinets d'amateurs, et M. *Lacour* père, ancien professeur à l'école de dessin et de peinture, dont plusieurs tableaux capitaux font l'ornement du Musée de cette ville.

§ V. La partie de la *rue Huguerie*, qui débouche dans celle du Palais-Gallien, s'appelait naguère *rue de la Petite-Taupe*. La seconde dénomination était insignifiante, et la première indique le propriétaire qui commença des constructions dans cette rue. Elle a été habitée par M. *Beck*, musicien distingué, qui a dirigé pendant un demi-siècle l'orchestre du Grand-Théâtre de cette ville, sur lequel il a fait exécuter un grand nombre de morceaux de musique de sa composition qui ont réuni tous les suffrages. Plusieurs de ces compositions ont été gravées. Ce grand artiste est mort le 31 décembre 1809, âgé de quatre-vingt-quatre ans. Des admirateurs de ses talents ont fait faire son buste, qu'on voit dans le chauffoir du Grand-Théâtre.

Article XV.

De la rue Judaïque, et de quelques édifices publics anciens et modernes situés dans cette rue.

§ I. Cette rue a pris son nom d'une petite église qui était à son extrémité occidentale et qu'on appelait *chapelle de Saint-Martin du mont Judaïc.* C'était le chef-lieu d'un prieuré fondé en 1122 par le comte Guy d'Aquitaine, et qui appartenait depuis 1594 aux feuillants de Bordeaux. Le tennement où cette chapelle fut bâtie se nomme, dans les anciens titres, *mons Judaïcus,* parce qu'il dominait les marais environnants, et que ce fut autrefois le quartier désigné pour servir à l'habitation des juifs établis à Bordeaux. On lit dans la *Chronique,* sous l'an 1273 : « Les juifs « habitoient en ce temps hors la ville près le prioré « Saint-Martin, de façon qu'après avoir esté chassés « de France par edict de Philippe-le-Bel, le champ « qui est joignant ledit prioré le long de la Devise, « a reteneu par les anciens titres le nom de mont Ju- « daïc. » L'expulsion des juifs de toute la Guienne fut ordonnée dans le même temps par le roi d'Angleterre, par une charte du 15 novembre 1313, ainsi cotée dans les *Rôles gascons* : *De judæis de ducatu Aquitaniæ ejiciendis.*

Les juifs avaient leur cimetière dans le quartier du mont Judaïc, et payaient une redevance de 4 kilogrammes de poivre à l'archevêque de Bordeaux, comme seigneur de ce fief. Un terrier de l'archevêché de l'an 1356 porte ces mots : *Judæi Burdegalæ debent domino Burdigalensi archiepiscopo, infrà octavam Natalis Domini, annuatim octo libras piperis censûs.* On peut inférer de ce titre qu'alors le poivre était rare, et que les juifs de Bordeaux en faisaient plus particulièrement le trafic. Un titre du même temps désigne ce lieu comme renfermant le cimetière des juifs : *Plantarium sancti Martini in monte Judaïco, in quo plantario sepeliuntur judæi.*

§ II. L'hôtel Castelnau-d'Auros, bâti en 1780 dans la rue Judaïque, est actuellement occupé par un *cirque*, où des troupes d'écuyers ambulants viennent faire leurs exercices. Ce spectacle a été ouvert le 22 octobre 1836. Il était auparavant sur le prolongement de la même rue, dans un local connu sous le nom de *Manége-Ségalier*. Ces deux établissements ont également porté le surnom d'*olympique*, quoique les spectacles qu'on y représente n'approchent pas de la solennité des jeux que les Grecs célébraient tous les quatre ans auprès de la ville d'Olympie, et qui déterminaient les époques périodiques de leur chronologie.

§ III. Il y avait autrefois dans la rue Judaïque une chapelle appelée Saint-Lazare, et en gascon *Sent-La-*

dre. Elle était située à l'entrée orientale de cette rue et de celle du Palais-Gallien, suivant un titre du 3 septembre 1381, où l'on parle de deux emplacements « que son en la parropia Sent-Saurin de Bordeü, au « loc aperat à Sent-Ladre, près de la recluse. » Un titre du 31 mars 1552 indique d'une manière plus précise la situation de cette église et son voisinage du lieu de la recluse. Il y est fait mention « d'un lopin « de terre situé en la paroisse de Saint-Sùrin, au lieu « appelé de Saint-Ladre, près la recluse, confrontant « au chemin public par lequel on va du portal de Porte- « Dijaux au Palais-Galliane, et placé devant la croix « de Saint-Sùrin, vers le soleil couchant. »

Cette croix, qui a subsisté jusqu'en 1780 sous le nom de *Croix de l'Epine*, avait probablement été érigée en mémoire de l'ancienne chapelle de Saint-Lazare, ou même à l'occasion du logis d'une recluse qui devait être adossé à la même chapelle. On trouve dans les registres de l'Hôtel-de-Ville une ordonnance du 24 janvier 1414 indiquant en ces termes une aumône pour cette recluse : « Et plus ordonen los deyts jurats « que la reclusa de la Porte-Dijaüx aura ung escut. » Assalhide de Bordeaux, femme de Pierre de Grailly, vicomte de Bénauge, dans son testament du 2 avril 1328, déclare léguer 40 *souds bourdeloys* à la recluse de Saint-Lazare.

Il convient d'apprendre ce que c'était qu'une *recluse*, puisqu'on n'en voit plus depuis le xive siècle. On donnait ce nom à une femme dévote qui se vouait à finir ses jours seule dans une cellule, dont la porte était murée en cérémonie par l'évêque. Dans cet ermitage d'un nouveau genre, elle vivait des aumônes que lui apportaient les fidèles par une fenêtre qui communiquait au dehors. Une autre fenêtre avait jour sur une chapelle qui devait être contiguë à sa cellule, d'où elle participait aux offices de l'église. Saint-Foix, dans ses *Essais sur Paris*, dit que les anciennes recluses voulaient gagner le ciel sans sortir de leur chambre.

Article XVI.

Des allées de Damours et de deux rues adjacentes.

§ I. Ces allées sont inexactement appelées *allées d'Amour* depuis qu'on les a prolongées sur le terrain de l'ancien cimetière Saint-Seurin. Avant le commencement de ce siècle, elles s'étendaient seulement au devant de la principale porte de ce cimetière qui était alors clos de murs. Elles consistaient en une douzaine d'arbres plantés sur deux lignes. Ces allées furent formées en 1692 par les soins d'un chanoine de Saint-Seurin nommé *Damours*, pour servir à abriter les petits marchands qui étalaient au devant de ce cimetière, le matin des jours de fête et de dimanche, à l'imitation de ce qui se pratique dans nos paroisses de campagne; car l'église de Saint-Seurin fut longtemps considérée comme telle, attendu qu'elle se trouvait naguère tout à fait isolée de la ville.

Dans la partie des allées de Damours, qui renfermait autrefois le cimetière, s'élevait une chapelle dite de *Saint-Georges de la Treizaine*. On recueillait dans son caveau, appelé *charnier*, les ossements des morts inhumés dans le cimetière de Saint-Seurin et dont les corps n'étaient pas entièrement consumés, lorsqu'on ouvrait une nouvelle fosse. Cette chapelle est ainsi désignée dans un cartulaire de Saint-Seurin de 1270 : « *Carnarium sancti Georgii patens in cœmeterio Sancti* « *Severini.* » A en juger par le peu d'étendue de ce cimetière, il est difficile de croire qu'il ait été le seul de Bordeaux jusqu'au xiie siècle, ainsi que le prétendent certains auteurs.

§ II. On voyait aussi, au milieu du même cimetière, un petit portique d'architecture gothique, qui renfermait une tombe en pierre sans couvercle. Nos anciens géographes, qui se copiaient souvent, rapportent que l'eau augmentait ou diminuait dans cette tombe suivant que la lune croissait ou décroissait. C'est un conte. Nous n'avons jamais aperçu cette intermittence. L'eau de cette tombe n'était autre que celle que les enfants y versaient en sortant de l'école des ignorantins, qui subsistait dans le voisinage. Les bonnes femmes du quartier allaient jusqu'à attribuer une vertu miraculeuse à l'eau de cette tombe.

§ III. Aux allées de Damours aboutit la *rue du Manége*. Elle est ainsi appelée, parce qu'en 1790 on y établit un manége à l'usage des cavaliers de la garde nationale bordelaise. Lorsque ce local changea de destination et qu'on en fit un cirque, le propriétaire découvrit, en 1800, un magnifique pavé de mosaïque enfoui sous terre et ayant 8 mètres d'étendue. On présume que c'était le carrelage d'anciens bains publics construits près du ruisseau de la Devèze qui coule en cet endroit. En 1594, on avait trouvé, dans des fouilles faites au même lieu, plusieurs statues antiques et des pierres tumulaires qui ont été décrites par Delurbe à la suite de la *Chronique*, et qu'il fit transporter à l'Hôtel-de-Ville.

L'abbé *Nau-Dumontet*, homme de lettres de Bordeaux, habitait sur les allées de Damours, vers le milieu du dernier siècle. Un de ses ouvrages, intitulé *Amusements de la piété dans la retraite*, contient, dans sa troisième partie, la description de tous les reliquaires, tombeaux et monuments curieux d'architecture et de sculpture qui existaient, en 1759, dans l'église de Saint-Seurin. Ces recherches, qui sont assez négligemment rédigées, viennent d'être reproduites dans un meilleur style et avec quelques additions également empruntées ailleurs, dans un livre qui a pour titre *Notices sur l'église Saint-Seurin*.

§ IV. Aux allées de Damours aboutit la *rue Tronqueyre*. En 1784, elle était habitée par M. *de Beaurieu*, auteur de plusieurs ouvrages de morale et d'histoire pour l'instruction de la jeunesse. Quelques singularités dans l'allure et dans la manière de s'habiller de cet homme estimable furent cause que la pension qu'il avait établie dans cette ville tomba en discrédit. Il ne pouvait pas dire comme tant d'autres :

   Ah! mon habit, que je vous remercie!

Article XVII.

De la place du Pradeau et des rues qui y aboutissent.

§ I. La *place du Pradeau* est ainsi appelée du mot latin *pratulum,* qui signifie petit pré, parce qu'en cet endroit était jadis un enclos de verdure qui servait de cimetière au monastère de Saint-Seurin, avant qu'il ne fût transformé en chapitre collégial. Sur cette place est une entrée de l'église Saint-Seurin. En 1827, on a décoré cette entrée d'une façade dans le genre gothique, laquelle offre sur les côtés les statues de saint Amand et de saint Seurin, évêques de Bordeaux, dont cette église possède les reliques.

§ II. La *rue de la Trésorerie,* qui débouche sur la place du Pradeau, tire son nom de l'hôtel qu'avait dans cette rue le trésorier de l'ancien chapitre de Saint-Seurin; il en est de même de la *rue de la Prévôté,* dans laquelle demeurait le prévôt du même chapitre. Le trésorier et le prévôt de Saint-Seurin étaient les plus riches de tous les dignitaires de cette église, aussi ont-ils imposé leurs noms aux rues qu'ils habitaient.

§ III. Dans la *rue Capdeville,* qui aboutit également à la place du Pradeau, fut formée, en 1785, l'*Ecole des Sourds-Muets.* M. de Cicé, ancien archevêque de Bordeaux, a fondé cette école, la seconde qui ait été établie en France. Ce prélat, après avoir envoyé à ses frais l'abbé *Sicard* à Paris pour apprendre la méthode d'enseignement du célèbre abbé *Delépée,* détermina plusieurs riches habitants de Bordeaux à former une souscription pour l'instruction d'un certain nombre de sourds-muets. La première séance publique de cette école eut lieu le 20 février 1786. Deux ans après, les jurats accordèrent une pension de 1,200 fr. à l'abbé Sicard, qui fut déclaré instituteur en chef de cette école. Il fut remplacé en 1790 par M. *Saint-Cernin*, qui a dirigé l'établissement jusqu'en 1816, époque de sa mort. *Massieu* a été le premier et le plus distingué des élèves de l'école des Sourds-Muets de Bordeaux. Elle a reçu depuis d'importants accroissements que nous ferons connaître ailleurs.

Article XVIII.

Du Dépôt de Mendicité.

Dans le mois de février 1827, une réunion particulière d'habitants notables de Bordeaux, à la tête de laquelle était M. le baron d'Haussez, alors préfet de la Gironde, publia un projet pour faire cesser la mendicité dans cette ville, en y procurant un asile aux individus des deux sexes qui seraient privés de toutes ressources pour subsister. La fondation et l'entretien de cet asile devaient s'opérer au moyen d'une souscription proposée aux habitants de Bordeaux, et dont le *minimum* était de 16 fr. pour trois années consécutives.

Cet appel à la bienfaisance publique fut entendu.

Depuis le 1er juin de la même année, le *Dépôt de Mendicité* est en activité. Il renferme trois cents individus qui y sont nourris et entretenus d'une manière convenable. On les occupe à des travaux proportionnés à leurs moyens, et on leur donne une partie du prix provenant de ces travaux, pour se procurer quelques douceurs de la vie. Un comité, nommé par l'assemblée des souscripteurs de cet établissement, est chargé de son administration. Depuis sa fondation, la mendicité est défendue dans Bordeaux.

La *rue Terre-Nègre*, dans laquelle est situé le Dépôt de Mendicité, tire son nom de la couleur foncée du sol de ce quartier. En y faisant des fouilles, particulièrement en 1805, on a découvert des débris d'ossements humains, des urnes, des figurines, des médailles romaines, des amulettes et de petits vases de diverses formes, qui font présumer que ce lieu servait à la sépulture des habitants de cette ville, pendant qu'elle était sous la domination des Romains. La petite quantité et le peu de valeur de ces divers objets indiquent assez qu'ils avaient appartenu à la classe des prolétaires de Bordeaux, et que cet endroit était destiné à leur sépulture. Celle des riches habitants se pratiquait dans le lieu appelé *Campaure*, ainsi que nous l'avons précédemment remarqué.

CHAPITRE V.

DES RUES, PLACES, COURS, ANCIENNES PORTES DE VILLE, QUAIS ET ÉTABLISSEMENTS PUBLICS, CONTENUS DANS LA QUATRIÈME DIVISION DE BORDEAUX.

Article I.

De la place Royale et des deux portes de ville qui la bornaient.

Un arrêt du conseil du 7 février 1730 autorisa la construction de cette place, dont les jurats avaient délibéré la formation deux ans auparavant. Le terrain sur lequel on l'a construite était occupé par quelques échoppes qui s'étendaient sur les deux côtés d'une très-ancienne porte de ville qu'on appelait la *Porte-Despaux*. Sa dénomination venait de ce qu'il y avait en cet endroit un marché hebdomadaire pour la vente des échalas, nommés en gascon *paüx*.

§ I. La *place Royale* a été formée sur les plans donnés par le célèbre architecte Gabriel, qui vint à Bordeaux pour les tracer. L'arrêt du conseil qui autorise cette construction porte : « Qu'en face de la « Porte-Despaux, dont la démolition est ordonnée, il « sera formé une place publique, au centre de laquelle

« s'élevera la statue du roi; que les maisons qui for-
« meront la façade de cette place seront d'architecture
« uniforme, ainsi que celles qu'on bâtira depuis la
« place jusqu'au palais de la cour des aides; que cha-
« que extrémité de cette place sera terminée par un
« pavillon supportant des groupes en bronze; et qu'il
« sera formé une nouvelle rue parallèle à celle de
« Saint-Remi, laquelle sera élargie graduellement. »

§ II. Le 19 août 1743, on inaugura solennellement sur la place Royale la statue équestre de Louis XV. Elle était en bronze, au-dessus de grandeur naturelle, et avait été fondue à Paris, d'après le modèle sculpté par *Lemoyne*. Pendant la cérémonie de l'inauguration, ce célèbre statuaire se tenait dans la foule pour jouir du coup d'œil qu'offrirait son ouvrage lorsqu'il serait en place. L'intendant Boucher l'ayant aperçu, le fit appeler dans le cercle réservé pour les autorités; et après l'avoir complimenté sur son chef-d'œuvre, il l'embrassa. Les jurats en firent autant; et cependant ils ne l'invitèrent pas au gala qui suivit la cérémonie : il n'avait pas reçu, comme eux, des lettres de noblesse à cette occasion.

Le piédestal de la statue, qui était en marbre blanc, ne fut terminé qu'en 1765. Sa face antérieure portait l'inscription suivante :

LUDOVICO XV, SÆPÈ VICTORI, SEMPER PACIFICATORI,
SUOS OMNES, QUAM LATÈ PATET REGNUM,
PATERNO PECTORE GERENTI,
SUORUM IN ANIMOS PENITUS HABITANTI.

Les deux grandes faces du piédestal étaient ornées de bas-reliefs, dont un représentait la bataille de Fontenoi, et l'autre la prise de Port-Mahon. La dernière face contenait les noms du gouverneur de la province et des jurats qui étaient en place soit lorsque cette statue fut inaugurée, soit lorsqu'on en acheva les ornements. Ils coûtèrent deux ans de travail au célèbre sculpteur *Francen*. Ce beau monument a été abattu par le peuple le 22 août 1792 ; il n'est échappé à la destruction que les deux bas-reliefs, qu'on voit au Musée de Bordeaux.

§ III. En faisant ouvrir la *rue Royale* et élargir l'entrée de celle de Saint-Remi, Tourny reconnut que le pavillon qui devait être élevé à l'angle de ces deux rues aurait peu de développement, si on le plaçait exactement sur la ligne des autres maisons de la façade. Il le fit construire à quelque distance en arrière de cette ligne. Par ce changement, la place Royale gagna en profondeur, et ce pavillon acquit plus de largeur et de grâces. Ce ne fut pas la seule modification qu'il fit subir au plan de Gabriel. Dans ce plan, les deux nouvelles portes de ville [1], qu'il était nécessaire d'élever aux extrémités de cette place, devaient appuyer sur des pilastres couronnés par des groupes de

---

[1] On les appelait *Portes-Royales*. Les deux claires-voies de clôture, au milieu desquelles étaient ces deux nouvelles portes de ville, appuyaient du côté du levant, l'une sur l'hôtel de la Bourse, l'autre sur celui de la Douane.

sculpture. Il eut l'heureuse idée de substituer à ces ornements deux fontaines, pour fournir de l'eau potable à un quartier populeux qui en manquait. Elles ont été détruites lors des derniers travaux faits sur le quai de la place Royale en 1828. On les remplaça alors par une fontaine élevée au centre de cette place, et surmontée d'une belle colonne de marbre ayant pour base un abreuvoir en pierre [1].

§ IV. Les hôtels de la Douane et de la Bourse ont été bâtis en même temps que la place Royale à chacune de ses extrémités. Le premier de ces établissements a sous sa dépendance les deux pavillons qu'on a construits en 1830 sur le quai de cette place, pour recevoir les marchandises coloniales qui sont déchargées aux trois débarcadères du même endroit.

Le gouvernement ayant cédé au commerce de Bordeaux l'hôtel de la Bourse, Tourny y installa la juridiction consulaire et la chambre de commerce, le 9 septembre 1749. Dans cette circonstance, certains membres de ces corps lui firent observer que le local où ils étaient transférés paraissait bien vaste, eu égard au petit nombre de négociants que l'on comptait dans cette ville. L'intendant répondit à ceux qui ne pré-

---

[1] Au moment où nous rédigeons cet article, les jets de cette fontaine viennent d'être adaptés à deux petites bornes-fontaines qu'on a plantées au devant des hôtels de la Bourse et de la Douane. La colonne de marbre subsiste isolée au milieu de la place, attendant une meilleure destination.

voyaient pas comme lui de quel accroissement le commerce de Bordeaux était susceptible : « Pour moi, « Messieurs, je regrette que les bornes de l'empla-« cement sur lequel nous sommes m'aient forcé de « faire votre hôtel si petit. Vous partagerez un jour « mes regrets. » L'avenir a justifié les prévisions du grand homme.

Les marchands étrangers qui se rendaient aux deux grandes foires établies à Bordeaux depuis le XIVe siècle [1] continuaient, comme par le passé, à étaler leurs marchandises sur la place du Palais, où était auparavant l'hôtel de la Bourse. Tourny obtint un arrêt du conseil en 1753, par lequel il leur était défendu de se placer ailleurs que dans le nouvel hôtel de la Bourse ou sur la place Royale. Les marchands qui venaient à la foire s'y tinrent sous des tentes jusqu'en 1774. Alors le gouvernement accorda à un particulier le privilége exclusif pour trente ans, de construire sur la place Royale des baraques en bois, qu'il louerait pendant les deux grandes foires. Maintenant le champ de foire s'étend sur la place Richelieu et le long des quais de la Bourse, de la Douane et de Bourgogne. Il y a une remarque singulière à faire sur ces deux foires. Autre-

---

[1] L'ouverture de ces grandes foires avait été fixée au huitième jour après l'Ascension et au lendemain de la Saint-Martin, par une charte d'Edouard III, de 1337; au premier lundi de carême et au 15 août, par un édit de Charles VII, de 1455; au 15 février et au 15 octobre, par lettres-patentes de Henri II, de 1560; enfin aux époques actuelles par Charles IX, en 1565.

fois que les marchandises qu'on y apportait ne payaient aucun droit d'entrée, il y venait moins de marchands qu'actuellement qu'ils sont assujettis aux droits ordinaires, et de plus à celui de plaçage.

M. *Melon,* inspecteur général des douanes, a habité l'hôtel de la Douane, qu'on appelait alors *le grand bureau.* Il a publié en 1736 l'*Essai politique sur le commerce,* qui eut une grande vogue dans le temps. Montesquieu faisait beaucoup de cas de cet ouvrage et de son auteur. Melon a composé plusieurs *Dissertations* sur des sujets d'économie politique, pour l'académie des sciences de Bordeaux, à la création de laquelle il a contribué et dont il fut le premier secrétaire.

Article II.

De la place Saint-Remi et de quelques rues qui y aboutissent.

§ I. Cette place a pris son nom de l'église paroissiale de Saint-Remi qui y était située, et que nos vieux titres appellent *Sent-Arremédy.* Depuis la révolution, cette église ne sert plus au culte. Elle avait été reconstruite en 1512, suivant une inscription rapportée dans la dernière *Histoire de Bordeaux.*

§ II. La place Saint-Remi est bordée par la *rue du Pont-de-la-Mousque* (de la Mouche). Le nom de cette rue vient de celui que portait un très-petit pont qui y était établi pour traverser les anciens fossés du Chapeau-Rouge. Il était placé à l'extrémité méridionale d'une rue qui portait une dénomination encore plus étrange que l'on a consignée en toutes lettres sur les vieux plans de Bordeaux, jusques et compris celui de 1733. Les oreilles naïves de nos pères ne s'offensaient pas des noms d'une malhonnête crudité qu'on avait donné à quelques vieilles rues. En 1754, un propriétaire qui faisait rebâtir la maison formant un des angles de cette ruelle, en incorpora le terrain au sien, et la supprima uniquement par décence, à ce qu'il disait. Elle allait de la rue du Chapeau-Rouge à la place Saint-Remi, comme le *passage* qu'on vient d'ouvrir au même endroit.

§ III. La *rue Entre-Deux-Murs*, qui aboutit à cette place, annonce par son nom qu'elle bordait les murs de ville. En faisant des fouilles pour bâtir dans la rue du Pont-de-la-Mousque à diverses époques, on a découvert de beaux fragments d'architecture romaine. Ils appartenaient à des édifices détruits par les barbares, et dont on se servit pour reconstruire les murs de clôture qu'ils avaient démoli après avoir saccagé la ville.

Dans la rue Entre-Deux-Murs habitait feu le docteur *Capelle*, auteur d'un *Mémoire sur le meilleur régime des hôpitaux*, et de plusieurs *Rapports* faits aux sociétés de médecine, des sciences et de charité maternelle, dont il était membre.

§ IV. A la rue du Pont-de-la-Mousque aboutit la *rue des Piliers-de-Tutelle*, qui porte le nom d'un ancien monument romain que nous avons précédemment décrit. Cette rue a été formée en 1800, sur le terrain d'un hôtel bâti pour le président de Pontac par le célèbre Hardouin Mansart. Cet hôtel était un des plus magnifiques de Bordeaux, pour le temps. On l'appelait communément la *Maison Dorade,* à cause de la grande quantité des dorures qui en décoraient les appartements.

En face de cet hôtel on a vu, jusque dans ces derniers temps, une fontaine dont l'eau remontait par le moyen d'une manivelle. On parle ainsi de cette fontaine dans la *Chronique,* sous l'an 1614 : « En cette
« année la fontaine qui est en la grande rue du Cha-
« peau-Rouge, appelée de Tropeyte, fut voustée et
« réduite en telle forme qu'on la voit avec des pompes,
« ayant esté cy-devant une très-belle et bonne fon-
« taine; mais elle fut gastée et inquinée par les or-
« dures et empeschemens que jettoient, sur le canal
« de la desfuite de l'eau, ceux qui ont des maisons
« sur ledit canal. » Lorsqu'on a transporté les jets de cette fontaine au coin des rues du Pont-de-la-Mousque et des Piliers-de-Tutelle en 1808, on n'a pas travaillé à en rendre les eaux moins mauvaises qu'elles l'étaient deux siècles auparavant.

Vis-à-vis cette fontaine a habité feu M. *Cazalet,* pharmacien renommé, qui a publié, en 1796, un livre intitulé *Théorie de la Nature.* Il y a des idées plus que singulières dans ce livre, et l'auteur affirme que la fin du monde arrivera par la *dessiccation* insensible du globe. Quelque habile chimiste que fût Cazalet, il échoua complètement dans une ascension aérostatique qu'il tenta au Château-Trompette, le 8 août 1784.

Sur la *place Saint-Remi* habita feu M. *Duforest*, à qui le commerce de Bordeaux est redevable de trois établissements utiles. En 1744, il fit agréer la création de quatre offices de *courtiers d'assurances*, qu'on ne connaissait pas encore à Bordeaux. Il institua ensuite la *petite poste maritime*, pour la direction des lettres destinées pour les colonies ou en venant. Il est l'auteur de la première feuille périodique qu'ait eu le commerce à Bordeaux. Elle était connue sous le nom de *Pamphlet maritime*, et annonçait le départ et l'arrivée des navires de ce port, et le prix courant des denrées coloniales.

Article III.

Des rues Saint-Remi et Porte-Dijaux, et de quelques rues qui y aboutissent.

§ I. Les *rues Saint-Remi* et *Porte-Dijaux* forment une ligne droite qui traverse Bordeaux dans sa plus grande largeur. Le nom de la première de ces rues vient de celui d'une ancienne église paroissiale qui est actuellement hors de service. A l'extrémité de cette rue subsista, jusqu'en 1748, une vieille porte de ville nommée *Porte-Despaux*. Elle fut démolie pour faciliter la formation de la place Royale, comme nous l'avons remarqué dans le précédent article. Cette porte était pratiquée dans le mur oriental de la première enceinte de cette ville, non loin de l'endroit où ce mur se continuait par angle droit vers le couchant.

§ II. A côté de la Porte-Despaux était la *rue d'Arsac*, actuellement *impasse Douhet*, dont la première dénomination vient de l'hôtel qu'habitait un seigneur d'Arsac. Il en est question dans un titre de 1393, à l'occasion d'un emplacement situé « dins la parropia « de Sent-Arremédy, près la tor d'Arsac, loquaü « confronte d'una part à la taüla (hôtel) deü senhor « d'Arsac, per dabant à la carreyra communaü (voie « publique), et per darrey à la ruetta d'Arsac. »

§ III. Du même côté est une autre impasse dont l'ancien nom attestait qu'elle avait, comme actuellement, peu d'étendue. Dans un acte du 13 décembre 1539, on l'appelle « ruetta deüs Très-Hostaüs » (des Trois-Maisons). C'est à présent l'impasse Saint-Remi.

Dans la rue Saint-Remi habitait, en 1675, le savant *de la Brousse*, conseiller au parlement, dont on a un ouvrage curieux intitulé *Vindiciæ pro Clemente V de primatu Aquitaniæ*. L'auteur y disserte sur le titre de *primat d'Aquitaine*, que se disputèrent autrefois les archevêques de Bordeaux et de Bourges, et que le premier s'est attribué.

§ IV. Le nom de la *rue Porte-Dijaux* vient de celui de la porte de ville qui termine cette rue au couchant. La Porte-Dijaux est ainsi appelée d'un temple de Jupiter qui s'élevait jadis dans les environs. « Cette « porte, lit-on dans le *Discours des antiquitez trou-* « *vées à Bourdeaux,* par Vinet, a de toute antiquité re- « teneu le nom de *Dijaux* ou *Dijos,* qui est autant latin

« que *porta Jovis.* Car ce que les latins disent *dies*
« *Jovis* (jeudi), les Gascons et les Bourdelois disent
« *dijaüx* ou *dijos;* de façon qu'entre toutes les portes
« de la ville aucune n'a retenu le nom du paganisme
« que celle-là. »

Lors de la reconstruction de cette porte en 1746, on voyait à côté une grande élévation de terres rapportées, qui formait comme un rempart pour servir à la défense de ce quartier. Cette espèce de redoute, qui avait 8 à 10 mètres de hauteur, s'appelait *demi-lune,* ou *pâté de Porte-Dijaux.* Lorsqu'en 1650, l'armée royale, commandée par le cardinal Mazarin, attaqua Bordeaux, qui tenait pour le parti de la Fronde, les habitants postèrent sur la demi-lune de la Porte-Dijaux un de leurs régiments avec une batterie de quatre canons. Du haut de cette redoute ils défendirent vigoureusement l'approche de la ville contre les tentatives des assiégeants, et firent même plusieurs sorties, qui déconcertèrent ces derniers et les forcèrent à lever le siége.

L'hôtel du gouverneur de la province a subsisté jusque dans ces derniers temps dans la rue Porte-Dijaux. C'était auparavant le logement du maire, depuis que l'ancienne mairie avait été vendue aux jésuites pour servir à bâtir leur couvent de la maison-professe. La ville avait acheté cet hôtel aux héritiers du premier président au parlement de Bordeaux, André de *Nesmond,* mort en 1616, et dont le mausolée se voyait dans l'église des récollets. On a de ce magistrat un gros livre intitulé *Remontrances, ouvertures du palays, et arrests notables du parlement de Bourdeaux.*

§ V. A la rue Porte-Dijaux aboutit celle *du Temple,* qui doit son nom à une ancienne église qui avait appartenu aux templiers, puis aux chevaliers de Malte. Au devant de cette église était une vaste cour fermée, au fond de laquelle s'élevait l'hôtel de la commanderie. On apprend par un procès-verbal de visite des lieux, dressé en 1626, qu'auprès de cet hôtel était une tour dans laquelle on gardait les archives de cette commanderie, et que les carmélites, en faisant construire leur couvent qui était contigu à l'hôtel du commandeur du temple, avaient usurpé du terrain sur ses propriétés. Il introduisit alors contre ces religieuses une action en réintégrande, laquelle fut terminée par un accommodement entre les parties. Cet hôtel ayant été vendu comme propriété nationale, il a été ouvert sur ce terrain, en 1804, une nouvelle rue qu'on a appelé *rue du Temple,* comme étant un prolongement de l'ancienne rue de ce nom.

Dans cette rue habitait Florimond de Raëmound [1], savant conseiller au parlement de Bordeaux, qui publia dans le XVIe siècle divers livres de controverse qu'on ne lit plus. L'auteur de l'*Itinerarium Galliæ*

---

[1] Son nom est écrit Rémond, et même Raymond, dans les biographies; c'est une faute. Il se lit tel que nous le donnons ici, en tête de ses divers ouvrages et dans l'inscription que nous rapportons à la fin du présent article.

nous apprend que ce magistrat avait recueilli dans le jardin de son hôtel plusieurs beaux antiques qui avaient été découverts dans des fouilles faites près de la Porte-Dijaux. Ces antiques ont disparu. Nous avons vu cependant, en 1825, deux inscriptions remarquables fixées à côté de la porte d'entrée de ce jardin. Elles sont gravées en lettres d'or, chacune sur une plaque de marbre ayant un demi-mètre carré.

Sur une de ces plaques on lit les mots suivants en beaux caractères grecs :

ΚΑΙ ΠΥΡ
ΚΑΙ ΑΡΧΩΝ
ΜΕΤΡΙΩΣ.

C'est un proverbe grec qu'on peut rendre par ces mots :

Et des grands et du feu
Il faut s'approcher peu.

Sur l'autre plaque est gravée une sphère armillaire posée parallèlement et offrant le zodiaque avec les signes septentrionaux. Au-dessous sont les lettres capitales suivantes, placées sur deux lignes :

AEVON MDR
RDMNO VEA.

Ces deux lignes, dont l'une est l'inverse de l'autre, n'offrent aucun sens. On a seulement mêlé sur chacune d'elles les lettres qui forment le nom de l'ancien propriétaire de cet hôtel, RAEMOUND. On prétend qu'un particulier qui a habité cet hôtel répondait aux personnes qui lui demandaient l'explication de ces deux inscriptions, qu'un savant basque lui avait assuré qu'elles étaient en celtique, et que l'une d'elles signifiait : *L'Aquitaine produit d'excellent vin;* et l'autre : *Parlez au portier.*

Dans cette rue habitait M. *de Bergeron,* ancien magistrat à Bordeaux, mort en 1819. Il a écrit sur deux importantes questions d'agronomie, savoir : la manière de greffer la vigne, et la nécessité de multiplier certaines espèces d'arbres forestiers dans les pays de vignobles.

M. Philippe *Ferrère,* avocat célèbre à Bordeaux, né à Tarbes, le 4 octobre 1767, habitait dans la rue du Temple, lorsqu'il mourut le 15 janvier 1815. Il se délassait des occupations du barreau dans le commerce des muses. On trouve de lui plusieurs pièces de poésie légère dans un recueil périodique intitulé *Dîners de la société littéraire de Bordeaux,* qu'il avait fondée en 1801. Dans les dernières années de sa vie, il s'occupait d'une traduction annotée de l'*Appendix de Burdigalâ,* qui est joint à l'*Itinerarium Galliæ* de Zinzerling, et se proposait d'y ajouter des considérations historiques et philosophiques sur l'esprit public et sur le commerce de cette ville. Il est du nombre des jurisconsultes célèbres à Bordeaux dont les bustes doivent être placés dans la salle des pas-perdus du nouveau palais de justice de cette ville, d'après la désignation de l'ordre des avocats, sur l'invitation faite par M. le Préfet. La mairie a donné le nom de *Ferrère* à une rue formée dans le quartier des Quinconces.

> Multis ille bonis flebilis occidit,
> Nulli flebilior quàm mihi.
>
> Horace, Ode xx, liv. i.

§ VI. Près de la Porte-Dijaux débouche la *rue de la Vieille-Tour*, ainsi nommée dans ces derniers temps. On l'appelait auparavant *rue du Canon*, parce que, pendant la domination anglaise, il y avait un canon pointé au haut de la tour qu'on voit encore sur le côté oriental de cette rue. En cet endroit reposait l'angle des côtés nord et ouest du mur de clôture de la première enceinte de Bordeaux. Sur la même tour flottait le pavillon d'Angleterre, portant un léopard, que les bonnes femmes appelaient un *dragon*. Elles se servaient de ce signe pour effrayer au besoin leurs enfants, et les empêcher de sortir de la ville de ce côté, qui était épave et désert, en leur disant qu'il y avait, dans la Tour du Canon, un dragon qui mangeait les petits enfants lorsqu'ils allaient courir les champs. On faisait même, à ce sujet, un conte que la tradition populaire a conservé.

Elle porte que du temps des ducs d'Aquitaine un dragon monstrueux s'était cantonné dans la Tour du Canon, du haut de laquelle il menaçait de souffler la peste sur Bordeaux, si les habitants ne lui apportaient pas, tous les dimanches, une jeune fille qu'il dévorait dans la semaine. La dernière bordelaise qu'on donna en tribut à ce dragon étant parvenue à l'apprivoiser, apprit de lui qu'on pourrait le chasser, en lui présentant un reliquaire célèbre à Limoges, sous le nom de *verge de saint Martial*. Cette fille communiqua cette nouvelle à ses concitoyens, en l'écrivant sur une tuile qu'elle jeta du haut de la tour. Alors ils se procurèrent la relique et la portèrent processionnellement au pied de la tour. A cette vue le dragon-monstre se précipita dans la Garonne, et Bordeaux fut délivré pour toujours de sa présence. Beaucoup de villes de France ont des fables aussi ridicules mêlées à leur histoire.

Article IV.

De la rue Sainte-Catherine et des rues auxquelles on a donné son nom, ou qui y aboutissent.

On vient d'imposer le nom de la *rue Sainte-Catherine* à quatre autres rues qui s'étendent sur la même ligne, et qui en sont devenues le prolongement. Cette circonstance nous oblige à renfermer dans un même article leurs notices, quoique, par leur situation, ces rues appartiennent à trois chapitres de cet ouvrage.

§ I. La rue Sainte-Catherine proprement dite est une des plus anciennes de Bordeaux, dont elle divisait la première enceinte du nord au sud en deux parties égales. Son nom vient de celui d'une chapelle qui y était située, et qui appartenait à l'ordre de Malte, ainsi que l'hôtel qui était à côté. Cette chapelle ne servait plus au culte depuis un siècle et formait une habitation particulière. Sa porte d'entrée, décorée de sculptures gothiques, annonçait sa destination primitive.

Les restes de la chapelle Sainte-Catherine et du vieux hôtel qui en dépendait ont été démolis pour faire place au *Bazar Bordelais* qu'on a construit en 1835. Un pareil établissement, sous le nom de *Galerie Bordelaise*, avait été formé l'année précédente dans la même rue. L'un et l'autre ne paraissent guère en voie de prospérité. La rue Sainte-Catherine est une de celles de Bordeaux dans lesquelles on voit en plus grand nombre des marchands d'objets de luxe. Ses habitants disent que le commerce y est en souffrance. Ne serait-ce pas une conséquence de la maxime de certains économistes, qui prétendent que la prospérité industrielle et mercantile d'un pays naît de l'équilibre établi entre sa production et sa consommation?

§ II. Lorsque le Grand-Théâtre fut bâti, on démolit une ancienne porte de ville qui s'élevait à l'entrée septentrionale de la rue Sainte-Catherine. On l'appelait *Porte-Médoc*, du nom du chemin qui aboutissait à cette porte et par laquelle arrivaient à Bordeaux les meuniers qui l'approvisionnaient des farines provenant des moulins établis sur les diverses jalles du Médoc. Les anciens Bordelais, qui vivaient en ville comme les habitants de nos campagnes, faisaient leur pain chez eux, et le portaient à cuire dans les fours qui étaient tenus par une classe particulière de boulangers appelés d'abord *pancoussiers*, puis *canauliers*. Les meuniers, avant

de remettre leurs farines, devaient en faire constater la quantité au bureau du poids public qui était établi sur le terrain de la rue Puy-Paulin. Dans un titre du 14 décembre 1339, on désigne ainsi la situation de ce bureau : « En la carreyra que ben de la Porta-Mé-
« docqua et va à la plassa de Puch-Paulin, laquaü
« carreyra es apérada deü pez velh. »

Lors des troubles de la Fronde, la rue Sainte-Catherine fut le théâtre d'un événement bien déplorable. Deux partis divisaient Bordeaux. Celui des *Ormistes*, recruté parmi la populace, appuyait l'insurrection que les princes de Condé et de Conti avaient organisée pour éloigner du ministère le cardinal Mazarin. Ce parti avait pour adversaire celui des *Bien-intentionnés*, qu'on appelait vulgairement les *Chapeaux-Rouges*, parce qu'il se composait de propriétaires dont le plus grand nombre habitait le quartier du Chapeau-Rouge. Le 24 juin 1652, un détachement d'Ormistes attaqua, dans la rue du Pas-Saint-Georges, un détachement de Chapeaux-Rouges, et le poursuivit jusque dans la rue Sainte-Catherine. Là, ces derniers se réfugièrent dans une maison où ils soutinrent une espèce de siége. Les Ormistes, désespérant de s'emparer de cette maison, y mirent le feu. Les jurats ne purent arrêter les suites de cette collision. Elle dura quatre heures, et plus de cent personnes y perdirent la vie.

Dans un livre imprimé en 1711, sous le titre du *Chevalier Bordelois*, on apprend qu'il existait dans la rue Sainte-Catherine une réunion d'habitants notables par leur position sociale, que le goût des sciences et des beaux-arts avait rassemblé. Les plaisants d'alors appelaient cette réunion l'*Académie de l'aucat roustit* (de l'oie rôtie). Ils prétendaient qu'elle s'était formée à la suite d'un déjeuner que les personnes qui la composaient avaient fait à la campagne avec un plat d'oies cuites au four, qui était un mets recherché dans les pique-niques de nos aïeux. D'après les traditions locales, cette réunion d'amateurs a donné naissance à l'*Académie des sciences de Bordeaux*, dont les lettres-patentes de sa fondation, données en 1713, portent que le noyau de cette société existait déjà depuis quelques années.

Dans la rue Sainte-Catherine vivaient, au commencement de ce siècle, MM. *Pallière* père et fils, artistes renommés à Bordeaux, chacun dans son genre. Le premier a gravé les portraits de plusieurs personnes distinguées du pays dans les sciences et dans les arts. Le second a fait les tableaux du *Berger en repos* et de *Tobie rendant la vue à son père*, qu'on voit au Musée de la ville, et qui ont remporté le prix à l'institut.

M. R. *Vignes*, ancien négociant, habitait dans la même rue lorsqu'il est décédé le 11 février 1844, à l'âge de quatre-vingt-deux ans. Il avait fondé en 1839 la *Société d'horticulture de la Gironde* [1]. On a de lui,

---

[1] En 1842, elle a décerné un prix de 500 fr. à M. Gérand, pour son *Manuel pratique d'horticulture approprié au département de la Gironde*. M. *Mathieu*, vice-président de cette société, avait fait les fonds de ce prix. Aux termes du concours, l'ouvrage couronné devait être immédiatement publié : il n'a pas encore paru.

dans les *Annales d'agriculture*, pour l'année 1818, un *Mémoire sur les moyens d'améliorer l'agriculture dans les Landes de Bordeaux.*

Dans la même rue a habité feu *Bergeret* neveu, ancien imprimeur, qui a publié en 1816 une traduction en gascon de vingt-sept fables de La Fontaine, sous ce titre : *Fables de Jean de La Fontaino, trémudades en berses gascouns per un Bourdelés.*

§ III. La *rue Marchande*, qu'on vient de métamorphoser en rue Sainte-Catherine, annonce, par sa dénomination et par sa position au centre du premier Bordeaux, qu'elle fut autrefois bien plus importante qu'elle ne l'était de nos jours. Son nom fait présumer qu'elle avait dû être le siége de quelque grand trafic, si l'on considère d'ailleurs qu'elle aboutissait à la place publique la plus ancienne de cette ville, ainsi que nous l'exposerons à l'article XII du chapitre suivant.

On vient de démolir les maisons formant le côté du couchant de cette rue, pour continuer le prolongement de la rue Sainte-Catherine jusqu'aux fossés de Ville. Cette démolition a entraîné celle du *petit Bazar Bordelais*, établissement industriel qu'on avait construit en 1833, sur le terrain d'une grande cour qui s'étendait parallèlement à la rue Marchande et qui y débouchait.

M. *Turpin*, habile horloger de cette ville, où il est mort en 1774, habitait dans cette rue. Ce n'était pas un simple marchand de montres, comme on en voit tant. Il fabriquait d'une manière élégante et parfaite tous les ouvrages d'horlogerie qui sortaient de chez lui, et principalement les pendules. Sa femme se chargeait de nettoyer et de raccommoder les montres qu'on portait à son mari, et était, à cet égard, aussi habile que lui.

§ IV. La *rue des Trois-Maries*, qui forme le second prolongement de celle de Sainte-Catherine, portait autrefois le nom de *rue de la Cadenne*, à cause d'une ancienne porte de ville ainsi appelée, qui s'élevait à l'entrée méridionale de cette rue. Vinet dit avoir entendu désigner cette porte sous ces deux noms, sans en expliquer l'origine. Nous croyons que le mot *Cadenne* vient du latin *caténa*, parce que le Peugue a dû être anciennement fermé en cet endroit par une chaîne, pour empêcher qu'on ne remontât ce ruisseau plus haut, où étaient les moulins de Saint-André (*Chronique*, 1404), de même qu'on en avait tendu une à l'embouchure de ce ruisseau, entre les tours de la porte du Pont-Saint-Jean. Quant au nom de la rue des Trois-Maries, il vient des statues de la Vierge, que nous nous rappelons avoir vu nichées sur trois maisons de cette rue. L'existence de la porte de ville est constatée par l'inscription suivante, découverte l'an passé sur la façade de la maison qui fait le coin des rues du Mù et des Trois-Maries : *Icy estoit la porte des Trois-Maries qui a esté démolie l'an* 1728.

§ V. Le troisième prolongement de la rue Sainte-Catherine s'appelait indifféremment *rue* ou *place du Poisson-Salé*, attendu sa grande largeur et sa petite longueur. Ce ne fut qu'une rue fort étroite jusqu'en 1611. On l'élargit alors, et l'on établit à son extrémité occidentale un marché pour la vente exclusive de toute espèce de poissons salés, qui avait lieu auparavant à l'entrée septentrionale de la rue du Cahernan. Au devant de ce marché fut construite en 1739 une fontaine qui subsiste encore, et qu'on a rebâtie en 1815, sur un plan encore plus mesquin que l'ancien.

Dans la rue du Poisson-Salé est né l'abbé *Delaunay,* dont on a une douzaine de volumes de pièces de poésie, consistant en odes, chansons, épîtres, satires, toutes relatives aux événements contemporains. Le *poème du Baguenaudier,* qui parut en 1775, est ce qu'on a de mieux de cet auteur.

§ VI. Le dernier prolongement de la rue Sainte-Catherine est la *rue du Cahernan.* Elle est nommée *du Cayfernan* dans les anciens titres. On croit que ce nom était celui d'un riche commerçant nommé Fernan qui y habitait. *Cayum,* suivant Ducange, signifie également demeure et magasin dans la basse latinité, d'où est venu la dénomination de *chay,* que les Bordelais donnent abusivement à leurs celliers. Cette rue est bien confrontée dans un titre de 1306, où l'on désigne la situation d'une maison « *in ruâ de Cayfernano, quæ* « *à portâ carmelitarum ducit versùs ruam de Areis.* » La rue du Cahernan aboutit, en effet, d'un bout à l'ancienne porte du même nom, qui a subsisté jusqu'en 1798 sur les fossés des Carmes, et de l'autre à la rue des Ayres.

On distinguait autrefois deux rues du Cahernan, la grande et la petite. Nous venons de faire connaître la première. La seconde, qui débouche dans la précédente, est actuellement la *rue de Gourgue*. Dans un titre de 1356, on désigne dans les termes suivants une maison située dans cette dernière rue : « *In parochiâ sancti Eligii, in ruâ de parvo Cayfernano, videlicet in quâdam parvâ ruetâ de Boglon, quæ à dictâ ruâ de parvo Cayfernano ducit versùs septentrionem.* » Cette *ruelle de Boglon* est celle dont on voit encore les issues dans les rues de Gourgue et des Ayres, et qui forme deux impasses, ayant été divisée lorsqu'on construisit les cuisines de l'ancienne maison-professe. La rue du *Petit-Cayfernan*, maintenant appelée rue de Gourgue, porte la dénomination d'une famille distinguée dans l'ancienne magistrature de Bordeaux, et à laquelle cette ville doit plusieurs fondations religieuses. Un des membres de cette famille a publié en 1621 un ouvrage intitulé *Le Thrésor des monnoyes, contenant plusieurs secrets concernant les alliages et les essais de divers métaux.*

En 1772 est décédé dans cette rue M. *Sarrau*, l'un des membres fondateurs de l'académie des sciences de Bordeaux, dont on conserve à la Bibliothèque publique un recueil manuscrit d'*Observations météorologiques*, faites dans cette ville, de 1719 à 1758. Ce savant descendait de Claude Sarrau, auquel on doit la publication du *Scaligerana*.

Dans la rue du Cahernan habitait en 1650 l'avocat général *de Lavie*. Le 9 juin de cette année, les Ormistes se portèrent en foule chez ce magistrat, pour se venger de ce qu'il avait fait tous ses efforts pour déterminer le parlement à refuser à la princesse de Condé un asile qu'elle était venue chercher à Bordeaux pendant les troubles de la Fronde. Lavie se déroba à la fureur du peuple en se sauvant dans le couvent des feuillants, qui était derrière son hôtel, lequel fut mis au pillage. C'était un des ancêtres du président *de Lavie,* mort en 1773, après avoir publié quelques ouvrages d'économie politique, qui eurent une certaine vogue dans le temps.

Article V.

De la place Puy-Paulin.

Elle est ainsi appelée d'un vieux château qui en occupa le côté septentrional jusqu'en 1755. Il appartenait originairement à la famille de saint Paulin, d'où sont issus les plus puissants seigneurs du pays Bordelais, tels que les captaux de Buch, les ducs de Foix, les sires de Lesparre, les ducs d'Epernon et les comtes de Candale. La tradition veut que le château de Puy-Paulin ait été bâti dans le IIIe siècle par Ponce Paulin, aïeul de saint Paulin, évêque de Nole. Ce château est appelé dans les vieux titres *Podium Paulini.* Le mot de *Podium* se traduit en gascon par ceux de *Pic, Puch* et *Puy,* dénominations que portent assez généralement les tertres et montagnes remarquables dans les contrées méridionales de la France. En effet, le château de Puy-Paulin était bâti sur le point le plus élevé de Bordeaux.

En 1707, Louis XIV acheta ce château au dernier duc de Foix, pour servir d'habitation à l'intendant de la province. Il devint la proie des flammes pendant l'intendance de Tourny, qui le fit reconstruire à la moderne, ainsi que l'église paroissiale de *Notre-Dame de Puy-Paulin*, laquelle faisait partie de ce château. Il ne devait pas être alors en brillant état, car l'auteur de l'*Itinerarium Galliæ*, qui le visita en 1616, dit que cet édifice n'offrait d'autre signe d'antiquité que sa position sur les murs de la ville d'Ausone : « *Istud « œdificium antiquitatis parùm præ se fert, nisi quòd « incubat antiquis Ausonianæ urbis muris.* »

Ce même auteur parle d'un bas-relief qui se voyait dans la cour du château de Puy-Paulin, sculpté sur une grande pierre, et représentant un homme à la barbe et aux cheveux crépus, tenant un rouleau à la main. Au bas on lisait l'inscription suivante :

D. M.

SEDATVS.

C'était le portrait de *Sedatus*, savant bordelais, dont Ausone vante les talents distingués et la grande réputation qu'il s'était acquise en professant les belles-lettres à Toulouse, d'où la ville de Bordeaux avait fait transporter ses cendres dans ses murs. On doit d'autant plus regretter la perte de ce morceau de sculpture romaine, qu'il rappelait un acte inusité de la reconnaissance publique envers un simple citoyen.

M. *Rouquette*, écrivain juré de Bordeaux, qui publia, en 1750, l'*Arithmétique choisie*, habitait sur la place Puy-Paulin. Le savant évêque *François de Foix de Candale* a terminé sa vie en 1594, dans le château de Puy-Paulin, dont il était propriétaire. Il est vraisemblable que saint *Paulin*, mort évêque de Nole, le 22 juin 431, âgé de soixante-quatorze ans, était né dans le même château. On croit, mais sans fondement, que cet illustre bordelais est l'inventeur des cloches, ou qu'il en a introduit l'usage dans les églises chrétiennes. Dans les deux hypothèses, on pourrait aussi dire qu'il a dû inventer les clochers. Pour la satisfaction et la gloire de nos compatriotes, nous avons cherché à éclaircir la grave question de l'invention des cloches et de leurs clochers. Mais nous sommes forcé de convenir, qu'après avoir feuilleté tout ce qu'on a écrit à ce sujet depuis le docte traité de Maggius, *de Tintinnabulis*, imprimé en 1664, jusqu'à une *Dissertation* qui a été récemment publiée *sur les cloches*, nous n'avons rien trouvé de bien concluant sur cette importante matière, qui, d'ailleurs, est envisagée sous un rapport romantique et moderne dans un chapitre du *Génie du christianisme*.

Article VI.

Formation de la place Dauphine, et de la reconstruction des portes Dauphine et Dijaux.

§ I. Le 4 janvier 1746, les jurats ordonnèrent la démolition des anciennes *portes Dijaux* et *Dauphine*, leur reconstruction sur un nouveau plan, et la formation de la *place Dauphine* au devant de ces deux portes. Ces travaux pour l'embellissement de Bordeaux, qui avaient été conçus par Tourny, ont relié le faubourg Saint-Seurin à la ville, que séparait en cet endroit un vaste terrain qui n'offrait que quelques échoppes isolées, de petits jardins et le cimetière des hôpitaux. Pour former cette place, on acheta ces terrains à leurs propriétaires, et le cimetière fut transféré dans le local où il était encore lors de la révolution.

Les deux anciennes portes de ville qu'on démolit en même temps s'élevaient au milieu de quatre grosses tours crénelées. La Porte-Dijaux était de plus flanquée d'une espèce de redoute, de 10 mètres de hauteur, connue sous le nom de *demi-lune* ou *pâté*. On ignore à quelle époque cette porte fut construite. Quant à la Porte-Dauphine, voici ce qu'en dit la *Chronique* :
« Le 15 juin 1605, fut posée la pierre fondamentale
« de la porte du Dauphin, laquelle fut bastie à l'hon-
« neur de la naissance de Mgr le Dauphin, qui est à
« présent nostre roy Louis XIII, Dieu veuille le con-
« server longues années. Le mareschal d'Ornano pro-
« cura de faire ce bastiment, pour le grand contente-
« ment qu'il reçeut de cette naissance; et exécuta en
« cela ce que les autres lieutenans du roy avoient des-
« seigné touchant ladite porte, pour l'ornement et
« fortification de la ville. Ledit sieur mareschal fit
« mettre à icelle porte dans un marbre l'inscription
« suivante :

« DE TOUT TEMPS, MON SEIGNEUR DIEU, VOUS AVEZ
  « ESLEU MA GUIDE, MON ROY ET MA ROYNE FAVO-
  « RABLES, ET MAINTES FOIS DEVANT LES YEUX DE
  « TOUS VOUS M'AVEZ SAUVÉ. »

Les gothiques bastions qui formaient les portes Dijaux et Dauphine furent remplacés en 1747, le premier par la porte qui subsiste encore, et l'autre par une belle porte à claire-voie en fer avec deux guichets latéraux, qui s'éleva, jusqu'en 1793, au bout occidental de la rue des fossés de l'Intendance.

§ II. La place Dauphine est la plus magnifique place publique de Bordeaux, soit par son étendue, soit par sa forme régulière, soit par les belles maisons uniformes qui l'entourent. Elle a été inaugurée le 16 mai 1770, et les jurats posèrent au centre la première pierre d'un château d'eau qu'on se proposait dès lors de construire en cet endroit, pour servir à alimenter les fontaines présentes et futures de la ville. Cinq différents projets ont été publiés à ce sujet, savoir : en 1787, en 1791, en 1829, en 1834 et en 1842, indépendamment de l'essai d'un puits artésien qui a été inutilement foré en 1830 sur la même place.

Pendant le régime de la terreur, l'échafaud fut en permanence sur la place Dauphine. La commission militaire y a envoyé trois cent quatre personnes, dont quarante-six femmes. Cette place s'appelait alors *place Nationale*, et non *place de la Justice*, comme le prétend le *Nouveau Conducteur de l'étranger*. Elle porta le nom de *place du Roi de Rome* depuis 1811 jusqu'en 1814.

Sur la place Dauphine ont habité feu M. le chevalier *de Lacoudraye*, auteur d'un savant ouvrage intitulé *Théorie des vents*, et feu M. *Berinzago*, célèbre peintre italien, qui s'était fixé à Bordeaux, où il fut professeur de géométrie et de perspective à l'académie de peinture, jusqu'à sa suppression. C'est de lui que sont les magnifiques fresques qui décorent l'église de Saint-Bruno. Il avait aussi fait, en 1772, celles du grand escalier de la Bourse, qui ont été couvertes par une autre décoration en 1807. Il avait été secondé dans ce travail par feu *Gonzales*, son élève, habile peintre décorateur de Bordeaux.

Article VII.

De la rue Pont-Long et de deux rues qui y aboutissent.

§ I. Cette rue a pris son nom de celui d'un pont d'une étendue plus qu'ordinaire, qui exista autrefois dans la même rue, à l'endroit où les deux branches du ruisseau de la Devèze se réunissaient, pour en conduire les eaux par un seul canal dans les marais de la chartreuse. Alors la *rue Pont-Long* finissait où commence actuellement la *rue Saint-Vincent-de-Paul*, qui n'a été ouverte que dans ces derniers temps. Tout ce quartier était inhabité. Là venait aboutir le *chemin de Mérignac*, qui traverse la commune ainsi appelée, pour arriver à Lège. C'est par ce chemin que passent les pêcheurs qui apportent à Bordeaux le poisson pris sur le côté nord du bassin d'Arcachon et en pleine mer.

§ II. La *rue Collignan*, qui aboutit à celle de Pont-Long, porte le nom d'un particulier qui y possédait un vaste enclos, dans lequel les jurats permirent à un écuyer d'établir, en 1716, une école d'équitation. Elle a été fréquentée jusqu'à ce que Tourny eût fait construire celle qui subsiste actuellement. Dans un *plan de Bordeaux,* levé en 1733, l'enclos de Collignan est désigné par le mot *académie.* On y tient actuellement le *marché des cochons.*

§ III. Dans la rue Pont-Long débouche la *rue de Gascq.* Elle est ainsi appelée du nom d'un ancien magistrat, qui y possédait un magnifique parterre orné de beaucoup de plantes exotiques. C'est le premier des jardins d'agrément de Bordeaux dans lequel on ait vu des serres chaudes.

Lorsque les hommes de 1793 imposèrent de nouveaux noms à plusieurs rues de cette ville, chaque section se chargea de déterminer et d'exécuter ces changements dans son territoire. Le comité de la section Francklin délibéra que la rue Pont-Long s'appellerait *rue Plus-de-Rois.* Un peintre de cette section offrit de faire et d'apposer cette inscription gratuitement et par patriotisme. Mais comme il ne possédait pas bien l'orthographe, il étiqueta cette rue : *Pleut-des-Rois.* Cette étrange inscription resta inaperçue jusqu'à ce qu'un beau jour le président de la section remarqua l'incivique faute grammaticale, et la fit réformer, non sans avoir vertement chapitré l'artiste malencontreux.

M. *Corcelles,* architecte renommé de cette ville, où il a construit divers monuments publics, vient de décéder dans la rue Pont-Long. Les artistes ses compatriotes ont ouvert une souscription pour élever en son honneur un monument sur le lieu où reposent ses cendres.

Article VIII.

De l'ancienne Chartreuse et des nouveaux établissements placés sur le terrain de ce couvent.

§ I. On a cru longtemps que cet ancien couvent avait été fondé par le cardinal de Sourdis. Le chroniqueur Darnal a contribué à propager cette erreur. Mais Tillet l'a redressée dans la refonte des quatre *Chroniques Bordelaises*. Il dit, sous l'an 1605 : « Le « 5 décembre, noble *Blaise de Gascq* fonde la char- « treuse de Bordeaux. Le titre de la fondation est dans « les archives du couvent. Ce pieux fondateur est mort « religieux dans l'ordre des chartreux. » Dans l'*Histoire de Bordeaux*, nous avons publié le premier des actes authentiques qui prouvent que, par testament du 5 décembre 1605, le même Blaise de Gascq, alors novice dans une chartreuse de Calabre [1], légua tous

---

[1] Dans l'*Essai sur l'Histoire de Bordeaux* on a singulièrement dénaturé ce fait, en disant que « Blaise de Gascq, après avoir été « chartreux en Calabre, vint à Bordeaux et résolut d'y fonder une « église sous l'invocation de saint Bruno, mais qu'étant mort avant « d'avoir réalisé son projet, le cardinal de Sourdis l'exécuta, en « ajoutant de ses propres deniers au legs laissé par le moine. » Le père de Gascq ne pouvait pas venir à Bordeaux lorsqu'il n'y avait pas de couvent de son ordre, et il lui était impossible de faire de fondation, puisque, par le fait de ses vœux, aucune de ses propriétés n'était plus à sa disposition.

ses biens pour bâtir ce couvent et servir à la dotation des chartreux qui l'habiteraient. Ces biens étaient considérables, à en juger par l'énumération qu'il en fait dans son testament.

Ce qui avait pu faire croire que le cardinal de Sourdis était le fondateur de la chartreuse de Bordeaux, c'est qu'il avait donné le terrain sur lequel elle était établie, et qui dépendait de l'archevêché de cette ville, dont il était pourvu; qu'il avait été délégué par le général des chartreux pour surveiller la construction de ce couvent, et qu'il y est inhumé [1]. Ce prélat n'a fondé que l'*hôpital de Saint-Charles* [2], qu'il établit dans la chartreuse en faveur de treize pauvres vieillards. Il fit construire aussi la pharmacie [3] qui était placée en-

---

[1] Il est mort le 8 février 1628, âgé de cinquante-trois ans, après vingt-neuf ans d'épiscopat. Pendant ce temps, plusieurs familles connues à Bordeaux y fondèrent dix couvents, c'est-à-dire environ un tiers de ceux qui ont subsisté dans cette ville. Darnal, Lopes et les Almanachs bordelais, attribuent ces fondations au cardinal de Sourdis. Dix fortunes comme la sienne auraient à peine suffi pour ces fondations.

[2] Pour l'entretien de cet hôpital, le cardinal unit à la chartreuse le prieuré de Cayac, où était un ancien hospice fondé pour les pèlerins, au xiiie siècle, et dont les ruines de l'église subsistent dans la commune de Gradignan.

[3] On conservait dans cette pharmacie la barrette de saint Charles Borromée, que sa famille avait donnée au cardinal de Sourdis lors de son dernier voyage en Italie. Au-dessous de l'inscription que nous citons était le buste de ce prélat, qu'on voit au Musée de Bordeaux. Ce buste a servi pour graver, en 1806, le portrait de Sourdis, d'après le dessin de M. *Dagotti*, peintre de cette ville.

tre cet hôpital et le couvent pour l'utilité de l'un et l'autre établissement. L'inscription suivante, qui se lisait sur la porte de cette pharmacie, confirme ce fait :

> Quod propè Brunonis Borromæique gemellas
> Ædes, stat medio Pæonis ara loco,
> Sourdisii est pietas, ut promptior adsit utrisque
> Cænobii ægrotis Prochodeique salus.

Le 8 juillet 1611, le prince de Condé, gouverneur de la province, posa la première pierre de l'église de la chartreuse. Cette église fut consacrée par le cardinal de Sourdis le 29 mars 1620. Hégat, professeur au collége de Guienne, a publié, en 1621, un poème latin relatif à cette cérémonie, intitulé *Carthusiæ Burdegalensis encænia et religiosis adventoria*.

§ II. L'église de la chartreuse, qui fut originairement dédiée à *saint Bruno*, a été conservée sous le même patronage, pour servir d'église paroissiale. Elle porta d'abord le nom de *Saint-Vincent-de-Paul*. On a restauré dans ces derniers temps les magnifiques peintures de son intérieur. Elles avaient été exécutées en 1771 par le célèbre *Berinzago*, assisté par un de ses meilleurs élèves *Gonzales*, mort à Bordeaux, sa patrie, en 1802. Le corps du cardinal de Sourdis repose au milieu de cette église, et son cœur avec ses entrailles à l'entrée du sanctuaire de l'église de Saint-André. Les inscriptions mises en ces deux endroits sur des pierres tumulaires ont disparu dans ces derniers temps.

§ III. L'enclos de la chartreuse était très-vaste. On y a établi, en 1791, le *cimetière général;* en 1802, le *jardin des plantes,* et en 1806, la *pépinière départementale*. Sur le restant du terrain de cet enclos on a formé plusieurs rues, après en avoir exhaussé le sol, qui, dans presque tous les hivers, était couvert par les eaux provenant des ruisseaux du Peugue et de la Devèze [1].

On fait tous les ans au jardin des plantes un cours public et gratuit de botanique, à la fin duquel des prix sont distribués aux élèves les plus distingués. Depuis quelques années on a joint à cet établissement une ménagerie, qui contient divers animaux curieux des Deux-Indes. La pépinière départementale a été formée pour propager la culture des belles espèces d'arbres fruitiers et d'ornement. On en délivre des plants, à un prix réglé par l'administration, aux propriétaires du département qui en font la demande. On remarque dans les allées latérales du cimetière général quelques tombeaux d'une belle construction.

---

[1] Les noms de ces deux ruisseaux viennent des mots latins *pelagus* (mer) et *divitia* (richesse). Le Peugue était autrefois navigable dans la partie qui bordait la ville, et la Devèze était pour les habitants une source de richesses, en ce que ce ruisseau alimentait un chenal intérieur, qui formait le principal port de Bordeaux du temps des Romains, ainsi que nous le disons ailleurs.

CHAPITRE VI.

DES RUES, PLACES, COURS, PORTES DE VILLE ET ÉTABLISSE-
MENTS PUBLICS RENFERMÉS DANS LA CINQUIÈME DIVISION DE
BORDEAUX.

Article I.

De la porte du Caillou.

C'est la plus ancienne et la plus incommode porte de ville qu'on ait laissé subsister, de même que le quai qui s'étend au devant de cette porte est le premier dont le port de Bordeaux ait été pourvu. Voici l'origine des deux noms sous lesquels elle est actuellement connue.

§ I. Les ruisseaux de la Devèze et du Peugue, qui étaient autrefois navigables jusqu'au milieu de l'enceinte de Bordeaux, ont leur embouchure dans la Garonne. Au centre du quai qu'ils bornent est placée la porte dont nous parlons. Cette partie du quai fut originairement le lieu où abordaient les diverses embarcations qui fréquentaient ce port. On l'appela le *quai daü Caillaü* (du Caillou), parce qu'en raison de son utilité, il fut le premier pavé en cailloux de rivière, avantage dont les autres parties du port n'ont joui que dans le dernier siècle. Il prit alors le nom de *quai*

Bourgeois, sous lequel il est encore connu, attendu qu'il était réservé pour le débarquement des vins que les bourgeois de Bordeaux avaient le privilége de faire entrer en ville, sans payer aucun droit. Cette porte se trouvant placée en face du quai du Caillaü, dut naturellement prendre ce nom, qui se trouve traduit en français par *Caillou.*

§ II. Le nom de *porte du Palais* lui a été également donné à cause de sa situation à l'entrée de l'avenue de l'ancien palais des ducs d'Aquitaine, qui devint ensuite le palais de justice. Elle fut construite en 1494; « et en mémoire de la mémorable bataille gaignée par « le roy (Charles VIII) à Fornoüe, lit-on dans la « *Chronique,* la statue du roy fut, par ordonnance « des maire et jurats, posée au haut dudit portail. » Cette statue fut abattue par le peuple en 1793. Elle était en marbre blanc, de grandeur naturelle et d'un bon genre. Nous en avons vu pendant quelques années le tronçon supérieur, qui servait de borne au coin méridional des rues du Quai-Bourgeois et Porte-du-Caillou. La perte de cette statue est à regretter sous le rapport de l'art, en ce qu'elle donnait une idée favorable de l'état de notre sculpture au xve siècle, et que surtout elle devait représenter fidèlement les traits de Charles VIII et son costume, d'autant que ce prince avait passé à Bordeaux le 8 mars 1486.

Les vieilles maisons du côté occidental de la *rue du Quai-Bourgeois,* laquelle s'étend à droite et à gauche de la porte du Caillou, bordaient cette partie du port avant que Tourny eût fait élever sa magnifique façade actuelle. Celles de ces maisons qui subsistent encore avaient été bâties sur un plan uniforme en 1733. Elles se composent d'un rez-de-chaussée et d'un étage au-dessus, que couronne une petite mansarde percée de fenêtres ovales.

Dans cette rue est décédé en 1826 M. *Palisse,* jeune littérateur de Bordeaux, qui a publié une élégie intitulée *le Soldat laboureur,* et une *Satire sur le Palais-Royal.* La maison que nous occupons sur le quai Bourgogne était habitée en 1770 par M. *Taillasson,* peintre célèbre, né à Bordeaux en 1746, mort à l'âge de soixante-trois ans, étant membre de l'institut. Les tableaux qu'il a laissés lui assurent un rang distingué parmi les grands maîtres de l'école française. Son *Poëme sur les dangers des règles dans les arts,* et ses *Observations sur quelques grands peintres* lui font honneur, comme écrivain élégant et comme artiste éclairé.

Article II.

De la place du Palais et des rues qui y aboutissent.

§ I. Cette place est ainsi appelée, parce que le palais de justice s'élevait dans sa partie occidentale. C'était un vaste bâtiment gothique que les ducs d'Aquitaine avaient fait construire au commencement du xe siècle pour leur servir de demeure. Dans nos vieux titres il est appelé *castrum Umbrariæ* (château de l'Ombrière), parce qu'il y avait au devant de belles allées d'arbres qui conduisaient à l'ombre jusque sur le port.

En 1800, lorsqu'on démolit le palais de l'Ombrière, pour former la rue de ce nom, on découvrit, en fouillant le terrain, deux cippes antiques remarquables par leur forme, et surtout par les épitaphes suivantes qu'ils portaient :

D. M.	D. M.
VAL. FELICIS.	ET. M.
C. A. DEF. ANN.	VAL. VICTORI
XXX. VICTORI	NAE. CIV. AQV.
NA. CONIVNX.	DEF. ANN. LX.
P. C. ET. SVB. ASC.	FIL. EIVS. P. C. ET.
DEDICAVIT.	SVB. ASCIA. DED.

On trouve ces cippes gravés dans le *Magasin encyclopédique* de septembre 1802, avec une *Dissertation* que nous y avons insérée pour leur explication. Les monogrammes C. A. et CIV. AQV. qu'offrent ces deux inscriptions nous paraissent signifier *citoyen d'Aquitaine*, ce qui les rend très-précieuses pour le pays. Dans le premier de ces monuments, c'est une femme qui consacre un tombeau à la mémoire de son mari; dans l'autre, c'est le fils de cette femme qui honore les cendres de sa mère.

§ II. Dans le palais de l'Ombrière siégeaient le *parlement*, la *table de marbre*, la *cour sénéchale* et l'*amirauté* de Guienne. Les prisons dépendantes de ces tribunaux étaient dans le même local. Le premier tribunal, qui fut institué par Louis XI, en 1462, avait pour ressort les provinces de Guienne, de Gascogne, de Saintonge, du Périgord et du Limousin. Le second jugeait également au souverain les délits et les contraventions qui se commettaient sur les rivières et dans les forêts du même ressort. Le troisième formait le tribunal de première instance du pays Bordelais. Le quatrième connaissait de toutes les contestations relatives au commerce maritime de la province.

Sur le côté méridional de la même place était l'*hôtel de la Bourse*. Le *bureau des finances*, la *chambre de commerce*, la *juridiction consulaire* et le *siège de la monnaie* occupaient cet hôtel. Une de ses portes offrait l'inscription suivante :

<blockquote>Fidei justitiæque sacrum.</blockquote>

Sur l'autre on lisait :

<blockquote>Au magistrat rends humble obéissance ;
Il a de Dieu la suprême puissance.</blockquote>

§ III. La *rue du Chai-des-Farines* est ainsi appelée parce qu'on y voyait autrefois un vaste magasin où se déposaient les farines importées à Bordeaux pour servir à l'approvisionnement de la ville. Le mot *chai* est gascon, mais on l'a francisé à Bordeaux ; il sert spécialement à désigner les celliers dans lesquels les négociants tiennent les vins dont ils font le commerce. Ce mot vient de *cayum*, qui signifie la même chose dans le mauvais latin de nos vieux titres.

§ IV. La *rue Ausone* fut d'abord une petite impasse

anonyme qui conduisait à l'ancien hôtel des Monnaies. Cet établissement ayant été transféré dans la nouvelle rue de ce nom, en 1752, l'impasse fut percée, puis bâtie sur un plan uniforme en 1760. On l'appela d'abord *rue Richelieu,* parce qu'à la réception du maréchal-duc de ce nom en qualité de gouverneur de la province en 1758, la salle aux harangues, dans laquelle il fut complimenté par les autorités de cette ville, était placée à l'entrée de cette rue. Lorsqu'on changea les dénominations féodales des rues en 1793, on donna à la rue Richelieu le nom d'Ausone, que l'on crut sans doute alors avoir été un bon républicain, parce qu'il fut consul de Rome.

§ V. L'origine du nom de la *rue Poitevine* est inconnue. Dans la *Chronique,* sous l'an 1629, on lit : « Les jurats rendent une ordonnance portant que la « fontaine appelée d'Ausone, scize dans la rue Poite- « vine, proche de la maison de Puhet, près le ruis- « seau du Peugue, seroit bastie, nestoyée et remise en « bon estat, pour l'usage des habitans et ornement de « la ville, et que la maison dudict Puhet seroit achep- « tée pour estre desmolie et convertie en une place, « pour faciliter l'abord de la dicte fontaine. » Cependant, malgré cette autorité, aucun archéographe n'a pu découvrir encore la moindre trace de cette fontaine.

Dans cette rue est né en 1757 feu M. *Cizos−Duplessis,* auteur de quelques ouvrages de circonstances, entr'autres de l'*Histoire poétique des parlements,* dans laquelle il a célébré en prose le rétablissement de la magistrature en 1775.

Sur la *place du Palais* habitaient, dans ces derniers temps, les frères *Labottière*, imprimeurs-libraires, qui ont contribué, ainsi que leurs ancêtres, à faire fleurir l'imprimerie et la librairie dans cette ville. Elle leur doit surtout la création de deux écrits périodiques qu'on n'y connaissait pas avant eux, et qui ont eu beaucoup de vogue pendant trente ans. Ces écrits avaient pour titres : 1° *Affiches, annonces et avis divers de la ville de Bordeaux*, et 2° *Almanach historique de la province de Guienne*.

Article III.

Des rues du Cerf-Volant, des Bahutiers et de Saint-Pierre, et d'une maison qu'on remarque dans la seconde de ces rues.

Nous décrirons dans un même article ces trois rues, parce qu'elles sont à la suite les unes des autres, quoique sur une ligne qui n'est rien moins que droite; car on faisait autrefois à Bordeaux des rues circulaires, qu'on n'est pas encore parvenu à redresser. Ce n'est que depuis Tourny qu'on a régularisé les alignements de nos voies publiques.

§ I. La *rue du Cerf-Volant* n'avait pas de nom particulier au commencement du xve siècle. Dans un titre de 1402, on la désigne par les lieux vers lesquels elle se prolongeait et dans les termes suivants : « Rua « per hom va de porta Begueyra au putz deüs judiüs. » Le nom sous lequel elle est actuellement connue vient de l'enseigne que portait la boutique d'un ouvrier qui habitait cette rue. Ce fait est attesté par un acte de 1533, dans lequel une maison de la même rue est indiquée comme confrontant à celle « où pend pour en-« seigne un cerf volant. »

§ II. Au coin de cette rue et de celle d'*Enfer* subsiste une vaste maison dont la construction paraît appartenir au XIIIe siècle. C'est l'ancien *hôtel de Béguey*, puis d'Alban, et ensuite de Lansac. Il servit d'habitation aux familles de ce nom, qui jouent un grand rôle dans l'histoire de la province. Dans un titre de 1454, Ramon Andron, seigneur de Lansac et de Tastes, se qualifie de seigneur de la *taüla de Béguey*. Les *Anciennes coutumes de Bordeaux* appellent *taüla* une maison noble non titrée.

§ III. Sur le carrefour qui est au devant de l'hôtel de Lansac existait un puits public, qu'on a comblé il y a quelques années. On l'appelait autrefois le *puits des Juifs* ou du *petit Judas*, et dans ces derniers temps le *puits d'Enfer*. Sa dénomination ancienne est prouvée par un acte de 1406, dans lequel il est parlé d'un « hostaü et chopa loquaü es en la carreyra deü putz « deüs judiüs, proche l'hostaü de Mossen Galhard Bé-« guey, aussy cum entro la tor deü deyt Mossen Ga-« lhard, d'una part, et ladeyta carreyra, d'autra part ; « et dura et ten en lonc de la rua per laquaü om va « vers la porta Begueyra de l'ung cap, à la rua ape-« rada d'Infern de l'autra cap. »

§ IV. Les *rues des Bahutiers* et de *Saint-Pierre* n'étaient pas autrefois distinguées entre elles : toutes deux portaient le nom de *rue du Petit-Judas*. C'était une des quatre rues de Bordeaux où il était permis de tenir des cabarets, suivant un article ainsi conçu des anciens statuts de la ville : « Aussi est défendut à toute « manière de gens dresser et tenir cabarets en autres « endroits qu'ez lieux pour ce faire dédiez et ordon- « nez, savoir est : au Petit-Judas, rue des Faussetz, à « Porte-Despaux et sous les aubans de Saint-Michel. »

La rue des Bahutiers commença à porter ce nom dans le xviie siècle, à l'occasion de certains fabricants de malles et coffres qui s'y établirent, et dont les ouvrages alors très-recherchés s'appelaient *bahuts*. Ils sont recouverts en maroquin de diverses couleurs, garnis de clous en cuivre, dont les têtes dorées, argentées ou bronzées, forment des dessins singuliers. Il est tel de ces bahuts qui pourrait satisfaire le goût de nos amateurs de vieux meubles à la renaissance.

§ V. Dans la rue des Babutiers on a remarqué une ancienne maison dont les ornements extérieurs sont uniques dans leur genre. Elle a 10 mètres de largeur sur 16 de hauteur. A chaque extrémité du mur de sa façade s'élève une statue de grandeur naturelle, ayant pour socle un vase antique. L'une tient dans sa main une houlette, l'autre foule à ses pieds un bouclier, sur lequel est sculpté une Méduse. Entre ces statues est un écusson portant un loup qui a un rameau à la gueule, et qui marche sur un bûcher ; au-dessous sont un aigle et un agneau. Une statue de saint Pierre couronne le pignon.

Les fenêtres du second étage sont entourées de pilastres gothiques. A droite et à gauche sont sculptés divers animaux grotesquement groupés. Dans un coin, on remarque un enfant assis sur un escabeau. Le mur du premier étage est également percé de trois grandes fenêtres, dont l'entourage est plus chargé que celui des ouvertures supérieures.

Les sculptures qui décorent le rez-de-chaussée sont les plus curieuses; elles se trouvent au-dessus de la porte d'entrée. Sur le cintre de son arceau, au milieu d'un double rang de rosaces, est un écusson parti d'un chevron brisé à trois croissants, ayant deux lis en haut et une tête d'agneau en bas. Une lionne allaitant un lionceau, puis une chienne avec son petit sur le dos sont à chaque extrémité de ce cintre. Il supporte un couronnement formé de quatre colonilles en demi-relief. Elles sont couvertes symétriquement, une moitié avec des fleurs de lis, et l'autre avec des têtes d'agneaux et de coqs. Dans l'entre-colonnement sont des écussons entourés d'arabesques.

Au milieu du couronnement, et entre douze têtes d'anges, on a sculpté un triangle emblématique, ayant 1 mètre d'étendue, formé par les trois lignes suivantes :

> PATER NON EST...
> FILIUS NON EST...
> SPIRITUS SANCTUS NON EST...

Puis dans une autre direction on lit :

> PATER EST...
> FILIUS EST...
> SPIRITUS SANCTUS EST.

Ces six lignes convergent en divers sens avec le mot DEUS qui occupe le centre du triangle. Elles nous paraissent exprimer une profession de foi qu'on opposa aux opinions des anti-trinitaires qui commençaient à se répandre à l'époque où cette maison fut construite.

Ce triangle, qui est gravé à la page 91 de notre *Tableau de Bordeaux,* est surmonté d'un Hermès, ou tête de Mercure trismégiste, représentant trois visages de vieillards dans un seul ovale. Cette tête a pour supports un cygne et une femme en regard, posés sur deux griffons. La frise est garnie d'un large ruban ondoyant, dont les plis, reposant sur chaque colonne, laissent sept vides. Ils sont occupés par trois vases antiques et quatre génies : l'un joue du violon, l'autre de la lyre ; celui du bout du midi embouche la trompette à genoux sur un chien, et celui du côté du nord tient des pipeaux et repose sur une tête de Mercure. Au centre est un soleil rayonnant.

Les alchimistes prétendent que dans cette maison habita le président d'*Espaignet,* dont on a un bon livre de physique et un ridicule sur l'alchimie, et qu'il s'est complu à décorer son habitation d'emblèmes chéris des adeptes. Ils vont même jusqu'à soutenir que celui qui expliquera ces emblèmes aura trouvé le secret de la pierre philosophale. Il y a des antiquaires qui pensent que l'hôtel dont nous parlons fut celui du sénéchal de Gascogne, jusqu'à l'époque où sa charge fut supprimée, lorsque Bordeaux passa sous la domination française. Quoiqu'il en soit, nous laissons à d'autres le soin de deviner ces énigmes, *nugæ canoræ.* Les pièces de ce procès archéographique sont sur le point de disparaître, car on démolit en ce moment cette mystérieuse maison.

§ VI. L'*église de Saint-Pierre*, qui termine la rue du même nom, est très-ancienne. L'époque de sa fondation est inconnue. On apprend seulement par la *Chronique* qu'en 1411 les jurats firent bâtir le chœur de cette église. Lorsqu'on y a fait les dernières réparations, on a supprimé, sur la porte du côté du midi, une méridienne, qui était la seule qui existât dans cette ville.

§ VII. L'*impasse Saint-Pierre* portait auparavant le nom de *rue Féradre*, qui fut celui d'un maire de Bordeaux en 1287. Dans cette impasse demeurait, vers la fin du dernier siècle, feu M. *Chevalier*, avocat, qui a publié divers *Mémoires d'utilité publique*, entr'autres un projet pour la construction d'un pont devant Bordeaux, et un autre pour établir un canal depuis cette ville jusqu'à la Teste. L'intendant Dupré de Saint-Maur, qui s'intéressait singulièrement à tous les travaux utiles au pays, favorisa la publication des écrits de cet auteur.

En creusant les fondements d'une maison qu'on bâtissait dans cette impasse en 1830, on trouva de beaux fragments d'une statue en bronze, au-dessus de grandeur naturelle, représentant un homme drapé à l'antique. Il est probable que cette statue décorait l'entrée de la *Porte-Navigère*, dont nous parlons ailleurs, et que cette statue aura été renversée par une des hordes barbares qui ont ravagé Bordeaux.

Article IV.

Des rues Maucoudinat, des Trois-Chandeliers, Saint-Siméon et Arnaud—Miqueu, et du couvent de la Merci.

§ I. La *rue Maucoudinat* est appelée *rue d'Alhan* dans un titre de 1356, où elle est désignée en ces termes : « *Rua d'Alhan, quæ à puteo d'Alhan ducit ad ecclesiam sancti Simeonis.* » Ce puits a subsisté jusque dans ces derniers temps à l'angle des rues des Babutiers et Maucoudinat. La maison ayant ensuite été occupée par une auberge qui avait pour enseigne *A la Truye qui file,* la rue d'Alhan prit cette étrange dénomination.

Elle devint ensuite rue Maucoudinat, d'un mot gascon qui signifie *mal cuisiné,* sans doute parce que des hommes d'un goût difficile en cuisine furent mécontents des mets apprêtés dans les auberges qui étaient établies dans cette rue. Le *puits d'Alhan* changea aussi de nom. Il prit celui de *puits de la Samaritaine,* à cause de l'enseigne de la Samaritaine de l'Evangile qu'avait arboré, dans le siècle dernier, un miroitier qui occupait la maison contre laquelle ce puits était adossé. Le 15 décembre 1840 est décédé dans cette rue M. *Leupold,* ancien professeur de mathématiques et de physique au collége de Bordeaux, auteur d'un ouvrage intitulé *Principes élémentaires de physique.*

§ II. A la rue Maucoudinat aboutit la *rue des Trois-*

Chandeliers, qui tire son nom, comme la précédente, d'une auberge renommée qui y était établie. Ces maisons servaient autrefois de lieux de réunion aux Bordelais, comme actuellement les cafés; et elles se distinguaient surtout par des enseignes bizarres. Dans la rue des Trois-Chandeliers habitait M. *Biennourry,* ancien maître de pension, qui publia en 1767 *le Théâtre à la mode,* comédie en trois actes et en vers, laquelle eut une certaine vogue à Bordeaux.

§ III. La *rue Saint-Siméon* est ainsi appelée du nom d'une ancienne église paroissiale qui a subsisté dans cette rue jusqu'à la révolution. Les prêtres de la congrégation de saint Lazare, qui furent appelés à Bordeaux en 1683 pour diriger le grand séminaire et faire des missions dans le diocèse, s'établirent d'abord dans la rue Saint-Siméon.

Dans l'église de ce nom subsiste, depuis 1834, le *Gymnase français, école navale des mousses et novices.* On doit la fondation de cet établissement à MM. *Laporte* frères, anciens officiers de marine, qui en dirigent l'instruction.

§ IV. Le *rue de la Merci* tire son nom du couvent de Notre-Dame de la Merci, où étaient établis depuis l'année 1460 des religieux qui s'occupaient du rachat des chrétiens esclaves en Barbarie. Le père *Fau,* religieux de ce couvent, ayant été envoyé à Alger pour opérer un rachat de captifs, y composa une description de cette ville; il en fit lecture, en 1750, dans une séance publique de l'académie des sciences de Bordeaux, dont il était membre. Il y a aussi de lui, dans les manuscrits de cette société, des *Observations sur les éclipses de soleil en Europe pendant le* XVII*ᵉ siècle.* On voyait dans l'église du couvent de la Merci le mausolée en marbre du maréchal d'Ornano, mort en 1610, étant commandant de la province de Guienne et maire de Bordeaux. La statue qui était sur ce mausolée orne le Musée de cette ville.

§ V. La *rue Arnaud-Miqueu*, qui divise celle de la Merci d'avec celle de Saint-Siméon, porte le nom de *rue Allegre* dans un titre du XIV*ᵉ* siècle. On y désigne ainsi cette rue : « *Rua Allegra quæ à quadrivio sancti Simeonis ducit versùs meridiem et ruam deüs Pignadours.* » Cette dernière rue est actuellement la *rue du Loup*. Quant à celle d'Arnaud-Miqueu, elle a pris ce nom de celui d'un jurat qui, dans une assemblée de ville tenue le 14 juin 1421, se chargea de conduire les troupes que les habitants joignirent à celles des Anglais, pour aller assiéger le château de Budos.

Dans cette rue habita un de nos aïeux, Pierre *Gobain*, maître d'écriture, que les jurats nommèrent, en 1709, professeur de tenue des livres de commerce au collége de Guienne. Il a publié : 1° *Le Commerce en son jour*, ou *l'Art d'apprendre en peu de temps la tenue des livres de commerce;* Bordeaux, 1702, in-f°; 2° *l'Arithmétique aisée, aussi curieuse qu'utile pour tous négociants, banquiers et autres;* 1711, in-8°; 3° *Questions diverses de commerce, avec leur solution;* 1717, in-8°. Ces ouvrages annoncent que l'auteur avait des connaissances alors peu communes sur la comptabilité, sur les changes étrangers, et même sur la législation et l'histoire du commerce. Gobain recueillit en 1720 les divers *noëls* français et gascons qui étaient répandus dans le Bordelais, et en publia la collection en un volume in-18 de 90 pages. Usant du privilége des éditeurs, il joignit à ce recueil quelques pièces de sa composition dans le même genre, entr'autres les noëls *Rébeillats-bous, meynades,* et *Puisque du premier père,* que les paysans de la Gironde chantent encore avec délices, comme ceux de la Côte-d'Or répètent les *noëls Bourguignons* édités par La Monnoye.

§ VI. On vient de donner le nom de rue Arnaud-Miqueu à celle qu'on appelait auparavant *rue du Petit-Cancera,* dont nous parlerons ailleurs. Dans cette rue habitait M. Jean-Martin *de Lacolonie,* qui mourut octogénaire en 1759, en corrigeant les épreuves de son *Histoire curieuse et remarquable de la ville et province de Bordeaux.* L'auteur avait servi longtemps dans les guerres d'Allemagne, où il était parvenu au grade de brigadier des armées de l'empereur. Il a fait imprimer les *Mémoires de ses campagnes,* qui s'étendent de 1692 jusqu'à 1718. A la bataille de Belgrade, il s'empara de la tente du général Ottoman; et le prince Eugène, qui commandait l'armée impériale, lui fit présent d'un superbe aigle apprivoisé qui fut trouvé dans cette tente. Lacolonie tenait quelquefois cet aigle sur une fenêtre de sa maison. Quand cet oiseau s'égayait en déployant ses ailes, la rue en était presque obstruée, et les passants, effrayés, étaient obligés de rebrousser chemin.

Article V.

De la rue du Loup.

Il y a deux opinions sur l'origine du nom de cette rue. Suivant certains, il viendrait d'un tombeau romain qui y a été découvert. Selon d'autres, l'irruption d'une troupe de loups dans cette rue aurait occasionné sa dénomination. Nous émettrons une troisième opinion, après avoir exposé les deux autres.

Vinet, dans son *Commentaire des œuvres d'Ausone,* rapporte qu'en démolissant un pan de l'ancien mur de ville dans la *rue du Loup,* pour y construire une maison, on trouva de son temps une pierre sépulcrale dont l'inscription lui parut être l'occasion de la dénomination de cette rue. Voici cette inscription que l'on communiqua à Vinet, après qu'un maçon que, dans son zèle d'antiquaire, il appelle *scélérat,* eut employé la pierre de l'inscription qu'il regrette :

IVL. LVPVS. C...
BITVRIX. VIB.
DE. ANN. XXXV.
FIL. EIVS. P. C.

Il n'est pas probable que le prétendu *biturige Lupus,* dont on dit que la pierre sépulcrale gisait dans la rue du Loup, ait été inhumé dans le terrain de cette rue, attendu qu'elle était située dans les limites qu'avait

Bordeaux du temps des Romains, et qu'on faisait alors les inhumations hors de l'enceinte des villes.

On lit dans la *Chronique,* sous l'an 582 : « Des « loups estant entrez en ville, en plein midy, dévorè- « rent à la veue du peuple, des chiens en pleine rue; « et de là Bourdeaus fut dite ville des loups, et il y a « encores une rue appelée du Loup. » Dans les remarques du savant Duduc sur cet ouvrage, on apprend que dans la *Chronique de Sigebert,* d'où de Lurbe a emprunté la citation précédente, il est seulement dit que des loups avaient dévoré des chiens à Bordeaux; mais que Pontac, dans sa *Chronographie,* avait étendu ce fait, en ajoutant qu'il s'était passé à la vue des habitants, et que de là venait le nom de la rue du Loup. Ainsi une chose fort simple était devenue incroyable par l'effet de la crédulité d'un commentateur.

Quant à ce que dit de Lurbe sur l'entrée des loups à Bordeaux, où ils seraient venus manger des chiens en plein midi, à la vue des habitants, c'est une de ces traditions populaires que nos anciens historiens ont trop souvent accueillies sans examen. Des loups ont bien pu s'introduire à Bordeaux en 582, car alors cette ville devait être dépourvue de ses murs de clôture, ayant été tour à tour saccagée par les Visigoths et par les Francs; mais il est improbable que des loups aient osé se jeter, en plein jour, au milieu d'une grande population, pour y dévorer des chiens en présence des habitants, et qu'ensuite ceux-ci aient eu la bonhomie de chercher à éterniser le souvenir de leur poltronnerie dans cette circonstance, par la dénomination singulière du lieu où s'était passé cet événement étrange.

La rue du Loup n'a pas toujours été ainsi appelée. On la désigne sous le simple nom de *Grande-Rue* dans un titre du xive siècle : « *Magna rua,* est-il dit, *per « quam itur à salvitate Sancti Andreæ ad portam Vi- « geriam.* » Cette porte *Vigeria* est l'ancienne *Porte-Begueyre* qui subsistait au bout de la rue des Epiciers ; et la *salvitas* était la juridiction de la sauvetat de Saint-André, dont le tribunal était près de la cathédrale : ces deux limites indiquent bien notre rue du Loup.

D'un autre côté, elle est appelée *rua deüs Pinhadors* (des Peintres) dans un titre de 1383. On y désigne une maison « en la carreyra per laquaü hom va de rua « deüs Pinhadors devers la gleysa de Sent-Andriü. » Elle porta ensuite la dénomination de Sainte-Gème, puis celle du Loup, ainsi qu'on l'apprend par un titre de 1518, où il s'agit d'un « hostaü que es en la pa- « ropia de Sent-Progeist, en la rua de Senta-Gema, « autramen aperada deü Lop. »

Puisque cette rue a eu divers noms, nous dirons qu'elle ne tient celui qu'elle porte actuellement, ni du *Lupus* de Vinet, ni des vilains loups de de Lurbe. Les dénominations de *rue des Peintres* et de *rue Sainte-Gème,* sous lesquelles elle a été successivement connue, lui venaient probablement, ou d'une classe d'ouvriers qui y habitaient, ou d'une chapelle de Sainte-Gème, dont la rue de ce dernier nom indique le voisinage. Ne serait-il pas possible que la rue du Loup eût été ainsi appelée à cause des marchands pelletiers qui y furent établis? En effet, vers la fin du dernier siècle, un de ces marchands tenait encore son magasin dans la maison du coin de cette rue et celle du Pas-Saint-Georges : il avait même pour enseigne parlante un beau loup empaillé.

Le 26 mars 1675 commença, dans la rue du Loup, l'émeute populaire dont les suites devinrent si funestes à Bordeaux. Des agents du fisc furent maltraités par la populace dans la boutique d'un potier d'étain de cette rue, où ils apposaient un timbre sur ses marchandises qui étaient assujetties à un certain droit, en vertu d'un nouvel édit du roi. L'émeute devint sanglante et se prolongea pendant plusieurs jours, comme l'atteste l'histoire locale.

M. *Rode*, célèbre violoniste-compositeur et ancien professeur au conservatoire, était né dans la rue du Loup, en 1774. Il est mort âgé de cinquante-six ans. On a de lui diverses pièces de musique instrumentale qui ont été gravées, et qu'on exécute dans les plus brillants concerts.

Article VI.

De la rue du Cancera et de son nouveau prolongement.

§ I. Deux rues qui communiquent ensemble ont porté jusqu'à l'an passé les noms de *Cancera*, qu'on divisait en *grand* et en *petit*. Celle-ci s'appelle actuellement *rue Arnaud-Miqueu*. On a imposé à la première le nom de *rue du Cancera,* ainsi qu'à l'ancienne *rue*

Carpenteyre-Saint-Pierre, qui en est devenue le prolongement. Le nom de *Cancera* vient du mot *cancer*, qui est employé dans la basse latinité pour signifier une voûte. « *Cancer*, dit Ducange, *est arcûs fornix* « *quod cancri forcipem significat.* » D'où l'on doit conclure que quelque voûte remarquable dans les deux rues du Cancera aura occasionné leur dénomination. En effet, lorsqu'on creusa les fondements d'une maison située au coin des *rues Saint-Siméon* et du *Serpolet* en 1751, on découvrit un canal en pierres, qui traversait diagonalement la première rue et se dirigeait vers celle du Petit-Cancera. C'était probablement un aquéduc destiné à conduire autrefois les eaux pluviales dans le ruisseau de la Devèze qui coule auprès.

Le couvent des religieuses du *Bon-Pasteur* était situé dans la rue du Cancera. Il avait été fondé au commencement du dernier siècle par la famille du président *de Latresne*, pour servir de retraite à des filles repenties.

§ II. La *rue Carpenteyre-Saint-Pierre*, actuellement dite *rue du Cancera*, avait pris ce nom des tonneliers qui l'habitaient en grand nombre, et qui sont encore appelés *carpenteys* dans l'idiome gascon. Dans cette rue aboutit l'ancienne *rue Traversière*, à laquelle on vient d'imposer le nom de *rue Vinet*. C'est celui d'un savant distingué dans le XVIe siècle, dont nous parlons en plusieurs endroits de cet ouvrage. Nous observerons à cette occasion que dans les nouvelles dénominations des rues on a donné les noms d'hommes remarquables à des rues qui ne le sont guère.

Article VII.

De la rue de la Devise et de la place du Marché-Royal.

§ I. Cette rue est séparée en deux parties distinctes ; une d'elles est dite *Devise-Sainte-Catherine*, à cause qu'elle aboutit à la rue de ce dernier nom, et l'autre partie porte le surnom de *Saint-Pierre*, parce que l'église ainsi appelée s'élève à son extrémité orientale. La dénomination de la *rue de la Devise* se confond en quelque sorte avec la fondation de Bordeaux. Ausone, qui décrit cette ville, dit qu'elle était partagée en deux par un ruisseau qui y formait un port spacieux, où l'on voyait aborder à chaque reflux de l'Océan un grand nombre de vaisseaux.

Un auteur du ve siècle nommé *Paulin*, que l'on croit être neveu d'Ausone, dans un poème intitulé *Eucharisticon*, parle ainsi d'un large chenal qu'il dit avoir vu à Bordeaux, et dans lequel on entrait par une porte qu'il appelle *Navigera*, c'est-à-dire qui porte des navires :

> Burdigalam veni, cujus speciosa Garumna
> Mœnibus oceani refluas maris invehit undas,
> *Navigeram* per *portam*, quæ portum spatiosum
> Nunc etiam muris speciosâ includit in urbe.

Ce grand chenal, dans lequel se jetait le ruisseau qui coulait dans Bordeaux, commençait à la rue Sainte-Catherine, et avait, jusqu'à la Garonne, la largeur du terrain actuellement compris entre les rues du Parlement et du Cancera. Vinet indique le cours de ce ruisseau depuis la *rue Monbazon* jusqu'auprès de l'église Saint-Pierre, et lui donne le nom de *Divice*. On peut conclure de cette explication que la *rue de la Devise* est ainsi appelée du ruisseau qui coule sous son sol, et qu'on nomme la *Devèze* dans les vieux titres.

Dans la rue de la Devise-Saint-Pierre habitait M. *Alphonse* père, pharmacien distingué, qui publia en 1777 une *Analyse des eaux des principales sources de Bordeaux et des environs*.

§ II. La création de la *place du Marché-Royal* appartient à Tourny, qui se proposait d'en faire une succursale du Grand-Marché, dont il reconnaissait l'insuffisance. Pour former cette place en 1754, il fallut démolir l'îlot des maisons que circonscrivaient les anciennes *rues Castignac* et *des Ecuries*. Au centre de cette place s'élevait une fontaine de forme élégante, et la seule de Bordeaux qui ait été couverte de marbre. En 1776, le *marché de la volaille* ayant été transporté du quai du Chapeau-Rouge à la place du Marché-Royal, on abattit sa fontaine, dont les jets furent mis contre une maison de la *rue Royale*. Ils y embarrassent la voie publique, et contribuent à la salir, tandis que l'ancienne fontaine décorait auparavant la place où on l'avait construite. Cette place a même perdu un de ses embellissements. Tourny avait prescrit une façade uniforme pour les maisons qu'on y élèverait. Il n'y en a que la moitié qu'on ait depuis bâties sur ce plan.

Article VIII.

Des deux rues du Parlement et de quelques autres qui y aboutissent.

§ I. Lorsque Tourny forma la place du Marché-Royal, la *rue du Parlement* se trouva divisée en deux parties, dont chacune prit son surnom du lieu où elle aboutissait. La première dénomination ne vient pas, comme on pourrait le croire, de ce que le parlement aurait siégé originairement ou accidentellement dans cette rue, mais bien de ce qu'il y tint quelques assemblées particulières chez le président Daffis, pendant les troubles de la Fronde. Cette rue s'appelait auparavant *rue de Saint-Mexant*, à cause de l'église de ce nom, qui a subsisté à son extrémité occidentale.

§ II. L'ancienne *rue Pédagen*, qui aboutit à celle du *Parlement-Sainte-Catherine*, porte le nom de *rua de Pey-d'Atgens* dans les titres du xve siècle. Elle prit ce nom d'un riche agenais appelé *Pierre*, qui était venu fixer son domicile dans cette rue. Elle devait être fort ancienne, à en juger par le peu de largeur qu'elle avait; car nos vieilles rues, même les plus passantes, étaient singulièrement étroites. Cette petite et obscure ruelle vient d'être élargie, nivelée et bien bâtie dans toute sa longueur. On lui a donné le nom de rue des *Piliers-de-Tutelle*, dont elle forme le prolongement. C'est dans un hôtel de la rue Saint-Remi, lequel avait l'issue de son écurie dans l'ancienne rue Pédagen, que fut commis, dans la nuit du jeudi-gras de l'an 1695, le parricide dont il est fait mention dans les *Mémoires du marquis de Langallery*.

Dans la rue du Parlement habita M. *Lavau*, professeur de dessin à l'école de Bordeaux. C'est lui qui a gravé les planches qui accompagnent les *Dissertations sur d'anciens monuments de Bordeaux*, par Venuti. Il excellait surtout à graver les cachets. Il fut le maître du célèbre *Andrieu*, originaire de cette ville, et mort à Paris en 1822, âgé de soixante-un ans, avec la réputation du plus habile graveur en médailles qu'on eût encore vu. La médaille frappée à l'occasion de l'*achèvement du pont de Bordeaux* est le dernier chef-d'œuvre de cet artiste.

Dans la rue du Parlement-Sainte-Catherine a habité M. *Dupaty*, président au parlement, auteur des *Lettres sur l'Italie*. Cet éloquent et courageux magistrat, après avoir écrit sur la nécessité de réformer la justice criminelle, en dénonça une grave erreur, en arrachant à l'échafaud trois hommes condamnés au supplice de la roue par le bailliage de Chaumont en 1785. Il avait déjà déployé un grand caractère lors de la révolution des parlements en 1771; et le chancelier Maupeou, qu'il ne craignit pas d'attaquer dans cette occasion, le fit embastiller au château de Pierre-Encise.

Dupaty était natif de La Rochelle; mais ses fils ont vu le jour à Bordeaux. L'un d'eux s'est distingué dans la carrière des lettres, et l'autre dans celle des arts. Ce dernier est mort membre de l'institut en 1825. Il a fait, entr'autres chefs-d'œuvre de sculpture, la

Venus genitrix qu'on admire au jardin des plantes de Paris.

Article IX.

De la place Saint-Projet.

La *place Saint-Projet* tire son nom de celui d'une ancienne église paroissiale qui y était située et qu'on a supprimée. Cette église était du nombre de celles qu'on appelait à Bordeaux les *quatre chaires,* qu'on offrait aux prédicateurs les plus renommés de France, pour les stations du carême. Celui d'entre eux que le chapitre de Saint-André reconnaissait pour le plus éloquent était désigné pour prêcher la Passion à la cathédrale, puis un sermon sur l'aumône à l'hôpital. Cette distinction était ambitionnée à l'égal d'un prix d'académie.

Suivant les *Coutumes de Bordeaux,* les tribunaux de cette ville ordonnaient que le serment décisoire serait fait dans l'église de Saint-Projet, lorsqu'il s'agirait d'une demande en paiement d'une somme de quatre sous à vingt. « Tot ségramen de demanda, dit l'ar-
« ticle 164, que sia fey per rason de contreyt qui fo
« estat entre aucun home aras mort et autra home
« viü, o entre morts, de causa que se puscan de-
« mandar, et aya loc et temps, si ségramen sia far
« de négativa que sia de vingtz souds en jus à Sent-
« Progeist, entro que à quate souds. » Il y avait apparemment dans cette église quelque relique en grand renom : on ne la connaît plus.

La place Saint-Projet était la plus ancienne, la plus grande et la plus centrale des trois places publiques qui subsistaient dans l'enceinte du premier Bordeaux. Cette circonstance nous porte à croire que là fut originairement établi le Grand-Marché de cette ville, avant qu'elle eût étendu les limites de son enceinte primitive. Le nom de la *rue Marchande,* qui y aboutit, semble fortifier cette conjecture.

On apprend par la *Chronique* qu'il fut construit en 1594 une halle sur la place Saint-Projet, pour la vente du gibier et de la volaille. Cette halle ne subsiste plus. Elle est remplacée par un curieux obélisque de la hauteur de 4 mètres, d'une seule pierre, sculpté en forme de campanille gothique et surmonté d'une croix.

La fontaine de la place Saint-Projet a été construite en 1737. La jurade paya au sculpteur Wanderworth une somme de 4,000 fr., pour couvrir de stalactites le portique au bas duquel sont les jets de cette fontaine. Les connaisseurs trouveront peut-être que ce travail est un peu cher.

Sur la place Saint-Projet fut la demeure d'Elie *Bétoulaud de Saint-Pauly,* bordelais recommandable par son amour pour les belles-lettres, qu'il cultiva et encouragea tout à la fois. On a de lui plusieurs pièces de vers qui ont été imprimées, soit séparément, soit dans les recueils du temps. Par testament du 21 janvier 1706, il avait fondé un prix perpétuel de la valeur de 300 fr., qui devait être distribué tous les ans, par le parlement de Bordeaux, à l'auteur de la meilleure pièce de vers en l'honneur de Louis XIV. L'académie française était constituée juge du concours, et l'on ne devait y admettre que des personnes originaires de cette ville ou de sa sénéchaussée. Ce prix n'a jamais été distribué, parce que les héritiers du fondateur ayant accepté sa succession à bénéfice d'inventaire, n'ont acquitté aucun legs du testateur. Quoi qu'il en soit, les louables intentions de Bétoulaud ne méritent pas moins d'être recommandées au souvenir de ses concitoyens :

> Encourager les arts c'est servir sa patrie.

Dans un ouvrage imprimé à Bordeaux en 1721, intitulé *Amusements de Mme de S** d'I***, on trouve une pièce de vers destinée à concourir pour le prix fondé par Bétoulaud. L'auteur de ces vers est Mme *de Senault,* baronne d'Issan en Médoc. C'est la seule dame de Bordeaux qui se soit encore présentée à un concours académique.

Article X.

De la rue des Trois-Conils et d'une ruelle qui y aboutit.

§ I. Une ancienne hôtellerie a donné son nom à la rue des *Trois-Conils.* Dans un contrat de 1514, une maison située *rue Tustal,* qui est parallèle à celle des Trois-Conils, sa voisine, est désignée comme touchant par les derrières « à l'hostaü ou tor de Johan Bernard, « hoste deüs Très-Conhils. » Les hôtelleries se faisaient autrefois remarquer par leurs enseignes bizarres. Celle-ci portait trois lapins. Cet animal est appelé *conil* en vieux français et *connie* en anglais. Ce mot vient de ce que les lapins se cachent dans des trous qu'ils font en terre, et qu'on nomme en latin *cuniculi.* De là est venu le verbe *conniller,* pour dire chercher des échappatoires. Montaigne l'emploie dans ce sens dans la phrase suivante : « Comment la philosophie, qui me « doit roidir le courage pour fouler aux pieds les ad-« versités, vient de cette mollesse de me faire *con-« niller* par détours couards et ridicules? » Suivant un titre de 1356, cette rue a porté le nom de *grande rue Saint-André,* à cause de la porte de ville ainsi appelée, qui était anciennement à son extrémité occidentale.

§ II. La *rue du Piffre,* qui est à l'extrémité orientale de la rue des Trois-Conils, est nommée *rue Beülaygue* dans un titre de 1515, parce qu'un maçon fameux, appelé Pierre Bruer, surnommé par ironie *Beü l'aygue* (buveur d'eau), avait des propriétés dans cette rue. Là habitait M. *Sticotti,* homme de lettres de Bordeaux, auteur de plusieurs pièces de circonstances jouées sur le théâtre de cette ville. Il rédigea les *Petites Affiches de Bordeaux* et l'*Almanach historique de Guienne,* qui furent en vogue dans le siècle dernier.

Dans la rue des Trois-Conils est mort en 1835 le docteur *Monballon.* Etant membre de l'administration départementale de la Gironde, il publia, en 1790, un *Rapport sur divers projets d'inhumations publiques,* travail qui détermina la fixation du cimetière général de Bordeaux dans l'enclos de la chartreuse. Chargé de classer les livres recueillis dans divers dépôts, pour former la bibliothèque publique de Bordeaux, il les mit dans l'ordre où ils sont actuellement. Il en a dressé le *Catalogue*, dont les deux premiers volumes ont été imprimés pendant qu'il fut conservateur de cette bibliothèque.

Article XI.

De la rue de Cheverus et d'une rue voisine où Montesquieu a habité.

§ I. En 1842, on a donné ce nom à la rue *Judaïque en ville*, parce que le cardinal *Cheverus*, archevêque de Bordeaux, est mort, le 19 juillet 1836, dans cette rue, où est situé, depuis 1828, le palais archiépiscopal. L'ancien nom de la *rue de Cheverus* annonce qu'elle fut l'habitation des juifs, avant l'ordonnance de 1371, qui leur défendit de s'établir dans les villes de France ailleurs que dans les faubourgs. Cette destination se trouve rappelée dans le passage suivant de la *Chronique* : « Sous le règne de Charles-le-Chauve, « les Normands se desborderent par toute la France, « vindrent à Bourdeaux (852), et pillerent la ville, « par la trahison des juifs, qui lors résidoient dans « Bourdeaux, dont il y a une rue qui s'appelle rue « Juifve. » Elle est désignée sous ce nom dans un titre de 1340, qui indique la situation de deux maisons, *In parochiâ beatæ Mariæ de plateâ, in ruâ vocatâ de Lartigue* (Tustal) *inter ecclesiam et ruam vocatam Judegua*. Cette rue ne s'étendait pas autrefois au-delà des rues Margaux et des Trois-Conils; elle comprend, depuis un siècle, celle qu'on appelait *rue de Cadaujac*, et qui se prolonge de cette dernière rue à celle du Loup.

§ II. *Fonteneil*, qui a publié en 1651 l'*Histoire des mouvements de Bordeaux*, avait sa demeure dans la *rue Margaux*. Il en est de même de *Montesquieu*. Un savant anglais (feu M. Ainsworth), qui visitait Bordeaux il y a quelques années, se tenait découvert en parcourant la rue Margaux. Un habitant de cette ville qui l'accompagnait lui demanda la cause de cette marque de respect : « C'est parce que l'illustre Montesquieu
« a habité dans cette rue. — Vraiment; je l'ignorais,
« répondit l'habitant.— Eh bien! mon cher cicérone,
« répartit l'étranger, je suis bien aise de vous faire
« connaître que c'est Montesquieu lui-même qui nous
« apprend ce fait, dans le *Journal des savants*, de 1719.
« Ainsi n'allez pas chercher la demeure de ce philo-
« sophe ni dans la rue qui porte son nom, ni dans
« celle à laquelle on a imposé, je ne sais pourquoi,
« le titre de son grand ouvrage. »

Qu'on nous permette de rappeler que ce savant médailliste voulut bien agréer l'inscription suivante que nous avons faite pour le portrait de Montesquieu, dans laquelle nous avons essayé de caractériser ses principaux ouvrages :

> Il montre aux nations la source de leurs lois.
> Sous un masque persan il instruit sa patrie.
> Dans l'orgueil du triomphe il voit Rome aux abois;
> Et lors même qu'à Gnide il déguise sa voix,
> Dans ses moindres écrits respire le génie.

Article XII.

De la Porte-Basse.

Elle a subsisté jusqu'en 1803, à l'extrémité méridionale de la rue ainsi appelée. Cette porte était percée dans le mur de la première enceinte de Bordeaux ; et son nom annonçait combien peu elle était remarquable. Cependant les personnes qui ne l'ont pas vue pourraient la regretter, attendu que les géographes, qui se copient communément les uns les autres, la citent comme un beau monument d'architecture romaine. Il y a plus, le rédacteur de l'*Almanach historique de Guienne*, pour l'année 1760, a bravé les démentis des habitants de cette ville, en rapportant les mauvais vers suivants faits par l'un d'eux en l'honneur et gloire de cette espèce de porte :

> Bordeaux, vante ton monument :
> Tel de l'antique Rome était le fondement.
>   Plus auguste est la *Porte-Basse*
>   Que le haut portail d'un palais.
>   Cette grande et superbe masse
> Voit les siècles couler sans s'ébranler jamais.

N'en déplaise aux poètes et archéographes exagérateurs, la *Porte-Basse* n'était ni *auguste*, ni *haute*, ni *superbe*. Ce prétendu monument romain était tout bonnement une ouverture informe d'environ 4 mètres en tout sens, pratiquée dans une muraille qui avait 2 mètres d'épaisseur. Elle n'offrait rien de remarquable dans sa forme. Il avait été question de la démolir en 1766, parce qu'elle obstruait la voie publique. Mais les jurats ne purent se mettre d'accord avec le chapitre de Saint-André, qui, en sa qualité de seigneur foncier du terrain sur lequel cette porte était bâtie, et comme possédant sur son surhaussement une maisonnette, demandait 50,000 fr. d'indemnité pour consentir à cette démolition.

Au-dessus de cette porte on voyait dans une niche une statue en pierre assez bien sculptée, d'environ 1 mètre de hauteur, représentant un personnage vêtu d'un habit long, la tête ceinte d'une couronne de fleurs, et dont les mains, rapportées en bois, tenaient un livre ouvert. Le peuple appelait cette statue *saint Bordeaux*, et disait aux étrangers qu'elle tournait le feuillet de son livre exactement à minuit. Il la considérait comme le *palladium* de la ville; et dans toutes les fêtes publiques il l'entourait de guirlandes. Lorsqu'on démolit la Porte-Basse, nous eûmes la facilité de voir de près la statue qui la couronnait : il nous parut, par la forme des vêtements et les protubérances de la poitrine, qu'elle représentait une femme.

L'examen des pierres de la Porte-Basse et de celles qui formaient le mur prolongé des deux côtés, derrière plusieurs maisons de la *rue des Trois-Canards* et de celle *du Peugue*, nous convainquit que le mur de ville, dans cet endroit, comme dans d'autres, avait été construit en partie avec les pierres qui provenaient de quelque grand édifice public. Beaucoup de ces pierres offraient des débris de colonnes, de cariatides et d'autres fragments notables de sculpture. On sait qu'après la retraite des barbares, qui avaient successivement saccagé Bordeaux, les ducs d'Aquitaine en firent relever les murs de clôture sur le plan que les Romains avaient tracé à cette ville lorsqu'ils la possédaient. Il est évident qu'on employa pour cette reconstruction les matériaux épars des édifices qu'ils y avaient élevés. Ainsi la Porte-Basse n'était pas un ouvrage des Romains, mais elle avait été bâtie avec les débris de leurs monuments.

Quant à la statue qui subsista sur cette porte, nous pensons qu'elle a été érigée par les Bordelais en l'honneur de la fameuse *Aliénora*, fille du dernier duc d'Aquitaine. On sait que pendant qu'elle fut reine de France, puis d'Angleterre, de 1137 à 1204, elle fit plusieurs fondations utiles dans Bordeaux, qui l'avait vu naître. Il est naturel de penser que les habitants auront témoigné leur reconnaissance à cette princesse, en lui élevant une statue, et qu'ils l'auront placée sur le plus ancien monument de cette ville. A la longue, des contes populaires se seront mêlés à ces témoignages de la vénération publique et en auront défiguré le motif.

Article XIII.

Du clocher et de la place Pey-Berland.

§ I. Elle était auparavant dite *grande place Saint-André;* son nouveau nom vient de celui du clocher qui est situé sur le côté méridional de cette place. La première pierre de ce clocher fut posée le 6 octobre 1440, par Pierre *Berland,* archevêque de Bordeaux, ainsi qu'on l'apprend par l'inscription suivante, qui se lit à côté de la porte d'entrée de cet édifice :

> Bis quadram quicumque oculis turrim aspicis æquis,
> Mille quadringentis quadraginta labentibus annis
> Felicibus cœptam auspiciis, nonàsque secundo
> Octobris : tantùm certò scito esse profundam
> Fons propè prosiliens quantùm tenet. Hîc quoque primus
> Subjecit lapidem Petrus, archipræsul in urbe
> Burdigalæ, cujus plebs collætetur in ævum.

On assure, dans ces vers, que près de ce clocher jaillissait une fontaine profonde. Certains antiquaires présument que c'était celle qu'Ausone a célébrée sous le nom de *Divona,* et dont ils recherchent encore l'emplacement dans toute la ville. Quoi qu'il en soit, nous nous bornerons à rappeler que le *clocher de Pey-Berland* est le premier de ceux de Bordeaux qui ait été construit en ce genre; qu'il avait 80 mètres de hauteur totale; qu'en février 1617, un ouragan en endommagea la flèche; et qu'en juin 1793, elle fut démolie jusqu'à la galerie de la tour qui subsiste.

Il n'y a pas de cloches à Pey-Berland. Celles de Saint-André étaient dans un des deux clochers de cette église. Aussi nos faiseurs de calembours disaient qu'on voyait à la cathédrale trois clochers et deux cents (*sans*) cloches. Le gardien de ce clocher, pour tirer quelque profit de son titre de sonneur honoraire, percevait autrefois une petite redevance sur les cabarets établis dans la paroisse. Tout le vin qui s'y vendait au détail devait être préalablement *crié* du haut du clocher de Pey-Berland. A la vérité, il était impossible d'entendre nulle part cette singulière annonce, mais elle produisait deux bouteilles pour pot de vin à celui qui la faisait.

Au coin de la place de l'Archevêché et de la *rue Sainte-Hélène* est un ancien et vaste hôtel qu'on appelait le *Doyenné*, qui a servi provisoirement d'archevêché, puis de caserne. C'était auparavant la demeure du doyen du chapitre cathédral. Là est décédé, le 30 mars 1774, M. *Dumyrat*, avant-dernier doyen de Saint-André, lequel prononça l'*Oraison funèbre de la reine de France*, à Bordeaux, en 1768. Cet ouvrage a été imprimé dans le temps.

En 1778, habitait sur la place Pey-Berland feu M. *Dutems*, chanoine et vicaire-général de Bordeaux. Pendant son séjour dans cette ville, il composa l'ouvrage intitulé *Le Clergé de France*. Quoique ce ne soit qu'un abrégé du *Gallia christiana*, ce travail contient des additions et des rectifications importantes pour le grand ouvrage dont il offre le précis et la traduction.

Article XIV.

Église cathédrale de Saint-André.

On ignore l'époque de la fondation de la première église cathédrale du diocèse de Bordeaux. Celle qui subsiste fut consacrée, le 3 mai 1096, par le pape Urbain II. Les ducs d'Aquitaine contribuèrent par diverses donations à la construction de cet édifice. Il n'était pas terminé au commencement du XIVe siècle; car Clément V, étant à Bordeaux, accorda des indulgences aux fidèles qui concouraient par leurs libéralités à l'achèvement de l'église de Saint-André, ainsi qu'il résulte des bulles données par ce pape le 10 mars 1307 et le 19 octobre 1308.

Cette basilique passe pour un des monuments d'architecture gothique le plus remarquable de France. La nef, dont on admire la légèreté et la grande portée de sa voûte, a 60 mètres de longueur, 17 de largeur et 27 de hauteur. La longueur de la croisée est de 42 mètres, sa largeur de 11 et sa hauteur de 35. Le chœur, qui a 13 mètres de largeur, en a 33 tant en hauteur qu'en profondeur. Ses ailes portent 7 mètres de largeur sur 10 de hauteur. Elles sont percées de douze chapelles, dont chacune est diversement décorée. La longueur totale de l'édifice est de 126 mètres.

On entre dans cette église par trois portes. Sur le fronton de celle du côté du midi on voyait un bas-relief délicatement sculpté, représentant l'assomption de la Vierge : on l'a détruit en 1793, parce qu'il gênait la circulation des charrettes de foin, qu'on emmagasinait alors dans cette église. Aux côtés de cette porte s'élèvent deux tours carrées qui devaient supporter leurs flèches. Lorsque ces tours furent achevées, on s'aperçut que la mobilité du terrain sur lequel elles reposent près du Peugue, ne permettait pas d'y ajouter cet accessoire.

Les flèches des deux clochers qui sont à la porte

d'entrée du côté du nord ayant été endommagées en divers temps par la foudre, ont été en partie reconstruites en 1810. Cette entrée est décorée de la statue du pape Clément V et de celles des six cardinaux bordelais qu'il avait créés à son avénement au trône pontifical. Sur le fronton de la porte se voient deux bas-reliefs superposés, dont l'un représente la cène et l'autre l'ascension. Ces deux morceaux de sculpture du xive siècle sont très-remarquables.

Sur le même côté de l'église on a muré, dans ces derniers temps, une ancienne porte d'entrée qu'on appelait la *porte royale*, parce qu'elle ne s'ouvrait que dans les grandes cérémonies. On avait sculpté dans son embrasure les images des douze apôtres, et sur son fronton un grand bas-relief représentant le jugement dernier. Ces décorations ne subsistent plus. On a seulement conservé sur cette porte une galerie où l'on aperçoit les statues de plusieurs princes et princesses qui furent les bienfaiteurs de cette église.

La porte royale a été remplacée par une *percée* pratiquée au fond de la nef, à travers le rez-de-chaussée d'une maison qui a son issue sur la place Rohan. Cette ouverture ridicule n'a probablement été faite qu'en attendant qu'on puisse construire au même endroit un portail digne du restant de l'édifice. Pour masquer la nudité de cette nouvelle entrée, on a encastré dans le mur intérieur deux grands bas-reliefs, vrais chefs-d'œuvre de sculpture qui décoraient le jubé de l'ancien chœur. Ils représentent une descente de Jésus-Christ aux limbes et son ascension.

A côté et en dehors de l'ancienne porte on remarque un grand massif d'architecture qui ressemble à la façade d'une église. Il fut construit en 1533, pour servir d'arc-boutant à cette partie de la voûte de la nef qu'un tremblement de terre venait de renverser. Cet ouvrage, qui a environ 15 mètres de hauteur sur 6 dans sa plus grande largeur, se divise en trois ordres d'architecture superposés, accompagnés d'ornements de sculpture diversifiés avec beaucoup de goût. L'archevêque Charles de Gramont le fit faire, ainsi que le jubé dont nous venons de parler.

Le 25 août 1787, les charpentes du chœur et de la croisée de cette église, auxquelles on faisait des réparations, furent consumées par un violent incendie provenant de la maladresse des ouvriers qui soudaient les plombs de la toiture. Un fronton triangulaire qui s'élevait au-dessus de la galerie de la porte d'entrée du côté du nord ayant été calciné par le feu, on le refit à neuf. Le 2 mars 1820, un ouragan le renversa sur la voûte; et les pierres qui s'en détachèrent tombèrent dans l'église, où elles occasionnèrent la mort ou de graves blessures à plusieurs personnes.

De 1808 à 1811, l'église de Saint-André a subi d'importantes réparations. On doit regretter que ceux qui les ont dirigées n'aient pas eu l'attention de veiller à la conservation des statues, bas-reliefs, tombeaux et inscriptions qui se trouvaient alors en divers endroits de cet édifice, et qui offraient des morceaux d'un véritable intérêt pour l'art antique, et des dates précieuses pour l'histoire du pays. En faisant ces réparations, on démolit dix-huit tombeaux qui se voyaient autour du chœur, ou dans les chapelles qui bordaient ses ailes. Ces tombeaux étaient remarquables tant par leurs ornements que par les inscriptions qu'ils portaient. Le plus moderne, comme le moins intéressant de ces monuments, a seul été épargné. C'est un obélisque élevé dans la chapelle de saint Blaise à la mémoire d'Antoine de Noailles, mort commandant et maire de Bordeaux en 1562.

Le plus regrettable, quoique le plus simple des monuments qu'on trouvait autour du chœur de cette église, était le tombeau de *Vital Carles,* fondateur de l'hôpital Saint-André. Nous l'avons vu jusqu'en 1806, adossé contre l'ancien mur de clôture du chœur, vis-à-vis la chapelle du Mont-Carmel. Il s'élevait de 1 mètre au-dessus du sol et était construit en pierres, sans autre sculpture que la représentation du défunt, étendue sur le sarcophage. A côté et contre la muraille était placée une petite statue sous laquelle on lisait :

ISTA SEPULTURA EST DNI VITALIS CAROLI, CANTORIS ECCLESIE BURDIGALENSIS, IPSIUSQ. ET STI SEVERINI ECCLESIARUM CANONICI, FUNDATORIS HOSPITALIS STI ANDREE BURDIGALENSIS. ET IN PEDE EJUSDEM SEPULTURE FUIT SEPULTUS DNUS GALLARDUS CAROLI EJUS NEPOS, DICTE ECCLESIE THESAURARIUS, EJUSDEM BURDIGALENSIS ET STI SEVERINI ECCLESIARUM CANONICUS, DIE STI LAZARI ANN. MCCCLXXXV. ET DICTUS DNUS VITALIS FUIT SEPULTUS DIE XV MENSIS MARTIJ ANN. DNI MCCCXCVIII. QUORUM ANIME REQUIESCANT IN PACE.

Une des chapelles des ailes du chœur renferme le mausolée de l'archevêque Daviau. Sa statue, agenouillée, surmonte ce monument, dont une des faces offre l'épitaphe latine du prélat. Nous avons cru devoir donner la traduction littérale de cette pièce, afin qu'elle soit connue du commun des lecteurs dont elle peut intéresser la curiosité :

Ci-gît le révérendissime père en Dieu Charles-François d'Aviau du Bois-Sanzay, *né dans le Poitou, archevêque de Bordeaux, pair de France, commandeur de l'ordre royal du Saint-Esprit.*

Ce prélat consola, par ses vertus apostoliques, l'épouse de J.-C., affligée dans de mauvais jours. Désigné archevêque de Vienne par Louis XVI, il reçut l'institution canonique de S. S. Pie VI. Exilé pour la foi, il se rendit auprès du saint siége qu'occupait cet immortel souverain pontife, qui lui témoigna une estime particulière. Mais impatient de revoir sa patrie et les fidèles dont il était le père, il traversa les Alpes à pied, et de retour dans son diocèse il y remplit en secret les devoirs d'un pasteur légitime, surtout auprès des habitants des campagnes, prêchant la paix sans crainte de hasarder sa vie pour le salut de son troupeau.

L'église de France étant rétablie, le pape Pie VII le transféra au siége de Bordeaux. Il éclaira par sa doctrine, il réchauffa par son zèle, son troupeau, qui s'estima heureux de posséder un si digne pasteur;

CHAPITRE SIXIÈME.

et sa mansuétude rallia autour de lui tous ses diocésains, même les plus opiniâtres.

Bientôt il se montra le constant défenseur de la vérité, en combattant courageusement pour les saintes lois de l'église.

Le 12 mars 1814 il eut le bonheur d'accueillir dans sa métropole l'illustre duc d'Angoulême, et prévit dès lors le retour du roi Louis XVIII le désiré, dont il s'empressa de hâter l'époque.

Voyant ses vœux accomplis, ce très-savant prélat s'empressa de doter son diocèse de séminaires, de colléges et de toute espèce d'institutions pieuses dont il avait été auparavant dépourvu.

Succombant enfin sous le poids des ans et des travaux, et quoique souffrant les douleurs les plus vives, il rendit grâce à Dieu des maux du corps, ne songeant qu'au salut de son âme. Agréable à Dieu et aux hommes, père des pauvres, l'appui et l'exemple de tous, il mourut le 11 juillet 1826, âgé de 90 ans, laissant une mémoire immortelle.

Le clergé, les grands, les pauvres, la population entière ont assisté aux triomphantes obsèques de ce digne prélat; et tous interrompant les chants religieux par leurs larmes, par leurs vœux et par leurs prières, déploraient la perte d'un père qu'ils invoquaient déjà comme un saint.

Lorsqu'on fit à cette église ses premières réparations, on abattit les murs de clôture du chœur, dont les décorations furent entièrement changées. Au maître-autel antique on substitua celui qui avait appartenu au couvent des bénédictins de La Réole. Il fut inauguré le 28 octobre 1807. Les personnes même qui trouvent beau cet autel, conviennent qu'il n'est pas en harmonie avec l'étendue et le style de l'édifice qui le renferme.

En 1838, on a fabriqué et placé dans les ailes du chœur, derrière le maître-autel, un cénotaphe pour l'archevêque *Pey-Berland*, avec une épitaphe, le tout simulé dans le genre gothique. Ce monument n'est point celui que Lopes a décrit.

A l'entrée du chœur on a vu, jusque dans ces derniers temps, sur la ligne du pavé, une grande plaque de marbre noir, qui indiquait l'endroit où fut ensevelie, en 1628, partie des dépouilles mortelles du cardinal de Sourdis. Son historien dit : « Le corps de « nostre vénérable archevesque fut porté à la char- « treuse, où il repose, et son cœur avec ses entrailles « demeurèrent à l'esglise métropolitaine son espouse, et « reposent devant la grande porte du chœur de cette « esglise, où il voulut qu'elles fussent ensevelies pour « une plus grande marque de son humilité, afin d'estre « foulées, après sa mort, aux pieds de tout le monde. » On n'aurait pas nui à l'harmonie des nouvelles réparations faites à cette église en conservant à sa place cette pierre sépulcrale, et les intentions du défunt seraient exécutées pour servir de leçon d'humilité aux vivants.

Dans une *Dissertation* sur cette église, lue dans la séance publique de l'académie des sciences de cette ville, le 26 novembre 1842, on trouve le passage sui-

vant : « Le corps de l'évêque constitutionnel *Pacareau*
« avait été déposé dans le caveau de la chapelle du
« Sacré-Cœur; il en fut enlevé *pendant la nuit*, en
« 1817, et inhumé dans la cour des cloîtres. » On se
demande pourquoi, alors que tous les travaux de restauration entrepris pour cette église étaient complètement terminés, a-t-on eu besoin d'exhumer clandestinement un cercueil qui ne gênait point dans un caveau devenu hors de service ?

Article XV.

De l'ancien hôpital Saint-André, de son fondateur et de ses principaux bienfaiteurs.

Dans la rue des Trois-Conils a subsisté pendant quatre siècles l'*ancien hôpital Saint-André*. Sur une partie du terrain qu'il occupait on a construit, en 1837, les *casernes de la garde municipale*. En faisant des fouilles pour ce nouveau bâtiment on a découvert plusieurs notables débris d'architecture romaine qui paraissaient avoir appartenu à un temple païen.

Par acte du 24 décembre 1390, retenu par Pierre Scolan, notaire apostolique à Bordeaux, *Vital Carles*, chanoine et grand-chantre de l'église cathédrale de cette ville, fonda l'ancien hôpital de Saint-André, dans un enclos de maisons à lui appartenant, situé près de cette église. Pour assurer à perpétuité l'entretien de sa fondation, il y consacra tous ses biens, consistant en plusieurs maisons, emplacements et jardins, qu'il possédait en divers lieux de la ville et dans les faubourgs de Troupeyte et de Sainte-Croix, ainsi que les domaines, fiefs, rentes et dîmes qu'il avait dans les paroisses de Bègles, Saint-Vincent, Saint-Genès, Villenave, Cadaujac, Saint-Médard et Gradignan. Cet acte renferme les règlements donnés à cet établissement et rédigés en gascon par son fondateur. Il déclare que l'hôpital Saint-André est destiné à recevoir et soigner les malades indigents de Bordeaux, et à héberger, pendant un ou deux jours, les pèlerins et les pauvres voyageurs, *perbu,* porte le règlement, *que ne sian pas deüs truands* (vagabonds).

Vital Carles, qui connaissait le prix de l'instruction, voulut qu'elle trouvât des secours dans l'établissement de charité qu'il avait fondé. Il ordonna que l'hôpital Saint-André serait chargé de pourvoir à l'éducation de ceux des enfants natifs de Villenave-d'Ornon (lieu où était sa maison paternelle), qui montreraient des dispositions pour l'étude. En conséquence de cette disposition, on a élevé dans l'hôpital, jusqu'à la révolution, six enfants de famille nés dans les communes de la banlieue de Bordeaux. Il y avait auprès d'eux un précepteur dont ils recevaient l'instruction usitée dans les collèges. Au bout de six ans d'études, on leur donnait une profession, et ils étaient entretenus pendant trois autres années hors de l'hôpital et à ses frais.

Une autre institution philanthropique fut originairement attachée à l'hôpital Saint-André. Le fondateur voulut qu'on y reçût les personnes qui désireraient y finir leurs jours, et abandonneraient à la maison ce qu'elles posséderaient. Il donna à ces personnes le nom de *condonats*. Pierre Brugier, dont l'auteur de l'*Itinerarium Galliæ* rapporte l'épitaphe suivante, qu'il avait lue dans cet hôpital, était probablement un de ces condonats :

> En ce lieu loing d'envie
> J'ay voulu estre mis mes os.
> Mon frère, je te prie,
> Laisses-les en repos.

Le vénérable Carles eut la satisfaction de voir l'œuvre qu'il avait entreprise en pleine voie de prospérité. L'archevêque de Bordeaux François Hugocionio donna non-seulement plusieurs mandements qui concoururent au lustre et à la stabilité de l'hôpital, mais encore il fit obtenir à son fondateur une bulle du pape Boniface IX, en date du 15 juin 1392, par laquelle ce pontife approuve cette fondation et en bénit nominativement l'auteur. On trouve dans les *Actes de Rymer* une charte du 15 octobre 1395, par laquelle le duc d'Aquitaine permet à Jean Guibou, hospitalier de Saint-André, de faire entrer à Bordeaux, sans payer aucun droit, vingt tonneaux de vin pour l'usage de cet hôpital.

D'anciens documents ont conservé les noms de plusieurs bienfaiteurs de l'hôpital Saint-André. Nous devons les faire connaître. Ce sont : en 1391, Pey de Neuilly; en 1411, Pey Corps, chantre à la cathédrale et chapelain de Sainte-Marthe; en 1440, Pey de Jonzac, abbé de Saint-Romain de Blaye; en 1550, Lanneron, chapelain de Sainte-Marthe, et Charles Arnaudeau ; en 1572, Dalesme et Guy de Lansac ; en 1586, Mirambel ; en 1592, François de Foix de Candale, évêque d'Aire ; en 1598, Jean Castera ; et en 1607, V. Duplessy.

Le bienfait le plus considérable qu'ait reçu cet hôpital est dû à Nicolas *Boyer,* président au parlement de Bordeaux, auteur de plusieurs ouvrages de jurisprudence, et entr'autres de celui qui est intitulé *Boërii decisiones senatûs Burdigalensis.* Par testament du 25 mai 1538, ce respectable magistrat institua pour son légataire universel l'hôpital Saint-André, où il voulut être inhumé, afin de donner une nouvelle preuve de son affection pour les pauvres. Son tombeau, construit en pierre sans aucun ornement ni inscription, était au milieu de la chapelle de cet hôpital. La commission administrative des hospices de Bordeaux a fait placer ce tombeau, avec le corps qu'il renfermait, dans un des préaux du nouvel hôpital.

Par arrêt du 20 avril 1563, le parlement déclara le président Boyer fondateur de l'hôpital Saint-André. Lorsque cet arrêt fut signifié aux jurats, le clerc-secrétaire de la ville répondit en leur nom sur l'exploit de signification, qu'il protestait formellement contre la qualité de fondateur que le parlement attribuait au président Boyer. En effet, quand même les biens donnés par ce dernier auraient excédé la valeur de ceux légués par V. Carles, on ne pouvait ôter à celui-ci l'honneur de la priorité de sa fondation.

Les donations successives recueillies par l'ancien

hôpital Saint-André avaient permis d'augmenter l'étendue de son édifice. Dans l'origine, il ne renfermait que vingt-six lits; on en comptait deux cent soixante-seize dans ces derniers temps, et sa population moyenne, calculée de 1817 à 1827, était de quatre cent quarante malades par an.

Article XVI.

De la rue Saint-Paul et de quelques rues adjacentes.

§ I. La *rue Saint-Paul* est ainsi appelée du nom d'une ancienne église paroissiale dont le territoire fut réuni, en 1606, à celui de la paroisse *Saint-Christoly*, actuellement supprimée. A l'entrée septentrionale de cette rue on ouvrit, en 1770, une issue pour l'hôtel du gouverneur de la province. En pratiquant cette issue, on trouva dans une cave le commencement d'un ancien mur de 2 mètres d'épaisseur qui se dirigeait du levant au couchant, avec de grandes briques, des carreaux de marbre, des fûts de colonnes et deux chapiteaux, aussi de marbre. Ces fragments d'antiquités pouvaient bien appartenir au temple de Jupiter, qui a donné son nom à la Porte-Dijaux (*Porta Jovis*).

§ II. A l'autre extrémité de la même rue était un arceau pratiqué pour joindre l'ancien corps de logis de l'hôpital *Saint-André* à une nouvelle aile de cet établissement, laquelle paraissait être d'une construction plus récente que le restant du bâtiment, et qui se prolongeait sur la *rue des Remparts*. Près de cet arceau a subsisté jusqu'en 1778 le *petit séminaire* que l'archevêque Pey-Berland avait fondé en 1442, sous le nom de *Collége de Saint-Raphaël*. Sur la fin de ses jours, ce prélat s'étant démis de son archevêché, se retira dans ce séminaire, et y mourut le 17 janvier 1457.

Dans la rue Saint-Paul habitait le docteur *Grégoire*, médecin, qui a joui d'une grande réputation à Bordeaux, par la hardiesse de ses traitements et par des succès singuliers. Il a publié en 1761 des *Réflexions sur la petite-vérole*. Le docteur *Caillau* est mort dans la même rue, en 1820. On a de lui plusieurs ouvrages, dont les principaux ont pour objet les maladies des enfants.

§ III. A la rue Saint-Paul aboutit la *rue Montméjan*, dont on vient de donner le nom aux rues de Saint-Christoly et des Petits-Carmes, qui en forment le prolongement. La *rue Saint-Christoly* était ainsi appelée de l'ancienne église paroissiale qui y était située et qui avait pour patron saint Christophe, dont la dénomination gasconne s'était conservée. La *rue des Petits-Carmes* tirait son nom d'un couvent de carmes déchaussés qui y avait été établi en 1672. Sur le terrain de ce couvent a été ouverte la *rue Gouvion*. Un religieux du même couvent, nommé *Martial de Saint-Jean-Baptiste*, a publié en 1730 une biographie de son ordre, intitulée *Bibliotheca scriptorum utriusque congregationis et sexûs carmelitarum excalceatorum*.

§ IV. Au coin des *rues Montméjan* et *Baubadat* habitait *Jean de Loyac*, conseiller au parlement, qui publia en 1615 un gros livre, intitulé *l'Euphème des Françoys et leur homonée*. Il a pour objet de démontrer que la France possède le meilleur des gouvernements possibles, et qu'il subsistera éternellement, *parce que ses sujets*, dit l'auteur, *jouissent de la plénitude de leur euphème et homonée qui sont bonne renommée et concorde*.

§ V. A la rue Montméjan vient aboutir celle *des Treilles*, dans laquelle habitait M. *Journiac de Saint-Méard*, auteur de plusieurs pamphlets de circonstances. Le plus remarquable a pour titre *Mon agonie de trente-huit heures*. C'est un récit des massacres exécutés à Paris les 2 et 3 septembre 1792, dans les prisons de l'abbaye Saint-Germain, où l'auteur était détenu. Il eut le bonheur d'échapper à ces massacres par un rare sang-froid.

Article XVII.

De l'ancien palais archiépiscopal, des portes Rohan et Ferdinand, et de l'Hôtel-de-Ville actuel.

§ I. Bien que les objets dont cet article traite soient très-modernes, ils ont maintes fois changé de nom et de destination. Ils s'élèvent sur le terrain où subsista l'ancien *palais archiépiscopal*, qu'on démolit en 1772, pour en construire un nouveau. La façade du vieil édifice s'étendait depuis l'extrémité occidentale de la rue des Trois-Conils jusqu'à l'ancienne porte royale de l'église Saint-André. Une vaste cour précédait ce palais, dont aucun document historique ne permet de fixer l'époque de la construction ; son architecture paraissait appartenir au xive siècle. Le roi Jean y fut logé par le prince de Galles, qui l'avait fait prisonnier à la bataille de Poitiers. Cet édifice était d'une grande magnificence pour le temps. Louis XIII y habita avec toute sa cour lors de la célébration de son mariage. A la suite du palais s'étendait un vaste jardin d'agrément, dans lequel le public était admis tous les jours de fête : c'était la promenade la plus fréquentée de la ville.

§ II. Lorsqu'on reconstruisit le nouveau palais archiépiscopal, on ouvrit sur ses côtés les *portes Rohan* et *Ferdinand,* ainsi appelées de l'archevêque qui ordonna cette reconstruction ; au devant de la première fut formée la *place Rohan.* Il entrait dans les projets de l'archevêque de ce nom de faire construire sur cette place une nouvelle porte d'entrée pour l'église Saint-André, mais il ne put exécuter son dessein ayant été transféré à l'archevêché de Cambrai en 1780.

§ III. Le palais archiépiscopal a porté plusieurs noms. On l'appela d'abord l'*hôtel du département,* parce que l'administration départementale s'y installa en 1790. Il devint ensuite l'*hôtel de la préfecture,* le préfet l'ayant occupé de 1799 à 1808, époque où il fut érigé en *Palais-Impérial.* En 1814, il prit le nom de *Château-Royal,* lorsque le duc d'Angoulême le choisit pour sa demeure, le 12 mars 1814. C'est maintenant l'*Hôtel-de-Ville* : la mairie y siége depuis 1836.

M. *Giraud,* maître de chapelle de la cathédrale, mort en 1788, habitait à la psallette du chapitre Saint-

André, laquelle avait son entrée sur la place Rohan. C'était un musicien distingué par ses compositions lyriques en divers genres ; indépendamment de plusieurs motets et cantates à grand chœur qu'il a fait exécuter dans cette ville, on a gravé de lui la musique du *Ballet des Hommes,* qui a été représenté à l'opéra à Paris. Dans le même temps, l'orgue de Saint-André était touché par M. *Feyseau,* auteur des paroles et de la musique de l'opéra de *Suzette,* qui fut joué sur le théâtre de Bordeaux en 1782.

Article XVIII.

Du cours d'Albret et de quelques rues qui y aboutissent.

§ I. En 1673, les jurats donnèrent à fief nouveau à M. Duplessy, ingénieur-architecte, tout le terrain compris entre la voie publique alors appelée *allée des Marais*, le jardin de l'archevêché et les ruisseaux du Peugue et de la Devèze, à la charge, par ce particulier, de construire une porte de ville qui s'appellerait d'*Albret.* C'était le nom du gouverneur de la province, dont l'histoire de Bordeaux fait une mention peu flatteuse, à cause de la part qu'il prit depuis aux rigueurs exercées dans cette ville, par suite de l'émeute de 1675. L'allée des Marais, actuellement le *cours d'Albret,* traversait un terrain inhabité ; c'est maintenant un faubourg populeux, grâce aux boulevarts que Tourny y a fait passer.

Le marquis *de Saint-Marc*, homme de lettres distingué de cette ville, mort en 1818, âgé de quatre-vingt-neuf ans, habitait sur le cours d'Albret. Il avait orné le jardin de la maison qu'il occupait de plusieurs inscriptions extrêmement ingénieuses.

§ II. Sur le même cours est situé *l'hôtel de Poissac*, qu'habitait un savant magistrat de ce nom, qui a publié en 1776 un *Recueil d'arrêts notables rendus en la première chambre des enquêtes du parlement de Bordeaux, pour fixer la jurisprudence de la cour*. Dans cet hôtel s'installa, en 1784, une association qui s'intitulait *Loge de l'harmonie*, quoiqu'elle ne se composât ni de francs-maçons, ni de musiciens. Le père *Hervier*, religieux augustin et prédicateur renommé, avait provoqué la formation de cet établissement par la publication de sa *Lettre aux Bordelais sur le magnétisme animal*. On y enseignait une méthode pour deviner et guérir toutes les maladies, sans que le malade eût besoin d'user de remèdes, ni qu'aucune étude fût nécessaire à l'opérateur. Cette médecine sans médecin était de l'invention d'un allemand nommé Mesmer : elle ne fut en vogue que pendant un an.

§ III. La *rue Mériadeck*, qui aboutit au cours d'Albret, porte un des prénoms de l'archevêque de Rohan. Dans cette rue a habité feu l'abbé *Desbiey*, qui a fourni beaucoup d'articles à la nouvelle édition de la *Bibliothèque historique de France*. Il travailla avec son frère au *Mémoire sur la meilleure manière de tirer parti des landes de la Teste, quant à l'agriculture et à la population*. En 1776, l'académie des sciences de Bordeaux couronna cet ouvrage. Il mérite d'autant plus d'être distingué, qu'il est le premier qui ait traité de la fixation et de la fertilisation des dunes du golfe de Gascogne, et que les vues qu'il contient ont été suivies par d'autres, sans qu'on ait cité le nom de leur modeste auteur : *gloria primis*.

§ IV. A la rue Monbazon, qui débouche sur le cours d'Albret, aboutit la *rue Bouffard*, dont la formation date de 1774. L'hôtel du commandant de la onzième division militaire est situé dans cette dernière rue. Elle a été habitée par feu *Mercier*, excellent violoniste, dont la brillante exécution égala celle de Rode, qu'on surnommait le *prince des violons*. Il est mort septuagénaire, en 1841, après avoir occupé avec distinction pendant trente-trois ans la place de chef d'orchestre du Grand-Théâtre de Bordeaux.

Les rues Rohan, Mériadeck et Monbazon, dont nous venons de parler, portent les nom, prénom et surnom d'un prélat qui n'a fait que passer à Bordeaux; et l'on n'y trouve encore aucune voie publique pour rappeler la mémoire des *Vital Carles, Nicolas Boyer, Nathaniel Johnston,* qui sont morts dans cette ville, après y avoir laissé des traces remarquables de leur bienfaisance !

CHAPITRE VII.

DES RUES, PLACES, COURS, PORTES DE VILLE, MONUMENTS ANCIENS ET ÉTABLISSEMENTS PUBLICS QUE RENFERME LA SIXIÈME DIVISION DE BORDEAUX.

Article I.

Des porte et place Bourgogne, et du pont de Bordeaux.

§ I. Un arrêt du conseil du 10 juillet 1750 ayant autorisé la construction de la *Porte-Bourgogne*, les travaux en furent immédiatement commencés. Elle en remplaçait une plus ancienne, appelée la *porte des Salinières*, qui avait été bâtie dans le XIVe siècle, lors du second accroissement de l'enceinte de Bordeaux. Elle a pris ce nom du quai placé au devant et sur lequel abordaient les divers navires qui importaient les denrées de salaison dans cette ville, où elles étaient connues sous la dénomination de *saline*, commerce alors très-important et qui a fondé l'opulence de Bordeaux, bien avant l'époque de la découverte de l'Amérique. Lorsqu'on jeta les fondements de la nouvelle porte des Salinières, un ordre supérieur prescrivit de changer son nom en celui de Porte-Bourgogne, en mémoire de la naissance d'un prince français qui reçut alors le titre de duc de Bourgogne. Cette nouvelle dénomination n'a pas fait oublier l'ancienne, que conserve encore ce monument. Il fut inauguré en cérémonie le 30 septembre 1751, et Tourny en posa la première pierre. Cette distinction, qu'on a consignée dans les registres de l'Hôtel-de-Ville, était bien due au grand administrateur qui s'était déjà occupé, avec autant de goût que d'activité, à la décoration de Bordeaux.

§ II. La *place Bourgogne*, ainsi que la porte de ville qui occupe le centre de son hémicycle, furent achevées en 1755. Elles sont d'un beau style. Dans ces derniers temps la Porte-Bourgogne a paru propre à figurer un arc de triomphe romain. En 1807, on l'isola des maisons attenantes, après avoir abattu ses deux guichets latéraux, et elle porta temporairement le nom d'*Arc-Napoléon*, en mémoire du premier passage de l'empereur dans cette ville, en avril 1808.

Le *Marché aux fruits* était autrefois établi sur la place Bourgogne, et le bourreau levait, pour droit de plaçage, *un ardit* sur chaque corbeille de fruit qu'on y étalait. Ce marché a été transféré sur le quai voisin, depuis qu'on a exhaussé le sol de la place Bourgogne, pour adoucir la montée qui conduit au pont construit en cet endroit.

§ III. La construction de ce pont a été ordonnée par un décret impérial du 25 avril 1808. Ses travaux ont commencé le 1er octobre 1810 ; et le 7 décembre 1812, le préfet a fait l'inauguration de la culée élevée du côté de la ville, en y déposant des médailles et une inscription constatant l'époque de l'érection de ce monument. Les étrangers paraissent surpris de ce qu'il ne porte aucune inscription à l'extérieur.

A l'époque de la restauration, on avait fait la moitié des travaux sous-marins. Une loi du 10 avril 1818 confia l'achèvement de ce pont à une compagnie d'actionnaires, qui s'est chargée de le faire terminer à ses frais, au moyen de la concession qu'on lui a faite du péage pour quatre-vingt-dix-neuf années. La dernière pierre des arches fut posée par le préfet le 25 août 1821, et le 29 du mois suivant le public commença à traverser la rivière sur le pont de service qui s'élevait en bois à côté du pont en pierre : son tablier a été entièrement terminé le 1er mai 1822.

Ce pont est formé de dix-sept arches. Ses voûtes, qui sont construites en pierres dures et en fortes briques, reposent sur seize piles et deux culées toutes en pierres. Les sept arches du milieu ont chacune un diamètre de 26 mètres 49 centimètres; les autres sont de dimensions intermédiaires et insensiblement décroissantes. La chaussée sur laquelle on circule est séparée de la voûte des arches par des voûtes contiguës qui la supportent, en établissant une galerie intérieure dans le pont entre les arches et la voie publique. La longueur du pont entre les deux culées est de 486 mètres 68 centimètres, et sa largeur, y compris les deux trottoirs longeant les parapets, est de 14 mètres 86 centimètres. Les travaux de construction de ce monument ont été dirigés, pendant les quatre premières années, d'abord par M. *Didiet*, et ensuite par M. *Vauxvilliers*, ingénieurs en chef des ponts et chaussées du département. C'est par les soins de feu M. *Balguerie-Stuttemberg*, ancien négociant de Bordeaux, qu'a été formée la compagnie des actionnaires qui s'est chargée de continuer les travaux de ce pont. On le cite comme le premier et le plus magnifique des ponts qu'on ait construit en Europe dans le xixe siècle.

Article II.

De la rue de la Rousselle et de cinq autres rues qui y aboutissent.

§ I. On ne considérait pas autrefois la *rue de la Rousselle* comme une simple rue, mais bien comme un quartier de Bordeaux. Dans les anciens titres il est désigné par l'expression indéterminée *ad Rocellam;* et maintenant encore on dit indifféremment à la Rousselle, ou dans la rue de la Rousselle. Lorsque Bordeaux était divisé en douze jurades, celle de la Rousselle était nommée la première. Les négociants qui résidaient dans ce quartier étaient les plus considérables de la ville. Il était le centre d'un commerce très-important, qui avait pour objet la vente en gros de toute espèce de poissons salés pêchés sur les côtes de France, des huiles provenant du pressurage de ces poissons, du sel fait dans les marais salants situés sur le golfe de Gascogne, et des morues, harengs, sardines, savons, huiles, beurres et fromages importés à Bordeaux. On appelait en général ces denrées *la saline,* d'où est venu le nom de *fossés des Salinières,* donné au grand cours auquel aboutit la rue de la Rousselle. A l'entrée méridionale de cette rue était une porte de ville, bâtie lors du premier accroissement de l'enceinte de Bordeaux. On la démolit en 1606, comme étant devenue superflue par la construction de l'ancienne *porte des Salinières,* qui appartenait au second accroissement de cette ville.

En 1237, le roi d'Angleterre permit à Arnaud *de Monadey,* habitant de Bordeaux, de faire pratiquer une issue dans le mur de ville sur le port, pour l'usage de sa maison, qui était adossée à ce mur, près de la porte de la Rousselle. Cette faveur lui fut accordée parce qu'il s'était mis en otage pour l'exécution d'un traité passé entre les rois d'Arragon et de Sicile, par l'intermédiaire du roi d'Angleterre. Deux compatriotes de Monadey s'offrirent avec lui pour otages; ils s'appelaient Jean *de Colomb* et Raymond *du Soley.*

§ II. Ce dernier a donné son nom à la *rue du Soleil,* dans laquelle il demeurait, et qui aboutit à celle de la Rousselle. C'est à tort qu'on s'imagine que cette première rue est ainsi appelée par ironie, à cause qu'elle est fort obscure, attendu son peu de largeur : les rues les plus anciennes d'une ville sont toujours les plus étroites.

§ III. Une autre petite rue voisine, dont la dénomination contraste également avec son état actuel, est appelée *rue du Muguet.* Ce nom vient des anciens jardins voisins, sur le terrain desquels fut ouverte la *rue du Puits-des-Cazaux* (des Jardins), qui aboutit à la précédente. Dans cette dernière rue habitait M. *Péry*, avocat, qui est mort victime de la terreur en 1793, étant procureur-syndic du district de Bordeaux. Il a traduit en vers français l'*Aminte*, pastorale du Tasse, dont plusieurs fragments, lus dans des séances publiques du Musée, ont obtenu les suffrages des gens de goût.

Dans la rue du Muguet, autrefois *des Mousquits*, il a subsisté un *temple des protestants*, que remplace actuellement celui qui est dans la rue du Hâ : il fut primitivement établi dans la rue de la Rousselle. Une maison de cette dernière rue renferme un puits appelé *puits de Covy*, dont l'eau passe pour minérale, et à laquelle certains attribuent des propriétés médicinales que d'autres lui contestent.

§ IV. A la même rue aboutit l'*impasse Montaigne*. Il est probable qu'elle tire ce nom d'un des ancêtres de l'auteur des *Essais*; car il est dit dans le *Scaligérana* que Montaigne descendait d'un pêcheur breton, qui se fit *vendeur de morues à la Rousselle*. Au reste, beaucoup de familles de notre ancienne magistrature devaient leur illustration à des charges ou à des terres titrées, acquises avec les écus gagnés dans les magasins de la Rousselle : *Toto il mundo e fatto come nostra famiglia.*

Automne, dans son *Commentaire sur la coutume de Bordeaux*, dit qu'un de ses parents, qui logeait dans la rue de la Rousselle, y avait *entendu et senti* des revenants. L'auteur cite à ce sujet un arrêt du parlement, rendu en 1595, qui résilie un contrat de location d'une maison, parce qu'elle était *infestée de revenants*. Une telle jurisprudence était conforme aux préjugés de l'époque. En 1609, le conseiller *Delancre* faisait partie d'une commission que le parlement de Bordeaux envoya dans le pays de Labourd pour faire le procès à ceux des habitants de cette contrée qu'on accusait de sorcellerie. Il a publié deux livres de démonologie, dans lesquels il enseigne, entr'autres belles choses, les moyens de reconnaître les sorciers, d'après les renseignements qu'il dit tenir de ceux mêmes qu'il avait condamnés à la peine de mort. Ce qu'il y a d'étrange, c'est que Delancre a dédié un de ces recueils d'absurdités à un chancelier de France. « Il n'est « pas indifférent, dit Montesquieu, que le peuple soit « éclairé; les préjugés des magistrats ont commencé « par être les préjugés de la nation. »

§ V. Dans la *rue Rénière*, qui débouche dans celle de la Rousselle, est mort en 1807 M. *Dubreuil*, le plus habile maître écrivain de son temps. Les amateurs de la bonne calligraphie recherchent encore les modèles des divers genres d'écritures qu'il a laissés.

Article III.

Des tours de l'Hôtel-de-Ville.

Dans les anciens titres elles sont appelées *Tors de Sent-Elégy*, à cause de leur proximité avec l'église de Saint-Eloi, qui fut construite en 1159. La *Chronique,*

sous l'an 1449, dit : « En cette année, les grandes tours
« de la maison de ville représentant les armoiries d'i-
« celle, sont eslevées jusqu'au haut. » On doit penser
qu'elles furent seulement surhaussées et terminées à
cette époque ; car dans un cartulaire du chapitre de
Saint-André il est fait mention d'un acte passé en
1246, par lequel il est cédé à la jurade un terrain
situé entre l'église de Saint-Eloi et un lavoir qui était
auprès du mur de ville, en compensation de l'emplacement qu'on avait pris à l'entrée de ladite église, pour
y construire deux tours de la ville.

En 1548, la couverture de ces tours fut enlevée par
ordre du connétable de Montmorency, que le roi avait
envoyé à Bordeaux pour faire rechercher et punir les
auteurs et complices de l'émeute populaire qui venait
d'avoir lieu dans cette ville. Les cloches du beffroi et
de l'horloge que supportaient ces tours en furent des-
cendues et enfermées au Château-Trompette, ainsi que
celles des églises où les émeutiers avaient sonné le tocsin.
Charles IX permit de remettre ces cloches dans leur ancienne place en 1561, parce qu'il dut trouver absurde
qu'on eût pu les accuser d'être complices d'une émeute.

Les tours de l'Hôtel-de-Ville, qui forment l'écusson
de Bordeaux, y sont représentées au nombre de quatre. Il n'en subsiste actuellement que deux, les deux
autres ayant été démolies il y a environ un siècle.
Une de ces tours était au côté méridional de l'église
de Saint-Eloi. Alors l'entrée de l'Hôtel-de-Ville se
trouvait en face de cette église. Ces tours servaient à
renfermer, par forme de correction paternelle, les

jeunes gens dont les familles avaient à se plaindre. Les anciens Bordelais, qui riaient de tout, appelaient cette prison *l'hôtel du Lion-d'Or,* à cause de la girouette de cuivre en forme de lion qui couronne ces tours. Sous leur arceau est placée l'horloge de la ville, avec un grand cadran sur chaque face. Celui qui est du côté des fossés est le plus curieux : il marque nonseulement les heures, mais encore le quantième du mois, le jour de la semaine et les phases de la lune. Sa construction ingénieuse est due aux soins de feu M. *Laroque,* habile mathématicien de Bordeaux. Dans le grand arceau des tours s'élève la cloche du beffroi de la ville : elle mérite quelques détails comme ouvrage d'art.

Cette cloche a été fondue dans le local actuellement occupé par la caserne de Saint-Raphaël. Son poids est de 78 quintaux métriques. Elle a 2 mètres de hauteur depuis l'ouverture jusqu'aux anses, 24 centimètres d'épaisseur à la batterie, 2 mètres 4 centimètres de diamètre dans le bas, et la moitié de cette dimension dans le haut. Sur les anses et sur le cerveau sont sculptés quatre lézards, un mascaron, des guirlandes, avec les armes de France, de la ville, du maréchal de Richelieu, gouverneur de la province, du maréchal de Mouchy, commandant, et de la duchesse d'Aiguillon. Cette dame fut, avec son oncle Richelieu, ce qu'on appelait parrain et marraine de la cloche. Ce travail, dans toutes ses parties, fait honneur aux talents de *Turmeau* père et fils, fondeurs en métaux, très-renommés alors à Bordeaux. Les noms des principaux fonctionnaires publics de la ville se lisent, comme on pense bien, sur cette cloche, ainsi qu'un distique latin à mots correspondants, pour annoncer les principaux usages auxquels elle est destinée. Voici cette inscription, dans laquelle on remarque deux mots bien étranges :

| CONVOCO ARMA, | SIGNO DIES, | NOTO HORAS, | COMPELLO NUBILA, | CONCINNO LOETA, | PLORO ROGOS. |

Ce qui apprend que la cloche appelle aux armes, annonce les jours, indique les heures, *chasse l'orage*, signale les réjouissances et porte secours aux incendies. C'est au XVIIIe siècle que les magistrats d'une grande cité ont voulu apprendre à la postérité que leur cloche avait la vertu de chasser l'orage, tandis que les physiciens du temps avaient démontré le danger que l'on court en agitant l'air dans un lieu sur lequel passe un nuage chargé de matière électrique ! Il n'y a que les bonnes femmes du pays qui disent encore que la cloche de leur paroisse a le pouvoir *d'esconjura la malino*.

Notre cloche devait sonner pour bien d'autres occasions dont le distique ci-dessus ne fait pas mention, ce qui rendait fort assujettissantes les fonctions de ceux qui étaient chargés de la mettre à la volée. Ces fonctions étaient réservées aux maîtres savetiers de Bordeaux; aussi jouissaient-ils du privilége d'être dispensés des services publics auxquels étaient tenus tous les habitants.

Le 5 septembre 1775, la cloche de l'Hôtel-de-Ville

fut montée au haut des tours en moins d'une heure. Dans aucune circonstance de sa fonte, de son transport, ni de sa mise en place, il n'arriva le moindre événement sinistre. Elle en a plusieurs fois procuré d'agréables aux jurats; car lorsqu'elle sonnait pour quelque cérémonie publique extraordinaire, ils étaient anoblis par le roi, pour les récompenser de la peine qu'ils avaient prise d'y assister. Les jurats qui étaient gratifiés de lettres de noblesse étaient appelés les *nobles de la cloche*.

Les armoiries de Bordeaux, qui ne sont autre chose que la représentation des anciennes tours de l'Hôtel-de-Ville, comme nous l'avons dit, sont encore en usage, et se blazonnent ainsi qu'il suit : D'azur au chef cousu de France, quatre tours surmontées d'un lion d'or pour girouette, au pied une rivière d'argent, où flotte un croissant montant de gueules, et pour devise inscrite sur des palmes servant de support :

<blockquote>Lilia sola regunt lunam, undas, castra, leonem.</blockquote>

Cette devise indique l'établissement du gouvernement français à Bordeaux. Elle doit avoir été composée postérieurement à l'occupation de cette ville par les Anglais, d'autant que les mêmes armoiries, sans la devise, se trouvent sur de vieux poids bordelais qui portent la date de 1316 et que nous avons sous les yeux. Cependant il est présumable que ce ne sont pas les plus anciennes armoiries de Bordeaux. Elles n'ont pu être adoptées avant le xiiie siècle, qui parait être l'époque de la construction des tours de l'Hôtel-de-Ville. Nous pensons que la ville avait pour ses premières armoiries trois croissants entrelacés, et qu'elle en aura conservé un dans les nouvelles, en mémoire des anciennes.

En effet, sur les poids bordelais, dont nous venons de parler, on voit un croissant en dehors de l'écu et sur le côté d'honneur. Les trois croissants entrelacés se trouvent sur plusieurs objets de l'ancien Hôtel-de-Ville, comme étant ses petites armoiries. On peut les considérer comme ce qu'on appelle des *armes parlantes*, parce que la Garonne devant Bordeaux forme un véritable croissant. Aussi son port est désigné sous le nom de port de la lune, dans les auteurs du moyen âge. La *Chronique* dit à ce sujet : « Les hommes doctes
« se sont trouvez assez occupez pour la dénomination
« de nostre port de la lune. Ils ont estimé que l'une
« des raisons seroit ce que nous voyons lorsqu'on vient
« à Bourdeaux du costé de la mer, que ce port est
« fait en croissant de lune, monstrant par cette figure
« toute la faciade de la ville et du port... L'autre raison
« est, qu'il semble que la conduite et gouvernement
« des ondes de ce port despent du cours de la lune. »

Constantinople est la ville d'Europe dont le port ressemble le plus à celui de Bordeaux. Le port de la capitale de la Turquie s'étend en forme de croissant sur le Bosphore. La ville même porte un croissant pour armes. Méhémet-Effendi, ambassadeur de la porte ottomane en France, qui a écrit des *Mémoires,* passant à Bordeaux en février 1721, ne pouvait se lasser d'admirer la grande ressemblance qu'offrait le port de cette ville avec celui de Constantinople. Pour mieux en contempler la situation, il voulut un jour dîner en plein air sur les remparts du Château-Trompette, quoique ce fût en hiver. Montesquieu, dans ses voyages, s'avança jusqu'à Belgrade en Servie. Il se proposait d'aller visiter Constantinople; mais le bruit d'une guerre imminente entre l'empire ottoman et l'empire d'Allemagne le fit renoncer à ce projet. Il regretta toujours de ne l'avoir pas exécuté. « Je suis fier de mon vieux port « de la lune, disait-il à ses amis, depuis que Méhémet- « Effendi l'a comparé à celui de Constantinople, et « je regrette que la peur m'ait empêché d'aller ad- « mirer le sosie de Bordeaux. »

Article IV.

De la rue Saint-Jâmes et de quelques rues qui y aboutissent.

§ I. Le nom de la *rue Saint-Jâmes* annonce qu'elle fut ouverte pendant la domination des Anglais à Bordeaux; car il n'est que la traduction de celui de *Saint-Jacques*, que portait un hôpital voisin, dont nous parlerons dans le chapitre suivant. Cette rue est citée comme très-grande, dans un acte de 1447, qui désigne ainsi une hôtellerie remarquable qu'on y voyait : « Tot acquet grant hostaü ab la tor (les tours de l'Hô- « tel-de-Ville) sos et madéras de mur quy son de part « et de tras, appartenen au deyt hostaü de Christofle,

« en la paropia de Sent-Elégy (Saint-Eloi) en la grant
« careyra appérada de Sent-Jagmes. » L'Hôtel-de-Ville
et le collége de Guienne, qui s'élevaient à l'une des
extrémités de la rue Saint-Jâmes, et le Grand-Marché
qui était à l'autre, devaient contribuer à son importance.

Lorsqu'on changea la dénomination des rues qui portaient un nom de saint en 1793, la rue Saint-Jâmes fut appelée *rue Millanges*. Ce nom ne lui a pas été conservé, quoiqu'il fût justement appliqué. Le fameux imprimeur Simon *Millanges*[1] habita cette rue depuis 1572 jusqu'en 1622; car on a des livres sortis de ses

---

[1] On lit dans la *Chronique*, sous l'an 1572 : « Maistre Simon Mil-
« langes, qui avoit honorablement et utilement régenté au collége
« de Guyenne, homme versé aux bonnes lettres, persuadé d'au-
« cuns de ses amis d'entreprendre de dresser une imprimerie à
« Bourdeaux, dont il y avoit grande faute, n'y ayant que quelque
« chétif et ignorant imprimeur, les jurats en sollicitent le dit Mil-
« langes, et luy donnent de beaux et amples priviléges. Il dressa
« une des plus belles imprimeries de France, travailla assidûment
« à la correction des livres, à avoir de beaux caractères, tant grecs
« que latins, de manière qu'il a esté estimé l'un des premiers de
« son temps, et non en moindre réputation que Robert Estienne. »
Les biographes font naître à Limoges Millanges, parce qu'en tête
de certaines de ses éditions il se dit *Lemovix*, le lieu de sa naissance se trouvant en Limousin. Il était né en 1539, à Bort (Corrèze), de Jean Millanges, avocat, et de Marguerite Varron. De 1572 à 1622, il a imprimé cinq ouvrages in-f°, trente-quatre in-4°, soixante-sept in-8°, trente-deux in-12; et l'on peut dire qu'il est sorti de l'imprimerie de Simon Millanges plus d'ouvrages que n'en ont produit ensemble toutes celles qui ont été établies depuis à Bordeaux.

presses durant cet intervalle. Ses deux fils et son gendre Mongiron lui succédèrent, mais ne soutinrent pas sa réputation.

La rue Saint-Jâmes a vu naître, en 1745, feu M. *Berquin*, auteur de *l'Ami des Enfants* et de plusieurs autres ouvrages utiles pour former le cœur et l'esprit de la jeunesse, qui eurent la plus grande vogue dans le temps. Dans la même rue habita M. *Terrasson de Caillaubet*, qui a publié, en 1790, une brochure intitulée *Catéchisme du citoyen*.

Dans la même maison où naquit Berquin a habité *Mondonville*, célèbre musicien compositeur, auteur des paroles et de la musique d'*Alcimadure*. Il fit jouer cet opéra en 1771 à Bordeaux, d'abord en vers languedociens, et la semaine après en vers français. Ce fait unique dans les annales du théâtre nous a paru mériter d'être rappelé, d'autant que nous en avons été témoin.

§ II. L'impasse Saint-Jâmes est appelée *rue de Pey-Amaubin* dans un titre de 1427. On y désigne ainsi le placement d'une maison dont une issue était dans cette impasse et l'autre dans la rue qui est à côté : « *Durat et tenet in longum à dictâ ruâ de Pey-Amaubin* « *à parte anté ex uno capite, usque ad ruam vocatam* « *de Lopsault.* »

§ III. Le nom de cette dernière rue s'est changé, par corruption, en celui de *la Sau*, qu'elle porte actuellement. A l'angle septentrional de cette rue et de celle de Saint-Jâmes il y avait jadis une chapelle. On en reconnaît encore des vestiges dans le mur de façade. Dans la rue de *la Sau* a habité feu *Sainte-Luce-Oudaille*, qui a publié, en 1795, une petite brochure de 80 pages, intitulée *Histoire de Bordeaux pendant dix-huit mois.*

§ IV. *La rue Poudiot* s'appela d'abord *rue Entre-Deux-Murs,* à cause de sa situation entre les portes de ville qui étaient ouvertes à l'extrémité méridionale des rues Bouquière et Saint-Jâmes. Cet ancien nom est indiqué dans un titre de 1382, dans lequel on désigne la situation d'une maison « dins la paropia de « Sent-Elégy, en la rua d'Entre-Dos-Murs, de porta « Boqueyra à porta Sent-Elégy. »

Dans la rue Poudiot habitait, à la fin du dernier siècle, le docteur *Betbeder,* médecin distingué par une longue et heureuse pratique et par divers ouvrages relatifs à sa profession. Il fut le premier médecin de Bordeaux qui, bravant les préventions alors régnantes contre l'émétique, en prescrivit l'usage dans les maladies où ce remède paraissait utile. Il a fait connaître au monde médical, que les enfants succombaient à un épanchement de sérosité dans le cerveau, alors que l'on croyait que c'était par des attaques de vers. Feu M. *Teulère,* habile ingénieur de la marine, est décédé dans la même rue, en 1824. C'est lui qui a conçu et dirigé le plan des importantes réparations qui ont été faites à la tour de Cordouan, en 1788 et 1789. Il inventa, pour le foyer de ce phare, le réverbère à plaques paraboliques et à mèches cylindriques, tournant sur lui-même, et produisant une forte lumière à éclipses régulières.

Article V.

De la rue Neuve.

Elle portait ce nom dès le XIIIe siècle, parce qu'elle fut une des premières rues qu'on ouvrit lors de l'accroissement de l'enceinte de Bordeaux. La famille du Soley, l'une des plus considérables de cette ville, avait dans la *rue Neuve* son hôtel, auquel était attaché un étrange privilége. Tout malfaiteur qui s'y réfugiait ne pouvait y être arrêté par aucun officier de justice. Un titre du XVe siècle porte la disposition suivante : « Et le-
« dict seigneur de Lalande a droit de franchise en son
« hostel du Soley, assiz à Bourdeaus en rue Neuve,
« tel que si ung homme a faict ung cas ou crime par
« quoy il doive perdre franchise, et s'il entre dans
« ledict hostel en requérant franchise, n'est permis à
« nul officier du roy ou de la ville, ne à autres, de
« prendre ledict malfaicteur, ne le tirer hors dudict
« hostel, tant qu'il sera dans iceluy. »

Pour preuve de ce droit de franchise, le chroniqueur Darnal cite un jugement rendu par le lieutenant du sénéchal de Guienne, le 19 décembre 1460, en faveur de Jean de Lalande, qui condamna le procureur-syndic de la ville de Bordeaux à réintégrer dans l'hôtel du Soley un voleur qu'il y avait fait arrêter au mépris du droit de franchise dont cet hôtel jouissait de temps immémorial. Ce droit, qui assurait l'impunité au crime, était immoral, mais il existait en plusieurs lieux de France, principalement en faveur de certaines églises. François Ier l'abolit par un édit de 1539.

L'hôtel auquel était attaché ce privilége subsiste sur le côté oriental de la rue Neuve. Au commencement de la révolution, du haut du mur de façade deux chaînes en fer pendaient au-dessus de la porte d'entrée. Le peuple, qui avait conservé une idée confuse de l'ancien privilége dont avait joui l'hôtel du Soley, disait que l'on avait autrefois raccourci ces chaînes à dessein, parce que si un criminel pouvait s'y accrocher lorsqu'on le conduisait au supplice, il aurait la vie sauve.

Les frères *Lamothe*, savants avocats, sont morts dans la rue Neuve, en 1781, après avoir publié un *Commentaire sur les coutumes de Bordeaux.*

Dans la même rue est née en 1772 feue Mme *Cottin*, à qui l'on doit plusieurs excellents romans, et que les biographes font, à tort, originaire de Tonneins. Cette dame était fille de M. *Risteau*, ancien directeur de la compagnie des Indes et négociant à Bordeaux, qui a habité l'hôtel dont nous venons de parler. Il a publié en 1751 une *Réponse aux Observations sur l'Esprit des lois*, pour réfuter la critique que l'abbé de *Laporte* avait fait de cet ouvrage. M. Risteau fut honoré de l'amitié de Montesquieu; et c'est aux bons offices du négociant de Bordeaux que l'on doit la médaille du philosophe de La Brède, qui a été gravée par le fameux J.-A. Dassier. Voici comment M. Risteau raconte cette anecdote dans une lettre adressée au fils de Montesquieu, en 1778 :

Je me trouvais à Paris en 1752, dit-il, en revenant de Bretagne; j'y fis un séjour fort court. Deux ou trois jours avant mon départ pour Bordeaux, je fus dîner chez mes banquiers MM. Duffour et Mallet. Ce dernier me voyant arriver, me dit : Je suis d'autant plus aise que vous soyez venu me demander la soupe aujourd'hui, que je vous ferai dîner avec un de nos anciens camarades de Genève. C'est notre ami Dassier, qui vient de Londres, et qui va faire un tour chez lui. Celui-ci arriva peu après. Nos premiers compliments faits, je lui adressai quelques questions sur le but de son voyage. Il m'avoua qu'étant occupé à faire une suite de médailles des grands hommes du siècle, et ayant appris que M. de Montesquieu était actuellement à Paris, il y était venu exprès, et qu'il souhaitait que quelqu'un pût l'introduire auprès de lui, pour lui demander la permission de prendre son profil et de faire sa médaille. Alors M. Mallet l'interrompant, dit, que personne mieux que moi ne pouvait lui procurer cet avantage. Je lui répondis que, quoique j'eusse pris congé de M. de Montesquieu le matin même de ce jour, je me chargerais bien volontiers de la commission, sans oser me flatter de réussir; et après quelques instances de M. Dassier, je me déterminai à écrire sur une carte à M. de Montesquieu, pour lui faire connaître le désir qu'avait Dassier de le voir, et lui demander le moment qui lui serait le plus commode. J'envoyai cette carte par mon domestique, qui revint avec la réponse de M. de Montesquieu, écrite avec du crayon sur la même carte, en ces mots : *Demain au matin, à huit heures.*

Le lendemain je me rendis avec Dassier chez M. de Montesquieu, rue Saint-Dominique. Nous le trouvâmes occupé à déjeuner avec une croûte de pain et de l'eau et du vin. Après toutes les politesses de part et d'autre, M. de Montesquieu demanda à Dassier s'il avait apporté avec lui quelques médailles. Sur quoi celui-ci lui en montra plusieurs. M. de Montesquieu s'écria en les examinant : Ah! voilà mon ami mylord Chesterfield, je le reconnais bien. Mais, M. Dassier, puisque vous êtes graveur de la monnaie de Londres, vous avez sans doute fait la médaille du roi d'Angleterre? — Oui, M. le Président; mais comme ce n'est qu'une médaille de roi, je n'ai pas voulu m'en charger. — A votre santé, pour ce bon mot, M. Dassier, dit M. de Montesquieu, qui tenait alors un verre plein.

La conversation s'anima et devint alors d'autant plus intéressante, que Dassier avait beaucoup d'esprit. Aussi au bout d'un quart d'heure, il fit venir très-adroitement la demande qu'il se détermina enfin à faire à M. de Montesquieu, de prendre son profil et de faire sa médaille. Il fit surtout beaucoup valoir qu'il avait fait le voyage de Londres à Paris tout exprès, dans l'espoir qu'il ne lui refuserait pas cette grâce.

Après un moment de réflexion de la part de M. de Montesquieu, qui occasionna une espèce de silence, il prit un ton sérieux et lui dit : M. Dassier, je n'ai jamais voulu laisser faire mon portrait à personne. Latour et plusieurs autres peintres célèbres, qu'il nomma, m'ont persécuté pour cela pendant longtemps. Mais ce que je n'ai pas fait pour eux, je le ferai pour vous. Je sais, dit-il en souriant, qu'on ne résiste pas au burin de Dassier, et même qu'il y aurait plus d'orgueil à refuser votre proposition qu'il n'y en a à l'accepter.

Dassier remercia M. de Montesquieu avec des transports de joie qu'il modérait avec beaucoup de peine. Il lui demanda enfin son jour. Tout à l'heure, lui répondit M. de Montesquieu, car je compte aller demain ou après-demain à Pont-Chartrain voir M. de Maurepas, où je passerai quelque temps, et je ne pourrai disposer que de ce moment; je vous conseille d'en profiter. Sur quoi Dassier tira ses crayons de sa poche, et j'assistai une demi-heure à son travail. Il en était à l'œil lorsque je pris congé; et alors se tournant vers moi : Ah! me dit-il, mon ami, le bel œil! qu'il fera un magnifique effet!

Je partis le lendemain pour Bordeaux, et je ne vis plus Dassier, qui, lorsque la médaille fut frappée, m'en envoya six en présent. Je n'en voulus accepter qu'une, et lui tins compte des cinq autres que je distribuai à son profit. M. de Montesquieu me dit l'année suivante à Bordeaux, qu'à son retour de chez M. de Maurepas il avait encore donné plusieurs séances à Dassier et qu'il avait été fort long [1].

---

[1] Quoique Dassier dessinât avec beaucoup de rapidité, Montesquieu le trouva fort long, parce que lui-même était fort vif et qu'il était difficile de saisir sa ressemblance, attendu la grande mobilité de ses traits. Le peintre italien qui fit à Bordeaux, pour l'abbé de Guasco, le portrait de Montesquieu, qu'on a gravé à Florence, en 1767, assurait n'avoir jamais peint un homme dont la physionomie changeât tant d'un moment à l'autre, et qui eût si peu de patience à prêter son visage.

Voilà au vrai ce qui s'est passé dans cette occasion : il n'y a point eu d'autre témoin que moi.

Article VI.

Des rues Bouquière, Désirade et des Boucheries.

§ I. La *rue Bouquière* est indifféremment appelée *Bouqueyra*, *Bouqueteyre* et *Boucheyre* dans les vieux titres. Ces noms peuvent venir, soit parce qu'on aurait anciennement établi dans cette rue des écuries pour les boucs, soit parce qu'on y vendait des bouquets de fleurs, soit à cause de plusieurs boucheries qu'on y trouvait. Le temps a pu altérer ces noms et former celui de Bouquière que porte actuellement cette rue.

Lorsque Bordeaux était partagé en douze sections ou jurades, celle qui environnait la porte de ville appelée *Bouqueyra* s'étendait partie dans et partie hors la ville. Dans une liste des jurats de 1402, Guilhem de la Motha est porté pour la *jurada de porta Bouqueyra, dedins et deforas,* c'est-à-dire que l'arrondissement de cette jurade s'étendait sur le territoire du premier et du second accroissement de Bordeaux. A l'extrémité méridionale de cette rue, et dans le mur de ville bâti lors du premier accroissement, était la porte de ville appelée *Boqueyra* : elle fut démolie lors du second accroissement.

§ II. La *rue Désirade* (Désirée), qui aboutit à la rue Bouquière, doit probablement son nom gascon au désir qu'avaient manifesté les habitants de ce quartier, pour qu'il fût ouvert une rue de communication entre les rues Bouquière et Poudiot, auxquelles elle aboutit.

Dans la rue Désirade ont habité feu MM. *Lafon-Ladebat*, *Lescan* et *Garat*. Le premier est un ancien négociant qui, après s'être distingué dans deux assemblées législatives dont il a été membre, a publié plusieurs bons écrits sur l'économie politique. On doit au second, qui professa l'hydrographie à Bordeaux, un ouvrage sur les poids et mesures usités dans le département, comparés avec ceux du nouveau système décimal. M. *Garat* s'est fait connaître dans les plus fameux concerts en Europe par son étonnante manière de chanter. Il est mort professeur de musique vocale au Conservatoire de Paris, en 1823.

§ III. A côté de l'ancienne porte Bouquière il y avait une ruelle qui conduisait à une fontaine, dont l'entrée est actuellement sur les fossés des Salinières. En cet endroit il a existé, jusqu'en 1815, trois maisons adossées l'une contre l'autre et formant un triangle isolé, qu'on appelait la *maison seule*. C'était la tête d'une rue qui traversait autrefois, en ligne diagonale, les fossés des Salinières, au moyen d'un petit pont, avant que ces fossés ne fussent comblés et bordés de maisons. Ce pont faisait communiquer la rue des Boucheries avec celle des Faures. La démolition de la maison seule a débarrassé les fossés d'une vieille construction qui nuisait à leur régularité.

Article VII.

De la place du Grand-Marché actuel, des anciens bâtiments de l'Hôtel-de-Ville et du collége de Guienne, qui ont subsisté sur cette place.

§ I. Le *Grand-Marché* a été livré au public le 23 octobre 1801. Le terrain sur lequel on l'a établi était auparavant occupé par l'Hôtel-de-Ville et par le collége de Guienne. Une ruelle de ce dernier nom séparait ces deux édifices, que leur état de vétusté avait forcé d'abandonner depuis quelques années.

§ II. Dans l'*Hôtel-de-Ville* siégea jusqu'à la révolution le corps municipal appelé *la jurade*. C'était un vaste bâtiment formant un seul corps de logis, à deux étages au-dessus du rez-de-chaussée. Il était flanqué aux quatre angles de tourelles couronnées de pavillons, et s'étendait le long des fossés, entre l'extrémité méridionale des rues Saint-Jâmes et Sainte-Catherine. Sa construction paraissait appartenir au XIIIe siècle.

§ III. Derrière l'Hôtel-de-Ville, le *collége de Guienne* fut bâti en 1534. Sur la principale porte d'entrée on lisait l'inscription suivante, dans laquelle on exhortait ceux qui étudieraient dans ce collége à imiter Ausone, qui en fut le plus bel ornement :

> An decuit musas aliâ magis urbe locare
>   Quam quæ phœbigenam protulit Ausonium ?
> Quare Burdigalam cole, plebs studiosa, patronam,
>   Ferque tuis multos civibus Ausonios.

Pour établir régulièrement les classes de ce collége autour de sa cour qui était au centre, il fallut prendre à loyer une maison de la rue du Cabernan, qui était adossée à cette cour. Mme Naudine *Roustault*, femme de Pierre Andrieu, étant devenue propriétaire de cette maison, la donna aux jurats, par acte du 4 mars 1570, « dans la vue du bien et du service public, porte la « donation, et pour concourir à illustrer et décorer « d'une libéralité et munificence perpétuelles ledit col- « lége et sa patrie. » Nous avons pensé que le nom de cette généreuse bordelaise méritait d'être rappelé au souvenir de ses concitoyens.

§ IV. En 1773, le collége de Guienne fut réuni à celui de la Madelaine, et transféré dans l'ancienne maison-professe des jésuites, rue de Gourgue. Alors la jurade abandonna l'ancien Hôtel-de-Ville, qui menaçait ruine, et vint occuper le bâtiment de l'ancien collége de Guienne, où elle a siégé jusqu'à la révolution.

Ce collége est célèbre dans l'histoire littéraire par son antiquité et par les hommes distingués qui y ont enseigné. Les documents manquent pour fixer l'époque de sa fondation. On peut dire qu'elle remonte au moins au IIIe siècle, puisque Ausone, qui vivait dans le siècle suivant, a célébré quarante-un professeurs de ce lycée, qui furent tous ses maîtres ou ses collègues, et dont certains avaient été appelés pour enseigner les belles-lettres à Rome et à Constantinople. A la renaissance des sciences et des arts en France, le collége de Guienne reprit son lustre primitif. Alors il comptait parmi ses professeurs les savants les plus recommandables de l'époque, tels que André et Antoine Govéa, Buchanan, Millanges, Muret, Grouchi, Tévius, Guijon, Hégat, Vinet et Scaliger. Ils formèrent, par leurs leçons, une quantité considérable d'élèves, qui se distinguèrent à Bordeaux dans les diverses classes de la société, pendant les xvie et xviie siècles.

Ce collège avait quatre professeurs de grammaire, un des humanités, deux de rhétorique, deux de philosophie, deux de théologie, un de mathématiques, un d'hydrographie, un de tenue des livres de commerce, et un de dessin et de peinture. *Vinet*, qui contribua le plus à l'illustration de ce lycée, en fut le troisième principal. Il y termina ses jours le 14 mai 1586, à l'âge de soixante-dix-huit ans. Le parlement, la jurade, l'université et tout le collège de Guienne, assistèrent à ses obsèques, pour témoigner les regrets que la perte de ce savant recommandable excitait dans toute la ville. Elles eurent lieu dans l'église de Saint-Eloi.

On grava sur la tombe de Vinet les épitaphes suivantes, qu'on vient d'encastrer dans le mur d'une chapelle de cette église. Le dernier de ces distiques est loin d'avoir le ton de gravité des deux autres.

ΝΥΝ ΤΙΣ ΑΡΙΣΤΑΡΧΟΥ, Ο ΥΙΝΗΤΟΣ, ΚΙΛΟΣ ΟΩΑΣΟΙ
ΕΙ ΚΥΔΑΙΝΟΜΕΝΟΙ ΕΙΔΟΤΕΣ ΩΣ ΤΟ ΠΑΛΑΙ.

INQUIRE IN MORES, DOCTRINAM CARPE ; FUIT-NE
SANTONE VINETO DOCTIOR ET MELIOR?

Vinet a entendu les langues et les arts ;
Vinet a confondu, en mourant, les bavards.

La mémoire de Vinet doit être précieuse aux habitants de Bordeaux, parce qu'il est le premier qui ait fait des recherches utiles sur l'histoire de cette ville. En 1571, il fit lever à ses frais le plan de Bordeaux, dont il a déterminé avec beaucoup d'exactitude les différents accroissements, et qui est joint à la seconde édition de son *Discours sur les antiquitez de Bourdeaus*. De nos jours, on a prétendu avoir découvert ce que Vinet avait clairement décrit : *Sic vos non vobis*.

Article VIII.

De la place du Vieux-Marché.

Cette place fut, jusqu'en 1801, le seul endroit de la ville où l'on débitât toute espèce de comestibles pour la consommation journalière des habitants. On l'appelait le *Grand-Marché*, et en gascon *lo Mercat*. Les boucheries qui, dans ces derniers temps, se voyaient dans sa partie septentrionale, étaient établies du côté du couchant au xive siècle : on les nommait *breuterias* (lieu des bêtes brutes). Dans un contrat de vente du 21 juillet 1398, il est question de certains emplacements destinés à mettre les bancs des boucheries du marché. On y lit que ces emplacements sont situés « en lo mercat, à la breuteria velha, à l'intrada de « la rua de las Eyras (des Ayres), so es à saber aquy « hom se vend lo harem vermelh (le hareng saur). »

Tous les bancs sur lesquels les marchands étalaient au marché étaient mobiles et en plein air. Au centre s'élevaient trois halles couvertes, qu'on appelait la *Paneterie*, le *Pilouret* et la *Clie*. La première avait été supprimée en 1770 : les deux autres l'ont été par suite de la révolution.

La Paneterie était le seul endroit où il était permis de vendre le pain coupé par morceaux. Cette halle remplaçait celle que la ville avait fait construire en 1694, entre les portes Despaux et du Chapeau-Rouge, et qui fut démolie lorsqu'on commença à former la place Royale.

Le Pilouret, dont le nom signifie pilori ou poteau, était une vieille tour octogone d'environ 10 mètres de hauteur et de 4 de diamètre, composée d'un rez-de-chaussée entouré d'un siége et d'un auvent circulaires, ayant un étage au-dessus, couronné d'un pignon avec girouette. Cette tour servait de loge pour la vente exclusive du gibier. Elle était affermée au profit du bourreau, parce que c'était là qu'il serrait autrefois ses divers appareils pour les supplices. Près du Pilouret était un poteau auquel était fixé un carcan en fer. On y attachait les condamnés à l'exposition publique.

La *Clye* ou *Clide* était une halle fermée à claire-voie, dans laquelle se portait tout le gros poisson de mer, pour y acquitter le droit dit le *huitain*, et être ensuite livré aux acheteurs, à travers les barreaux de la claire-voie, par des agents de police dont le service est ainsi désigné dans les *Anciens Statuts de Bordeaux* : « Les « *poissonniers* sont officiers au nombre de six, qui se « rendent à la halle du marché appelée Clye, pour en

« icelle vendre et débiter le poisson de mer et de ri-
« vière que les pescheurs et chasses-marée y apportent.
« Ils ont soin de faire que les marchands soient bien
« payés, et que les bourgeois soient pourvus chacun
« selon son rang et qualité, et doivent servir Messieurs
« du parlement des premiers. »

Dans les anciens titres, la halle aux poissons est appelée *Crida*. Cette dénomination ne viendrait-elle pas des criailleries que les acheteurs et vendeurs font avant de convenir du prix du poisson, chose fort difficile à fixer au marché, attendu la variation du *dernier mot* de nos regrattières?

Article IX.

Place de Sainte-Colombe.

Cette place est ainsi appelée d'une ancienne église paroissiale de même nom, qui est actuellement démolie. On construisit cette église en 1688, pour remplacer celle qui venait de tomber de vétusté, et qu'on croit généralement avoir été un temple de Diane.

Les deux ormes qu'on voit au milieu de la *place de Sainte-Colombe* furent plantés en 1793, alors qu'il était de mode que chaque section des grandes villes plantât en cérémonie dans son territoire ce qu'on appelait un arbre de liberté. Ces deux arbres sont les seuls qui subsistent encore à Bordeaux, comme monuments d'une époque néfaste.

Sur cette place habitait, au commencement du XVIe

siècle, Jean *Guyart*, qui prenait le titre de *calcographe*. C'est le premier imprimeur qui ait été établi à Bordeaux. On connaît plusieurs livres sortis de ses presses, imprimés en caractères demi-gothiques, à pages encadrées, et assortis de frontispices entourés d'arabesques très-bien gravées pour le temps. Le plus ancien et le plus curieux de ces livres est intitulé *Compendium eorum quæ super techni arte Galeni et aphorismis Hyppocratis scribuntur, medicis instruendis utilissimum;* 1524, in-f°. C'est un traité élémentaire de médecine, composé par *Gabriel de Tarragua*, médecin à Bordeaux.

Article X.

De la rue des Ayres et de quelques rues qui y aboutissent.

§ I. A l'entrée occidentale de la *rue des Ayres* a existé une chapelle de Notre-Dame, près d'une porte de ville qui fut construite lors du premier accroissement de l'enceinte de Bordeaux. Il s'y tint une assemblée des trois états de la province, le 26 août 1415 : les procès-verbaux sont datés « en la capera deü « collegi. » Etait-ce l'ancien collége de Guienne, ou bien celui de médecine, qu'on y voyait encore dans ces derniers temps? C'est ce dont on est incertain. Dans un titre de 1463, la porte des Ayres est appelée « lo « portaü de la magestat de Nostra-Dona de las Ayras. » Le mot de *magestat* employé dans cet acte et dans tous ceux du pays signifie image et représentation. Ainsi le surnom de *magestat* donné à cette porte a dû avoir pour cause quelque statue de Notre-Dame, qui était auprès, et qui provenait probablement de la chapelle dont nous parlons. Cette statue subsistait naguère dans une niche placée à l'encoignure des rues des Ayres et des Lois. Elle était regardée comme le palladium du quartier, car les habitants ornaient sa niche de fleurs à toutes les fêtes de la Vierge.

On ignore l'époque de la fondation de ce *collége*. Une inscription placée sur la porte indiquait qu'il avait été rebâti aux frais de la ville en 1667.

§ II. Dans la *rue des Lois*, qui aboutit à celle des Ayres, a subsisté jusque dans ces derniers temps l'*Ecole de droit*. Il y avait deux professeurs pour le droit romain, deux pour le droit canonique et un pour le droit français. Un puits public, appelé *puits de Toscanam*, qui était au bout septentrional de cette rue, fut comblé en 1758, pour faciliter le passage du cortége du maréchal de Richelieu, lors de son entrée à Bordeaux, en qualité de gouverneur de la province.

§ III. La *rue Saint-Antoine*, qui débouche dans celle des Ayres, a pris son nom d'un couvent d'Antonins, fondé en 1352, dans cette première rue, et qui fut donné aux feuillants en 1589, les religieux de Saint-Antoine ayant lâchement quitté la ville en temps de peste.

§ IV. On voyait autrefois dans la rue des Ayres un édifice public, connu sous le nom de *garde-robe du roi*. Il en est fait mention en ces termes dans un titre de 1375 : « *Juxtà domum vocatam la* guarda rauba

« *domini principis, et ibi sunt quædam magnæ domus*
« *altæ et lapideæ quæ nuncupantur guarda rauba...*
« *quas tenet dominus rex.* » D'après le *Glossaire de Ducange*, ce devait être le lieu où étaient établies les archives du roi d'Angleterre, pendant que cette ville fut en son pouvoir. Nous croyons que cet édifice est celui qui porte le nom de *logis de Talbot*, sur le plan joint au *Discours des antiquitez de Bourdeaus*, par Vinet. Ce nom aura été donné à cet édifice, parce que le général Talbot l'habita lorsqu'il vint dans cette ville en 1452, à la tête d'une armée anglaise, pour s'emparer de la Guienne, où les principaux seigneurs de la province rappelèrent les Anglais. Le nom de *logis de Talbot* a été conservé longtemps à cet hôtel, car on apprend par des mémoires du temps qu'il existait au XVIIe siècle, dans la rue des Ayres, un jeu de paume, appelé le *jeu de Talabot*, que Louis XIV honora de sa présence en 1652, et qu'alors cet hôtel fut divisé en plusieurs maisons particulières. Dans une de ces maisons était une *salle de concerts*, qui devint la proie des flammes en 1736.

§ V. A la rue des Ayres aboutit une petite et sale ruelle, qui n'est remarquable que par son nom de *rue Maucouyade* (Mal-Coiffée). Elle était habitée par les tripières, les moins élégantes regrattières du marché.

§ VI. Cette rue débouche dans la *rue des Herbes*, qui est ainsi appelée parce qu'on y a vendu les herbes potagères jusqu'à l'établissement du Grand-Marché actuel. Elle porta d'abord le nom de *rue Neuve-du-Marché*, lorsqu'elle fut ouverte en 1611, pour établir à son extrémité occidentale un nouveau marché pour le poisson salé. Ce marché ne subsiste plus.

Dans cette rue a vu le jour, en 1740, M. *Boyer,* ancien acteur du théâtre des menus plaisirs de la cour. On le regarde comme le créateur des *scènes mimiques,* qu'il exécutait seul derrière un paravant et qui étonnaient par la variété des dialogues qu'il improvisait.

§ VII. Dans la rue des Ayres s'élevait l'*hôtel de la Mairie,* que Vinet représente, sur son plan de Bordeaux, comme un véritable château-fort. Il fut vendu en 1662 aux jésuites, qui y bâtirent celui des quatre couvents qu'ils ont possédé dans cette ville, et qu'on nommait la *maison-professe.* Là venaient finir tranquillement leur vie les jésuites dits profès des quatre vœux, après avoir passé par les grandes charges de l'ordre : c'était leur hôtel des invalides.

L'église de la *maison-professe,* actuellement l'église paroissiale de *Saint-Paul,* fut bénie et consacrée les 23 et 24 mai 1676, suivant la *Chronique.* M. de Latresne, premier président du parlement, ayant été inhumé dans cette église, son oraison funèbre fut prononcée le 6 juillet 1703, par le père Henri-Ignace *de Montaigne :* elle est imprimée en in-4°. Ce jésuite était fils de François de Montaigne, seigneur de Bussaguet, conseiller au parlement, qui descendait d'un des frères de l'auteur des *Essais.* Les mémoires du temps, qui parlent de cette cérémonie, apprennent qu'elle fut troublée par une querelle survenue entre le guet qui gardait la porte de l'église de la maison-professe et les laquais des magistrats qui assistaient à ces obsèques. Un soldat fut tué et quelques personnes furent blessées de part et d'autre.

M. *Villaris*, habile pharmacien de Bordeaux, habitait dans la rue des Ayres. Il a le premier fait des cours de chimie dans cette ville. En 1757, il découvrit à Saint-Irieix (Haute-Vienne), le kaolin, terre dont on se sert maintenant en France pour fabriquer une porcelaine qui égale en dureté et en transparence celle de Chine. Villaris ayant été mal récompensé de cette précieuse découverte, refusa de faire connaître un procédé qu'il avait inventé pour conserver sans sel les viandes fraîches destinées aux voyages sur mer. Deux navires du port de Bordeaux avaient constaté les avantages de ce procédé, qui a été perfectionné de nos jours.

Article XI.

De la rue Montaigne et du mausolée du philosophe de ce nom.

§ I. On trouve à Bordeaux deux rues, une impasse et un passage, qui portent le nom de *Montaigne*. Nous ne parlerons ici que de la rue qui a droit de garder exclusivement ce nom, parce que les cendres de l'auteur des *Essais* reposent dans une église qui subsiste dans cette rue et qu'on a reconstruite en 1741. Cette église, actuellement la chapelle du collége royal, faisait partie du *couvent des feuillants,* dont la rue avait pris le nom. Cette rue s'appelait anciennement *rue de Bertrand Boson* ou Boësson, dans des titres du xiv[e]

siècle. Ils la désignent ainsi : « *Rua Bertrandi Boso-*
« *nis, quæ à ruâ de Areis* (des Ayres) *ducit versùs*
« *hospitale sancti Antonii.* » Et ailleurs : « Rua per
« om va de rua dos velhes Ayres à la capera de Sent-
« Antony, aperada rua de Bertrand de Boësson. »

§ II. Dans cette chapelle se voit le mausolée de
Michel *de Montaigne,* qui est placé sur le caveau dans
lequel reposent ses cendres. Elles y furent transportées
par les soins de sa veuve; car ce philosophe n'a pas
terminé sa vie à Bordeaux, comme on le dit communément. Il est mort dans la commune de Saint-Michel
de Montaigne, lieu de sa naissance, dans le ci-devant
Périgord, et qui est actuellement dans le département
de la Dordogne. Sur une des faces du mausolée de
Montaigne on lit son épitaphe en prose latine, et sur
l'autre en douze vers grecs. Nous avons cru devoir
donner la traduction française de ces deux pièces, d'autant que le texte en a été défiguré dans certaines descriptions.

TRADUCTION DE L'ÉPITAPHE EN VERS GRECS.

Passant, qui vois ma tombe et sens couler tes larmes,
Lis, reconnais Montaigne, et bannis tes alarmes.
Ailleurs j'existe entier. Ces titres, ces faisceaux,
Ce corps vil n'est pas l'homme : il échappe aux tombeaux.
Quand de l'antiquité, peinte dans mes ouvrages,
Mes mœurs et mes discours rappelèrent les sages,
Je les égalai touts; et l'empire français
Vit en moi réunis Caton, Chilon, Thalès.
Soumis aux dogmes seuls de mon maître céleste,
Aux doutes de Pyrrhon j'ai livré tout le reste.
Que Rome, que l'envie improuvent mes écrits,
Tranquille au haut des cieux j'en attendrai le prix.

CHAPITRE SEPTIÈME.

TRADUCTION DE L'ÉPITAPHE LATINE.

A Michel de Montaigne, né en Périgord, fils de Pierre, petit-fils de Grimond, arrière-petit-fils de Raymond, chevalier de l'ordre de Saint-Michel, citoyen romain, ancien maire de Bordeaux.

Destiné à être la gloire du genre humain, il s'éleva au-dessus de ses contemporains, par la douceur de ses mœurs, par la pénétration de son génie, par son éloquence vive et par un jugement incomparable. Quoiqu'il ait eu pour amis non-seulement de grands princes et des personnages les plus distingués de France, mais encore les chefs d'un parti qui s'y était formé, il n'en fut pas moins attaché aux lois de son pays et à la religion de ses pères ; et sans flatter ni indisposer personne, il sut se rendre agréable aux hommes de toutes les opinions. Comme pendant sa vie, il professa constamment, dans ses discours et dans ses écrits, une philosophie qui l'avait fortifié contre tous les maux, ainsi aux approches du terme fatal, après avoir lutté courageusement contre les attaques d'une longue et cruelle maladie, et conformant ses actions à ses principes, il termina enfin, lorsqu'il plut à Dieu, une belle vie par une belle mort.

Il vécut cinquante-neuf ans sept mois et onze jours, et mourut le 13 septembre de l'an du salut 1592. Françoise de La Chassaigne, pleurant la perte de cet époux fidèle et constamment chéri, lui a consacré ce monument, comme un témoignage éternel de son attachement et de ses regrets.

Lorsque Mme de Montaigne fit élever ce mausolée, elle donna aux feuillants un exemplaire de l'édition de 1588 des *Essais*, sur lequel son mari avait écrit des additions marginales pour une nouvelle édition qu'il se proposait de publier, et qui avait servi à celle que la savante demoiselle *de Gournay* fit imprimer pour la première fois en 1595. Cet exemplaire a été consulté par M. Naigeon pour l'édition stéréotype des *Essais*, qui a paru en 1802. On conserve ce précieux autographe à la bibliothèque publique de Bordeaux. Dans l'article *Montaigne* de la *Biographie universelle*, on rappelle que nous avons le premier fait connaître cet exemplaire jusqu'alors ignoré, par une lettre qui est insérée dans le *Journal général de France*, feuille publiée à Paris le 12 novembre 1789. Ce curieux autographe était alors couvert d'une modeste basane et en bon état de conservation. Depuis, on l'a fait relier en maroquin doré sur tranche. Le couteau du relieur a endommagé les marges de cet exemplaire et a fait disparaître beaucoup de mots des additions manuscrites qu'y avait placées l'auteur. Les philosophes ne gagnent pas à être vus dans un costume de luxe.

§ III. Le 23 septembre 1800, on imagina de transférer solennellement les cendres de Montaigne, de l'église où elles reposaient, dans une des salles du Musée de Bordeaux. Deux ans après on s'aperçut qu'on s'était mépris dans le choix des cercueils, et que celui dont on avait fêté la translation, n'était pas celui du philosophe, mais bien d'une de ses parentes. En conséquence, il fut rapporté clandestinement dans le caveau où on l'avait pris, ainsi que le mausolée de Montaigne. Par arrêté du 21 juin 1803, le préfet permit à un arrière-petit-neveu de l'auteur des *Essais,* de faire rétablir ce monument à son ancienne place, et d'apposer à côté l'inscription suivante : *Josephus Montanus, Michaëlis Montani abnepos, hoc monumentum restauravit an. Dom.* M. DCCC. III.

§ IV. En 1834, le conseil municipal de Bordeaux délibéra que la statue de Montaigne serait érigée sur une place publique de cette ville, et qu'on ouvrirait une souscription pour recevoir les offrandes des personnes qui désireraient concourir aux frais de ce monument. Il n'est pas encore terminé. Celui qui fut proposé à Périgueux l'année suivante y a été inauguré le 27 juillet 1838.

§ V. Des soixante-quinze éditions des *Essais,* qui ont été publiées jusqu'à présent, cinq parurent du vivant de l'auteur, dont deux ont été imprimées à Bordeaux. Il en fit vraisemblablement les frais; car il dit dans les dernières : « En Guyenne j'achepte les im-
« primeurs, et ailleurs ils m'acheptent. » On ne connaît qu'un seul portrait de Montaigne qui ait été gravé dans cette ville : c'est celui qui est inséré dans la seconde édition de notre *Histoire de Bordeaux,* 1839.

§ VI. Dans la rue Montaigne a habité le chevalier *de Bazemon,* habile peintre portugais, que Tourny détermina à se fixer à Bordeaux et qu'il créa professeur de l'école publique de dessin, dont cette ville fut dotée par l'illustre intendant en 1744. Cette nouvelle école fut dirigée avec distinction pendant un quart de siècle par Bazemon. Ce n'était point un artiste ordinaire. Indépendamment de plusieurs morceaux de genre qu'il composa pour cette ville, il est auteur d'un *Dictionnaire didactique d'architecture civile et militaire,* ouvrage important et bien écrit, que la mort l'empêcha de publier, et dont on voit le manuscrit à la bibliothèque publique de Bordeaux.

Article XII.

Des cinq fossés de Ville, et de quelques rues qui aboutissent à ce cours.

Ce grand cours, qui s'étend depuis la rue du Hâ jusqu'à la Porte-Bourgogne, remplace les fossés creusés il y a sept siècles aux pieds des murs de ville qui ceignaient la partie méridionale du premier accroissement de Bordeaux. Lors du second accroissement, on combla ces fossés, qui devinrent par la suite la plus belle promenade de nos pères, avant que Tourny eût créé celle qui conserve son nom, quoique extrêmement mutilée. Les jurats vantaient un jour à cet intendant la beauté des fossés de Ville. J'espère, répliqua-t-il, vous donner un jour mieux que cela; et il a tenu parole : *Heu! seges est ubi Troja fuit.*

En 1708, les *fossés de Ville,* depuis la rue du Hâ jusqu'à celle de l'Observance, furent bordés de deux rangs d'arbres et de bancs de pierre, et formèrent une agréable promenade, que fréquentaient particulièrement le soir les habitants de la partie méridionale de la ville. Les étrangers s'accordent à dire qu'à l'exception de Paris, aucune ville de France ne possède, dans l'intérieur de son enceinte, un aussi magnifique cours que celui de nos ci-devant fossés de Ville. Chacune de leurs cinq divisions a reçu un surnom différent. Nous allons faire connaître les particularités les plus remarquables de ces divisions.

§ I. Les *fossés des Tanneurs*, dits *foussats daus Peleys* dans les anciens titres, sont ainsi nommés, parce que dans l'origine les corroyeurs établis sur le Peugue mettaient à sécher sur les bords de ces fossés les peaux qu'ils tannaient. On les a aussi appelés *fossés de la Visitation*, à cause du couvent de ce nom qui subsistait en cet endroit depuis 1630, et qu'occupe actuellement le *collège royal*. Au devant de l'église de ce couvent était un espace vide, sur lequel on a formé dans ces derniers temps une allée. Ce lieu portait le nom de *place du Chauf-Neuf*, à l'occasion d'un ancien échafaud qui fut d'abord construit en bois, et qu'on avait refait en pierres. C'était sur cet échafaud, qui subsista jusqu'au XVIIe siècle, que les gentilshommes avaient le privilége d'être décapités; car les supplices de la potence, de la roue et du feu étaient tout à fait roturiers.

Sur les fossés des Tanneurs ont habité : 1° M. *de Saint-Martin*, qui a publié en 1771 un précis des leçons de droit romain qu'il donnait à l'université de Bordeaux, et qui a pour titre : *Scholastico-forenses*

Justiniani institutiones; 2° M. *Dupont,* musicien distingué de cette ville, mort en 1791, comme il se disposait à faire représenter un opéra de *Medée,* dont il avait composé les paroles et la musique; 3° l'abbé *Delort,* mort en 1736 étant professeur de théologie, auteur d'un ouvrage latin sur la discipline de l'église gallicane, comparée avec les principes de la théologie et du droit public.

§ II. Les *fossés des Carmes* tirent leur nom d'un couvent des grands carmes qui y était situé, et dont nous parlons ailleurs. Dans ce couvent fut inhumé en 1265 Simon *Stock,* général de cet ordre. Ses confrères ont prétendu que dans une vision, la Sainte Vierge lui donna un scapulaire comme une marque de la protection spéciale qu'elle accorderait aux personnes qui s'en décoreraient. Le fameux docteur Launoy a fait une Dissertation pour prouver que la vision du père Stock est une fable. Le père *Chéron,* carme de Bordeaux, a publié en 1642 un livre contre celui de Launoy, sous le titre de *Privilegiati scapularis et visionis B. Simonis Stock vindiciæ.* Le père Lafaurie, religieux du même couvent, décédé en 1770 étant professeur de théologie à l'université de Bordeaux, a coopéré à la *Bibliotheca Carmelitana* de 1752, une des plus judicieuses biographies monastiques.

§ III. La *rue Figuières,* qui a été ouverte sur le terrain de ce couvent, doit son nom à l'anecdote suivante : Le 16 décembre 1794, le représentant Garreau, revenant de l'armée des Pyrénées, où il avait été envoyé en qualité de commissaire de la convention, arriva à Bordeaux, et fut raconter au club national les détails de la prise de Figuières, à laquelle il avait assisté. Il annonça que parmi les prisonniers espagnols était leur général, dont le cheval lui avait servi de monture dans la route qu'il venait de faire. Il s'étendit sur la beauté de son andalous, et invita les curieux à l'aller voir à l'écurie où il était, dans une rue nouvelle dont il désigna la situation à défaut du nom qu'elle ne portait pas encore. Aussitôt un membre du club proposa qu'en mémoire de l'événement on donnât à cette rue le nom de *Figuières*, et la motion fut applaudie et délibérée.

Dans la même rue est mort en 1822 M. *Galin*, qui avait publié quatre ans auparavant un ouvrage intitulé le *Méloplaste, ou Exposition d'une nouvelle Méthode pour l'enseignement de la Musique.*

§ IV. Les *fossés de l'Hôtel-de-Ville* ont pris ce nom de l'ancien Hôtel-de-Ville qui occupait leur côté septentrional, sur lequel on a ouvert le Grand-Marché. Dans cet édifice, le corps municipal appelé la *jurade* a siégé depuis sa création jusqu'à sa suppression. En 1735, on construisit dans la cour de l'Hôtel-de-Ville la *salle des spectacles*, qu'un incendie consuma en 1756. Quelques parties de l'Hôtel-de-Ville furent atteintes par les flammes, entr'autres une salle qui renfermait les portraits des maires et des jurats peints de pied en cap. Comme cette salle ne pouvait contenir qu'une cinquantaine de ces portraits, et qu'on y en plaçait au moins trois chaque année depuis deux siècles, il était d'usage que les plus anciens fissent place aux nouveaux venus, et qu'on donnât les toiles des sortants à leurs familles, comme fiches de consolation.

Sur les fossés de l'Hôtel-de-Ville habita M. David *Gradis*, négociant, mort en 1811, et qui a laissé un ouvrage intitulé *Essai de philosophie rationnelle sur l'origine des choses et sur leur éternité future.*

§ V. En face de l'Hôtel-de-Ville subsistait, depuis 1573, le *collége de la Madelaine*, que M. de Baulon, conseiller au parlement, avait fondé pour les jésuites, qui faisait concurrence à celui de Guienne, et dont il parvint bientôt à éclipser l'ancienne illustration; car les bons pères possédaient l'art de dominer partout où ils s'établissaient *per fas et nefas*. Le collége avait pris son nom d'une chapelle située près de leur couvent, et qui avait été incendiée lors de la sédition de 1548.

L'histoire atteste que le connétable de Montmorency fut envoyé à Bordeaux pour rechercher et mettre en jugement les auteurs de cette sédition; qu'il arriva dans cette ville lorsque les troubles avaient cessé, et qu'il y agit comme aurait pu le faire un général tartare entrant dans un pays conquis. Cependant il existe une médaille qui représente ce commissaire du roi comme s'il avait vaincu les Bordelais en bataille rangée. Cette médaille mensongère est gravée et décrite dans le livre de Luckius, intitulé *Sylloge nummismatum elegantiorum quæ diversi principes, comites et republicæ fecerunt, ab anno 1500 ad annum 1600.* En tête de cette pièce on lit l'indication suivante : *Nummus Annæ Mommorancii, militiæ gallicæ præfecti imaginem symbolumque referens, cusus post devictos Aqui-*

tanos et Burdigalenses, 1548. Un côté de la médaille offre la tête et le nom de Montmorency. Le revers représente une femme debout sur des ruines, tenant un globe de la main gauche et élevant d'un air menaçant la droite, dont l'index présente un anneau. Dans le fond s'étend une ville fortifiée (Bordeaux), devant laquelle coule une rivière. Sur la rive opposée on aperçoit un village (La Bastide). La légende porte ces mots : *Fidem acter. prest.* Aucun archéologue bordelais n'a parlé de cette étrange médaille, quoiqu'elle contredise évidemment le témoignage de l'histoire contemporaine.

Dix ans après la suppression des jésuites, leur collége de Bordeaux fut rendu à sa première destination. On y installa des professeurs séculiers, du nombre desquels était *Mercier*, l'auteur du *Tableau de Paris*. Ce collége ayant été réuni à celui de Guienne, le bâtiment qu'il occupait servit d'hôtel pour le bureau des trésoriers de France et pour l'administration des ponts et chaussées de la généralité de Guienne. Feu M. *Brémontier*, qui a dirigé les travaux pour la fixation des dunes du golfe de Gascogne, habita cet hôtel pendant qu'il fut ingénieur en chef de cette généralité. Ensuite la municipalité, le commissariat général de police, le tribunal de première instance, la mairie ont successivement siégé dans le même local, où est actuellement établie une des casernes de la garnison.

§ VI. A l'extrémité orientale des fossés de Ville était la *place Saint-Eliége* ou *du Mai*, qui a été supprimée dans ces derniers temps. Son premier nom vient de sa situation auprès de l'église de Saint-Eloi, anciennement dite de *Saint-Elégy*, d'où le tribunal de la jurade, qui était vis-à-vis cette église, était appelé *la cort de Sent-Elégy*. La cause de la seconde dénomination s'explique par l'usage immémorial où l'on était d'y planter, tous les premiers jours de mai, un grand pin décoré des armes de Bordeaux, pour marquer que les jurats étaient gouverneurs de la ville. Au pied de cet arbre, on plaçait le feu de joie que la jurade allumait en cérémonie la veille de la saint Jean. Le même jour, les habitants faisaient un feu devant leurs maisons; et les jeunes gens d'alors ne se donnaient pas le dangereux plaisir de lancer des pièces d'artifice sur la voie publique à pareille époque.

Sur la place du Mai s'exécutèrent, jusqu'à la révolution, les jugements criminels rendus par les jurats, dont le parlement avait confirmé les dispositions. On a été surpris de lire, dans un écrit récemment publié, intitulé *Fragments de l'histoire parlementaire de Bordeaux*, que la jurade n'exerçait point la haute justice dans cette ville; que les habitants avaient été déchus de leurs anciens priviléges; que Montesquieu avait été premier président au parlement de Bordeaux. Les *almanachs bordelais* démentent ces allégations, ainsi que celles d'une *Histoire politique de l'Aquitaine*, qui fait naître Montesquieu à Bourg-sur-Dordogne.

§ VII. Les *fossés de Saint-Eloi* ont pris leur nom de celui d'une église paroissiale voisine, dont la fondation remonte au xiie siècle. De temps immémorial les paysans qui cherchent à se louer pour travailler aux vignes des environs de Bordeaux, ont coutume de se rendre sur ces fossés les jours de dimanche. Lorsque les jésuites tenaient le collège de la Madelaine, ceux d'entre eux qui se destinaient à la chaire, venaient s'exercer sur ces fossés. Au moment où les paysans s'y trouvaient en bon nombre, au milieu d'eux apparaissaient deux jésuites, l'un portant un escabeau sur sa tête et agitant une sonnette, l'autre tenant un crucifix. Le dernier, montant sur l'escabeau de son compagnon, débitait à l'auditoire un sermon qui, souvent, ne finissait qu'alors que la patience des assistants paraissait fatiguée. Cette prédication en plein vent a toujours paru inconvenante aux hommes sages; car, dans tout pays civilisé, et quelque culte qu'on y professe, l'instruction religieuse ne se fait décemment et avec fruit que dans les lieux consacrés aux exercices de ce culte.

Sur ces fossés ont habité : 1º M. *Lamontagne*, médecin, qui a publié en 1760 un *Essai sur les fièvres aiguës*; 2º M. *Lamontagne*, son fils, homme de lettres connu par divers ouvrages de poésie et par des traductions de romans anglais; 3º M. *de Lachassaigne*, beau-frère de Montaigne, et le premier traducteur des *Epîtres de Sénèque*.

§ VIII. Les *fossés de Bourgogne*, qui terminent ce grand cours, s'appelèrent aussi *fossés des Salinières*. Nous donnons ailleurs l'explication de leur double dénomination. Sur ces fossés débouche l'*impasse de la Fontaine*, qui est ainsi nommée d'une fontaine qui coule à environ 10 mètres au-dessous du sol sur lequel elle avait autrefois son issue, dans la rue Bouquière, dont elle a porté le nom. Elle est aussi appelée *la font de Pédouillet* dans nos vieux titres, sans doute parce que, attendu sa situation dans un endroit retiré, les mendiants y allaient faire leur toilette.

Sur ces fossés a habité feu M. *Francia-Beaufleury*, qui a publié en 1800 l'*Histoire de l'établissement des Juifs à Bordeaux et à Bayonne*. Dans la *rue Pilet*, qui débouche sur ces fossés, était la demeure de l'abbé *Jaubert*, auteur de la seule traduction qui ait paru des OEuvres d'Ausone. Il devait coopérer à une *Histoire de Guienne*, pour laquelle l'abbé *Baurein* sollicita vainement des matériaux et des souscripteurs en 1765.

Article XIII.

Rue des Minimes, demeure de Montaigne.

§ I. Le *couvent des minimes,* qu'on voyait à l'entrée méridionale de cette rue, lui a donné son nom. Ce couvent qui était originairement occupé par des religieuses de sainte Monique, fut donné par les jurats aux minimes en 1608. Sur son emplacement on a construit en 1833 les casernes de la gendarmerie, et en 1842, les prisons départementales.

§ II. Il existait dans cette rue, depuis 1672, un couvent de religieuses dites *minimettes*. On a donné ce nom à la nouvelle rue qui a été ouverte sur le terrain de ce couvent. A l'angle septentrional de ces deux rues s'élevait la demeure de *Montaigne*, auteur des *Essais*. Elle n'était distinguée des maisons du quartier que par ses combles recouverts en ardoises. Au devant de ce modeste hôtel, on a vu, jusque dans ces derniers temps, une petite cour, dont la porte d'entrée était décorée des armes de Montaigne. Avant qu'on ne démolît cette maison, nous avions proposé au propriétaire de placer sur la porte d'entrée l'inscription suivante :

> Philosophe sublime en sa naïveté,
> Lorsque le fanatisme appelait l'ignorance,
> Montaigne sut douter; et le premier en France,
> En traçant son portrait, peignit l'humanité.

En face du couvent des minimettes on voyait, au milieu de la rue, un puits public appelé le *puits des treize apôtres*, parce qu'autour de sa margelle régnait un large bas-relief représentant treize personnes assez bien sculptées en demi-bosse et debout dans diverses attitudes. Ce bas-relief est le sujet d'une *Dissertation* lue dans une séance de l'académie des sciences de Bordeaux, en 1744, par l'abbé *Venuti*. Montesquieu avait attiré ce savant italien dans cette ville pour en composer l'histoire. En attendant l'issue des négociations qui furent entamées à ce sujet avec les jurats, Venuti s'occupa de diverses recherches sur les monuments de Bordeaux, et en fit part à l'académie. Les plus importantes de ces recherches ont été publiées en 1754. Elles prouvent que leur auteur était capable de mener à bien l'entreprise dont il offrait de se charger. Quoi qu'il en soit, le projet de l'histoire de cette ville échoua, comme tant d'autres qui ont été proposés depuis.

Dans la rue des Minimes est né en 1726 Pierre *Gaviniez*, qui a passé pour un des meilleurs violonistes de son temps. On a gravé plusieurs morceaux de musique de sa composition. Il est mort à l'âge de soixante-quatorze ans, étant professeur au conservatoire de Paris. Feu *Phélipeaux l'aîné*, professeur de musique à Bordeaux, a été l'élève le plus distingué de Gaviniez.

Article XIV.

De la porte Toscanam et de la rue du Peugue.

§ I. Cette ancienne porte de ville et la rue qui y aboutit ont plusieurs fois changé de nom. La *porte Toscanam*, qui subsiste encore à l'entrée de la rue du Peugue, fut bâtie lors du premier accroissement de Bordeaux. Sa dénomination lui est conservée dans les anciens titres. Dans la relation de l'entrée du maréchal de Richelieu, il est dit que le cortége passa dans la rue des Lois, où l'on avait comblé le *puits de Toscanam*, pour élever à sa place un arc de triomphe. Cependant, dans la nouvelle nomenclature des voies publiques, on a transféré à la porte Toscanam le nom de *Porte-Basse*, qui s'élevait à son côté et qu'on a démolie depuis une quarantaine d'années. C'est un héritage nominal qu'on voudrait faire passer d'un édifice ancien à un édifice moderne, en dépit des archéologues et de la vérité.

§ II. La *rue du Peugue*, qui s'étend à la suite de la porte Toscanam, surnommée actuellement *Porte-Basse*, était récemment appelée *rue des Mottes*, parce que plusieurs tanneurs y ont leurs ateliers, et qu'on y fabrique, avec le résidu du tan, une sorte de masse ronde nommée *motte*, qui sert à alimenter le feu des petits ménages. Dans un plan de Bordeaux, gravé en 1787, cette rue est désignée sous la dénomination ignoble de rue *Cague-Mule*. On doit rapporter l'origine d'une pareille dénomination aux écuries où l'on renfermait les mules destinées au service des anciens moulins qui étaient établis sur le ruisseau du Peugue, suivant la *Chronique*, sous l'an 1404. A l'extrémité orientale de cette rue on voyait, il y a quelques années, une vieille tour adossée au mur de ville, et qu'on appelait la *tour du Pendard*. C'était l'ancienne demeure du bourreau.

§ III. Le prolongement de la rue du Peugue, depuis la porte méridionale de l'église Saint-André jusqu'à la place Rohan, est nommé *rue Martiny* dans le plan précité. La reconnaissance publique lui imposa ce nom, qu'on ne devrait pas oublier, car c'est celui d'un des plus courageux magistrats de son temps, qui habitait dans cette rue. Lorsque vers la fin des troubles de la Fronde à Bordeaux, les habitants amis de l'ordre public, qui s'intitulaient avec raison *les bien intentionnés*, et que la faction de l'Ormée appelait les *Chapeaux-Rouges*, cherchaient à se délivrer de la tyrannie de cette faction, Pierre *Martiny*, président de la juridiction consulaire, leur offrit l'hôtel de la Bourse pour se réunir dans cet objet. Il fit plus, il présida leurs assemblées depuis le 19 juillet 1653 jusqu'au 6 août suivant, et brava les dangers attachés à une pareille fonction au milieu d'une populace révoltée. On délibéra dans ces assemblées de députer vers les généraux de l'armée royale qui cernait Bordeaux, et l'on conclut avec eux une capitulation, qui fut suivie de l'amnistie que Louis XIV accorda à cette ville le mois suivant.

Article XV.

De l'ancien fort du Hâ, de quelques rues voisines, et des établissements publics qu'on y remarque.

§ I. La *rue du Hâ* prend son nom d'une ancienne porte de ville qui s'élevait à son extrémité occidentale. On mura cette porte en 1401, parce qu'elle n'était pas suffisamment fortifiée pour résister aux partis ennemis qui menaçaient Bordeaux. Elle s'appelait *porte du Far*, à cause d'un fanal qui y était placé, pour éclairer, durant la nuit, les routes formées au milieu des marais et des terres épaves de ce quartier que traversaient les habitants des campagnes voisines, qui venaient de bonne heure apporter en ville des comestibles au marché. Le fanal qu'on tenait sur cette porte, quoique formé de plusieurs lampes, était décoré du nom imposant de phare par nos aïeux, qui aimaient singulièrement l'hyperbole. L'ancien nom de *Far* s'est changé en celui de *Hâ*, parce que, dans le patois gascon, on emploie indifféremment la lettre h pour la lettre f.

§ II. Il y avait un *séminaire* et un *couvent* dans la rue du Hâ. Le séminaire, qu'on appelait *des Irlandais*, fut fondé en 1603 par le cardinal de Sourdis, pour les ecclésiastiques que les persécutions en Irlande forçaient de s'expatrier. Ceux d'entre eux qui paraissaient propres aux fonctions pastorales étaient employés dans le diocèse; les autres achevaient leur instruction à l'université de Bordeaux et portaient exclusivement les morts dans les paroisses de la ville, moyennant une rétribution applicable à leur séminaire. Quant au couvent, il fut construit en 1616, et considérablement restauré en 1736, à cause des ravages que lui fit éprouver un violent incendie. Il était occupé par les *religieuses de Notre-Dame*, qui reconnaissaient pour fondatrice Jeanne *de Lestonac*, nièce de Michel de Montaigne et veuve de Gaston de Montferrand, baron de Landiras, laquelle est morte en odeur de sainteté dans le même couvent, le 10 février 1640, à l'âge de quatre-vingt-quatre ans. En 1638, elle publia, sous le titre suivant, les statuts de l'ordre qu'elle avait fondé : *Règles et constitutions de l'ordre des religieuses de Nostre-Dame, estably premièrement à Bourdeaux par l'auctorité du sainct siége*. On s'occupe en ce moment de poursuivre en cour de Rome la canonisation de cette pieuse dame. Si ces poursuites sont plus heureuses que celles qui furent faites en 1481 en faveur de l'archevêque Pey-Berland, Mme de Lestonac sera la première sainte que Bordeaux aura vu naître et mourir dans ses murs.

L'abbé *Baurein* habitait la rue du Hâ, lorsqu'il mourut en 1790. Il a publié, de 1784 à 1786, les *Variétés*

Bordelaises, dont les six volumes ne contiennent que la description de la partie du diocèse de Bordeaux qui est située sur la rive gauche de la Garonne, sans y comprendre l'article de cette ville. L'auteur réservait sans doute cet article pour l'*Histoire de la province de Guienne,* dont il avait donné le *Prospectus* dès 1765, conjointement avec l'abbé *Jaubert.* Mais il renonça à son projet, alléguant qu'il n'avait pu recueillir les documents nécessaires pour son exécution. Personne ne trouva cette excuse admissible, parce qu'avant d'annoncer un travail, on doit au moins s'assurer des matériaux qu'on veut exploiter.

§ III. La première rue qui aboutit à celle du Hâ est la *rue des Etubes.* Elle a pris ce nom des bains publics qui s'y établirent au commencement du xviie siècle et qu'on appelait en gascon *estubes.* Ces établissements étaient tenus dans l'origine par des perruquiers, qui sont nommés *baigneurs-étuvistes* dans les brevets de leur création.

§ IV. L'*impasse Birouette* fut appelée *rue des Chiens,* puis *rue de Guillaume-Jean.* Elle est désignée sous ces noms dans un titre du xive siècle. Une maison de cette impasse est dite située « *In ruâ quæ dicitur Guillelmi « Johannis, vel rua de Canibus.* » En 1787, il existait dans cette impasse un *théâtre bourgeois,* où des amateurs jouaient avec beaucoup d'aplomb la comédie et l'opéra comique. Une aventure singulière arrivée dans ce théâtre amena sa dissolution.

§ V. Le nom de la *rue des Palanques* vient de celui que l'on donne encore, dans les campagnes du Bordelais, à des planches mobiles qu'on met sur les ruisseaux pour les traverser. Il y avait anciennement un pareil pont à l'extrémité de cette rue qui descend vers le Peugue. Ce pont servait pour faciliter l'abord de l'église Saint-André aux habitants de la partie de Bordeaux qui était sur la rive droite de ce ruisseau, avant qu'il ne fût voûté. En 1793 on donna le nom de *rue du Romarin* à celle des Palanques. A la même époque, la rue du Hâ fut surnommée *rue Immortelle,* parce qu'elle était habitée par l'infâme Lacombe, président de la trop fameuse commission militaire de la Gironde, lequel fut condamné à la peine de mort le 15 août 1794.

§ VI. Le *fort du Hâ,* sur le terrain duquel on vient de construire le *Palais-de-Justice* et la *Prison départementale,* fut commencé à bâtir en 1454. Il avait la forme d'un carré long, flanqué de hautes tours, sans compter un pavillon carré donnant sur la campagne pour la porte de secours, laquelle était couverte par un ouvrage avancé en forme de fer à cheval. Au levant et au couchant étaient deux portes à ponts-levis par lesquelles on pénétrait dans ce fort. De larges fossés l'entouraient de deux côtés, et des maisons des deux autres.

Pendant le régime de la terreur, le fort du Hâ devint une des quatre prisons créées pour renfermer les personnes qu'on arrêtait révolutionnairement. Lors de la chute de Robespierre, on en comptait deux cent quatre-vingt-treize détenues dans ce fort, ce qui formait environ un cinquième de celles qui étaient alors embastillées à Bordeaux comme *suspectes.* Quoique ce fut la prison la mieux gardée de la ville, un des détenus tenta de s'évader par les combles d'un pavillon faisant partie d'une salle de cette prison qu'on appelait la *galerie*. Dans la nuit du 8 janvier 1794, il descendit au dehors, au moyen d'une corde qu'il avait fabriquée avec des lanières de son manteau et de la couverture de son lit. Mais cette corde s'étant trouvée trop courte, il se cassa une cuisse en tombant dans les fossés du fort. Le bruit de sa chute et les cris que sa blessure lui arrachait le firent découvrir. Il fut arrêté et transporté à l'hôpital, où il mourut des suites de sa fracture dont il s'arracha, une nuit, l'appareil, pour se soustraire à la rage de ses ennemis. Cet homme courageux était un ancien garde du corps nommé *de Lafaye*.

Article XVI.

De la place Rodesse et des rues qui y aboutissent.

§ I. C'est la seule place de Bordeaux qui ne porte pas un nom historique. On lui a imposé celui d'un particulier qui acheta en masse une partie des marais de l'archevêché pour les revendre en détail. Le premier édifice élevé en cet endroit est l'*hôtel des Fiacres*, qui servait à l'exploitation d'une entreprise faite par Vital Muret, pour tenir sur les places publiques des carrosses de louage, en vertu d'un privilége exclusif dont il a joui jusqu'en 1781. M. *Herbert*, premier fermier de cette entreprise, a publié à Bordeaux, en 1756, un opuscule intitulé *Discours sur les Vignes*. Un autre fermier de la même entreprise a donné son nom à la *rue Duhautoir*, qui aboutit sur la *place Rodesse*. La *Manufacture royale des tabacs*, qui approvisionne huit départements voisins, est établie dans cet ancien hôtel des Fiacres, auquel on a fait d'importantes augmentations en 1824.

§ II. Sur la place Rodesse convergent la *rue Belleville* et les *cours Champion* et *Cicé*. Ces deux cours portent les noms d'un archevêque de Bordeaux, lequel fut ministre de la justice depuis le mois d'août 1789 jusqu'en novembre 1790, et qui est mort archevêque d'Aix en 1810. Quant à la rue Belleville, elle est ainsi appelée du nom de l'entrepreneur d'un établissement dont nous parlerons ailleurs. Il convient de faire remarquer qu'on s'est mépris dans l'*Album de l'étranger à Bordeaux*, en imposant le nom de cette rue à tout le quartier qui l'avoisine : ce qu'on a métamorphosé en *faubourg de Belleville*, s'appelle le *faubourg des Marais*.

§ III. La *rue Servandoni*, qui aboutit également à la place Rodesse, rappelle le nom du célèbre architecte-décorateur que Tourny fit venir à Bordeaux pour diriger les fêtes que cette ville donna à la dauphine de France en 1745. Les inscriptions et emblèmes dont Servandoni fit usage étaient de l'abbé Venuti. Montesquieu en parle ainsi dans une lettre à Mme de Pontac :
« J'apprends que vos jurats ont envoyé une bourse
« de jetons de velours brodé à l'abbé Venuti. Le pré-
« sent n'est pas important ; mais c'est le présent d'une
« grande cité. »

CHAPITRE VIII.

DES RUES, PLACES, ANCIENNES PORTES DE VILLE ET AUTRES ÉTABLISSEMENTS PUBLICS QUE RENFERME LA SEPTIÈME DIVISION DE BORDEAUX.

ARTICLE I.

De l'ancienne porte de la Grave et de quelques particularités relatives à ce quartier.

§ I. La *porte de la Grave*, démolie en 1804, s'ouvrait dans une grosse tour de forme ovale d'environ 10 mètres de hauteur ; sa construction appartenait au XIVe siècle. Le quai qui s'étend au devant de cette porte lui a donné son nom, dont l'étymologie est sensible. Anciennement, comme à présent, ce quai servait spécialement à l'abordage des bateaux qui importaient dans cette ville les divers produits du Haut-Pays. Il paraît même que sous le nom de *la Grave* on comprenait tout le port de Bordeaux, ainsi qu'il résulte des *Anciens Statuts* de cette ville. On y lit, au titre *des sergents* : « Pour chacun adjournement fait sur la Grave, « port et havre de ceste ville, ou en aucune gabare « ou coureau estant à terre ou attaché à terre, douze « deniers bourdeloys. »

§ II. Les *bateaux à vapeur* du haut de la rivière stationnent sur le quai de la Grave. Le premier de ces bateaux naviguant sur la Garonne fit son voyage d'essai devant Bordeaux le 3 août 1818. Il avait été construit dans cette ville d'après le système de Watts, qui a perfectionné celui de l'inventeur Fulton de New-Yorck.

§ III. A la porte de la Grave aboutit la *rue Picha-dey*. Dans les vieux titres on l'appelle *Puyaduy*, et c'est son véritable nom. Il est d'ailleurs plus décent que le nouveau, qu'on aurait dû changer dans la dernière réforme des dénominations des rues. Il vient de *puyatorium*, mot de la basse latinité, qui signifie *montée, lieu élevé*, parce que le sol commence à s'élever sensiblement de la porte de la Grave au Marché-Neuf, où finit cette rue. Un titre de 1327 indique en ces mots une maison située dans la même rue : *In parochiâ Sancti Michaëlis juxtà puyatorium*. Dans un acte de 1520, les deux dénominations sont rappelées textuellement : « La rue de la Grave, autrement dicte « au Puyaduy de Sainct-Michel de Bourdeaulx. »

Dans la rue Puyaduy naquit en 1735 le fameux *Marignan*, qui fut pendant vingt ans l'ornement de la scène bordelaise, dans le rôle d'*arlequin*, par son jeu naturel et ses spirituelles improvisations. Ce rôle était d'autant plus difficile, que l'acteur qui le remplissait devait composer son dialogue, dont on indique seulement l'intention dans la plupart des pièces de ce genre. Les vieux amateurs des spectacles se rappellent encore la manière plaisante avec laquelle Marignan raconta sur la scène, en 1780, ce qu'il prétendait lui être arrivé dans le voyage qu'il venait de faire, en accourant à Bordeaux pour admirer son nouveau théâtre. Cet inimitable acteur, dont le nom de famille était *Denabre,* avait beaucoup d'instruction, et était fort estimé à Bordeaux. Il publia en 1769 une brochure intéressante qui a pour titre *Eclaircissements sur la musique du Devin de village.*

Article II.

Eglise et clocher de Saint-Michel.

Cette église est, après celle de Saint-André, la plus belle de Bordeaux. Elle a été construite en 1160; et on y a ajouté depuis quelques décorations intérieures et extérieures. La plus remarquable est son clocher, dont la moitié subsiste encore depuis trois siècles et demi.

§ I. Ce clocher est hexagone à sa base, qui a 12 mètres de diamètre. A chacun de ses angles est un contrefort de 2 mètres 60 centimètres de saillie sur 2 mètres d'épaisseur. Ces contre-forts s'élèvent à 60 mètres et sont terminés par des campanilles. La tour du clocher a 43 mètres jusqu'à la galerie sur le plan de sa base. A cet endroit commençait la flèche du clocher, qui était de forme dodécagone, et avait 50 mètres de hauteur. En 1574 et 1608, l'orage tomba sur ce clocher et endommagea sa flèche, qui fut renversée par un ouragan le 8 septembre 1768. Elle ne fut point rétablie lorsqu'on y plaça un télégraphe sur sa tour en 1823.

Sous le clocher de Saint-Michel est l'ancien *char-nier* de la paroisse, lequel a la propriété de conserver les corps morts. On y voit appuyés contre la muraille une centaine de cadavres plus ou moins entiers, n'offrant que des squelettes recouverts de leur peau formant un parchemin noir. Le sacristain, qui montre aux curieux ce hideux spectacle, débite à ce sujet des contes plus ou moins ridicules sur les momies qu'il passe en revue d'un ton quelquefois goguenard.

On employa vingt ans à construire ce clocher, ainsi qu'il résulte de l'extrait suivant d'un manuscrit du temps : « L'an mil quatre cens septante-dus, lo vingt-
« naü jorn de féburey, fo commençat lo cluchey de
« Sent-Micqueü de Bordeü per mestre Johan *Lobas*, et
« accabat per son fils mestre Johan *Lobas*; et fo pau-
« sada la darreyra peyra lo jorn de Sent-Mauritij,
« vingt-naü jorn de septembre, l'an mil quatre cens
« quatre-vingt et dotze; et lo huyt jorn de novembre
« fu pausada la crotz bénédeyta per Garney, evesque
« portatiü (évêque *in partibus*), prieü de Bardanac,
« présen Yves Reü, prestre rectorque de Porietz. »
Lorsque la flèche de ce clocher fut parvenue presqu'à son terme, le travail éprouva une interruption momentanée, parce que les ouvriers refusèrent d'en poser les dernières assises des pierres, attendu le danger auquel ils se trouvaient exposés par la grande élévation de cette flèche. Deux hardis maçons se chargèrent de ce travail, que le syndic de la paroisse récompensa généreusement. Il a consigné ce fait en ces termes, dans son compte rendu à la fabrique : « Plus paguat la deyta

« vespra de Sent-Micqueü, per tres alnes de drap gris
« per far duas raubas à Huguet *Beauducheü* et à
« Guillaume *lo Reynart,* massons, à causa que vo-
« lussen prende la pena de massonar l'aguilha deü
« cluchey jusqu'à la fin, car jo no trobavy home quy
« y volut prende la cargue. Monte tot ab lo drap, for-
« radura et feysson XV francs et XIII ardits. » Le
Guide de Bordeaux a dénaturé cette anecdote, pour
l'appliquer à la construction du clocher de Pey-Berland,
tout en copiant mal ce qui est écrit à la page 147 du
tome v des *Variétés Bordelaises.*

§ XI. Louis XI, qui était particulièrement dévot à
saint Michel, assista à la messe dans cette église le 7
février 1462, et voulut laisser à l'église de Saint-Michel un témoignage remarquable de son passage à Bordeaux. « La confrérie de *Montuzet,* porte la *Chroni-*
« *que,* est instituée à Bourdeaux par le roy Louys,
« en l'honneur de la Vierge, estant porté par l'insti-
« tution, qu'aucun de ladite ville ne pourra faire estat
« de la navigation, qu'il ne soit enrôlé en ladite con-
« frérie. » Elle a subsisté jusque dans ces derniers
temps dans l'église Saint-Michel, avec cette différence,
que les confrères se recrutaient indistinctement dans
toutes les classes de la société.

L'église de Saint-Michel était desservie par vingt-
cinq prêtres bénéficiers. Ils avaient obtenu du pape,
en 1463, une bulle qui les instituait en chapitre collégial. Ne jugeant pas à propos de jouir en entier de
la faveur de cette bulle, ils s'étaient bornés à adopter
le costume de chœur qu'elle leur attribuait : il con-

sistait en un camail de drap noir qu'ils portaient sur leur surplis et qui les distinguait des autres prêtres dans les cérémonies publiques. Un curé de Saint-Michel, nommé Antoine *Grimauld,* prononça l'*Oraison funèbre de Louis XIV* dans une cérémonie solennelle qui eut lieu dans l'église Saint-André, le 6 novembre 1715.

Article III.

De la rue Sainte-Croix et du couvent des bénédictins qui y était établi.

§ I. Cette rue tire son nom de l'église qu'on voit à son extrémité méridionale. On croit que cette église est la plus ancienne de celles qui subsistent à Bordeaux, et que c'était le *temple de Vernémétis,* dont parle le poète Fortunat. L'église de Sainte-Croix faisait partie d'un couvent qu'occupaient les bénédictins de la congrégation de saint Maur, et portait le titre d'abbaye. On en attribue la fondation à Clovis II, en 650. Ce couvent ayant été détruit par les diverses hordes de barbares qui ravagèrent Bordeaux, fut rétabli en 1043 par les libéralités de Guillaume Geoffroi, duc d'Aquitaine.

§ II. Avant la révolution, une aile de l'église abbatiale de Sainte-Croix était réservée pour le service de la paroisse de ce nom : l'église entière est actuellement affectée à ce service. Dans l'ancien couvent a été établi en 1794 l'*hospice des Vieillards.* On y entretient deux cent quarante-six vieillards des deux sexes, qui sont dénués de tous moyens d'existence. La commission des hospices a récemment donné à la principale salle de cet établissement le nom d'un de ses anciens administrateurs, qui l'a dirigé pendant douze ans avec un zèle tout particulier. Voici l'inscription mise à ce sujet sur la porte de cette salle :

EN 1842, LE NOM DE CETTE SALLE LUI A ÉTÉ DONNÉ EN SOUVENIR DU BIEN QUE M. J. AUGUSTE SARGET A FAIT A CETTE MAISON, DONT IL FUT L'ADMINISTRATEUR-COMMISSAIRE DE 1829 A 1841.

§ III. On voit dans cette église le tombeau de saint Maumoulin, abbé de Fleuri, qui mourut dans le monastère de Sainte-Croix, en 643. Ce tombeau porte l'épitaphe suivante :

HIC REQUIESCIT BONE RECORDATIONIS HUMILIS XTI MOMMOLENUS, QUI VIXIT ANNOS SEPTUAGINTA, APUD QUEM NULLUS FUIT DOLUS MALUS, QUI FUIT SINE IRA JUCUNDUS. HOC EST ACCEPIT TRANSITUM SUUM DIE VI IDUS AUGUSTAS, UBI FECIT AUGUSTAS DIES SEPTEM, ANNO V REGNI DNI NOSTRI CHLODOVEI REG.

On sera sans doute surpris de ce que dans l'épitaphe d'un saint personnage, on le loue de n'avoir été ni méchant, ni colère, ni triste. Mais tout cela est doctement expliqué dans son panégyrique que dom *Darnal*, frère de notre chroniqueur, publia en 1618, sous ce titre : *Narré véritable de la vie, trépas et miracles de Monseigneur sainct Mommolin, abbé de Fleury, mort à Saincte-Croix de Bourdeaux, où sont ses reliques.*

§ IV. Les bénédictins de Bordeaux se sont occupés peu heureusement de l'histoire du pays. En 1752, ils offrirent à la jurade de faire les *histoires* de cette ville et de la province, moyennant une somme de 1,500 fr. par an, pour les deux ouvrages, jusqu'à leur achèvement. Quatre d'entre eux publièrent en 1755 un prospectus de l'*Histoire ancienne et moderne de la province de Guienne.* La pension fut supprimée aux entrepreneurs treize ans après, parce qu'ils n'avaient encore rien donné de leur travail. En 1782, dom *Carrière* ouvrit une première souscription pour une *Histoire générale de la province de Guienne,* et deux ans après une seconde pour les *Annales politiques, civiles, religieuses et littéraires de la ville de Bordeaux.* Aucun de ces projets n'a reçu son exécution.

Dom *Devienne,* religieux du même couvent, a publié en 1771 la première partie de l'*Histoire de Bordeaux,* production remarquable pour le fonds et pour la forme, bien qu'elle s'arrête à l'année 1675, et que certains aient intérêt à la dénigrer. En 1773, l'auteur remit le manuscrit de la seconde partie de son ouvrage aux jurats, qui l'ont laissé échapper de leurs mains, quoique propriété communale. Ce manuscrit peu important existe à Bordeaux; car en 1819, un imprimeur de cette ville annonça qu'il le donnerait avec des additions de M. D. C. D., aussitôt qu'il aurait recueilli un nombre convenable de souscriptions. Depuis, l'éditeur est réellement décédé. Cependant, comme il n'y a pas de péril dans la demeure, Bordeaux peut espérer de jouir incessamment de son histoire, car il en a paru maint *Prospectus* depuis une dixaine d'années :

Il en est jusqu'à trois que l'on pourrait citer.

§ V. Dans ces derniers temps on a ouvert, vis-à-vis l'église de Sainte-Croix, une nouvelle rue dont le nom rappelle une ancienne institution à laquelle on ne songeait plus : c'est la *rue du Noviciat*. Elle occupe le terrain d'un couvent bâti en 1611, pour servir aux novices de l'ordre des jésuites. Cet ordre, banni de la province par le parlement de Bordeaux en 1762, a été supprimé en France deux ans après, puis aboli dans toute la chrétienté par une bulle du pape, en date du 21 juillet 1773. Malgré cette proscription, on dit qu'il existe de par le monde des sociétés secrètes de jésuites, et que les initiés se reconnaissent entre eux en montrant un brin de chiendent, emblème de la ténacité.

Article IV.

Des rues Carpenteyre, de la Fusterie et de quelques autres adjacentes.

§ I. La *rue Carpenteyre* est ainsi appelée du mot gascon *carpentey*, qui signifie un charpentier. Mais comme ce mot désigne aussi un tonnelier et un ouvrier constructeur, il est impossible de préciser laquelle de ces trois classes d'ouvriers a donné son nom à cette rue. Elle était habitée, en 1784, par feu M. *Clozanges*, auteur de l'opéra de *Diane jalouse*. Il fut mis en musique par M. *Duquénoi*, acteur du Grand-Théâtre de Bordeaux, sur lequel cette pièce obtint une ou deux représentations.

§ II. A la rue Carpenteyre aboutit la *rue du Port*, qu'on nomme ainsi parce qu'elle conduit sur le port ou quai de Sainte-Croix. Dans cette rue était le *couvent des bénédictines*, qui fut fondé en 1634.

§ III. Vis-à-vis est la *rue du Moulin*, laquelle prend son nom d'un moulin à eau qu'on trouve à l'angle sud-est des anciens murs de ville, à l'endroit où le ruisseau du Guit se jette dans la Garonne. Ce moulin est dans une vieille tour carrée, qui faisait autrefois partie d'un petit fort construit en 1525, sous le nom de *boulevart Sainte-Croix*.

§ IV. La *rue de la Fusterie*, qui s'étend sur la même ligne que la rue Carpenteyre, porte comme elle un nom dont l'origine est équivoque ; car on entend par *fusteries*, dans le vieux français, toute sorte d'ouvrages travaillés en bois.

§ V. Dans cette rue débouche la *rue Maubec* (Mauvaise-Langue), qui est ainsi appelée parce qu'elle fut autrefois habitée par des regrattières, auxquelles les mauvais propos et les querelles sont d'un usage habituel. Ces habitudes étaient autrefois sévèrement réprimées. Un article des *Anciens Statuts de Bordeaux* voulait que toute femme querelleuse ou qui tenait de mauvais propos fût condamnée à dix sous d'amende, ou à être plon-

gée trois fois dans la rivière : « Establis es, porte l'ar-
« ticle, que si molher es probada que sie tensonosa
« (querelleuse) o maü parleyra (médisante), guatgera
« se detz souds, o sera ligada ab una corda sotz las
« esseyras, et plongada trez vetz en l'aygua. »

Article V.

De la porte de la Monnaie et de la rue du même nom.

§ I. En 1752, Tourny fit ouvrir cette nouvelle porte
de ville, dont la construction était devenue nécessaire
pour faire communiquer un quartier populeux avec le
port qui le bordait. Il donna à cette porte le nom de l'hôtel de la Monnaie qui y aboutissait et qu'il fit en même
temps construire. En déplaçant cet établissement, qui
était auparavant sur la place du Palais, il avait en vue
de vivifier le quartier peu fréquenté où il le transfé-
rait ; car dans tous ses travaux, ce grand administrateur cherchait ce qui était utile sous plus d'un rapport.

§ II. La rue qui conduit de la porte de la Monnaie
à l'hôtel du même nom s'appelait alors *rue Anglaise*,
et dans les vieux titres *rua deüs Harlots*, parce que la
police du temps de la domination des Anglais y avait
relégué les filles de joie, qu'ils nomment ainsi. Dans
les *Anciennes coutumes de Bordeaux*, le bourreau est
qualifié *roi des Arlots*, parce qu'il avait l'inspection des
lieux de prostitution. Cette rue était fort étroite, ainsi
qu'on l'apprend par un acte de 1317, dans lequel une
maison est désignée : « *In ruâ strictâ deüs Harlots,*

« *propè ruam Adam Carbonneü in parochiâ Sanctæ*
« *Crucis apud Gravam.* »

§ III. La *rue de la Monnaie* diffère en tout de celle qu'elle remplace. Elle est bien bâtie, fort large, et la seule de l'intérieur de la ville dont toutes les maisons portent une façade uniforme. Les propriétaires se déterminèrent de leur plein gré à adopter ce mode régulier de construction, que Tourny se bornait à prescrire pour les seules maisons qui devaient être élevées sur le port ou sur les places publiques qu'il formait. On doit regretter que ses vues n'aient pas été suivies depuis. Sur le quai de la Monnaie habitait feu M. *Poitevin*, habile constructeur dans le dernier siècle. C'est de cette époque que date le perfectionnement de l'architecture navale à Bordeaux, où la construction des navires marchands est généralement plus remarquable que dans aucun autre port de France. Poitevin passe pour être le premier artiste bordelais qui se distingua dans sa profession. Il a fait de bons élèves.

Jean *de Malus*, qui était directeur de l'hôtel des Monnaies de Bordeaux en 1601, a publié un ouvrage curieux intitulé *La recherche et descouverte des riches mines des Pyrénées.*

Article VI.

De la porte des Capucins et des rues qui y aboutissent.

§ I. Cette porte tire son nom du couvent des capucins qui subsistait dans son voisinage lorsqu'elle fut construite. On l'appelle communément *Porte-Neuve*, parce que c'est la première porte de ville que Tourny ait fait ouvrir à Bordeaux, et dans un lieu où il n'en existait aucune auparavant. Cette porte fut commencée en 1744, ainsi que les deux places publiques qui sont à ses abords. Elles sont bâties sur un plan uniforme, qu'on n'a pas suivi pour la continuation de la place extérieure.

§ II. En laissant une grande étendue à cette dernière place, Tourny y forma un établissement public qui manquait à Bordeaux et qui subsiste encore. Un arrêt du conseil, que ce magistrat sollicita, autorisa en 1748 un marché hebdomadaire pour le bétail sur la *place extérieure des Capucins*.

§ III. La *rue Claire*, qui aboutit à la porte des Capucins, tire son nom de celui d'un vieux couvent de religieuses de sainte Claire qui occupait le terrain compris entre cette rue et celles dites Marbotin et Saumenude. On appelait indifféremment ces religieuses clairistes ou minorettes, et en gascon *sors menudas*. Un titre de 1329 indique une maison située « *in ruâ Clarâ propè minorissas*. » Par testament du 6 juin 1326, Rose Dubourg, dame de Vayres, fit plusieurs legs au couvent des clairistes et à certaines de ses religieuses qu'elle désigne sous le nom de *sors minorettas*. Par lettres-patentes du 14 mai 1522, le roi ordonna la démolition de ce couvent, attendu que sa situation près des murs de ville pouvait compromettre la sûreté publique. Cette démolition s'étant effectuée trois ans après, la communauté supprimée fut réunie à celle des annonciades.

§ IV. En vertu d'un arrêt du conseil du 29 novembre 1749, Tourny fit ouvrir la rue qui va de la place de la Monnaie à la porte des Capucins, et qui est connue sous deux dénominations. La partie supérieure s'appelle *rue Marbotin,* du nom d'un propriétaire de divers jardins qui étaient situés en cet endroit. La partie inférieure est la *rue Française,* qu'on nommait auparavant *rue Anglaise.* Alors fut percée à son extrémité orientale l'impasse maintenant dite *rue Saumenude.* Dans un titre de 1615 on l'appelle *cul de sac des Sœurs-Menues,* d'où s'est formé par contraction le nom actuel.

§ V. Le *couvent des capucins* fut fondé par la ville en 1601 et établi dans l'ancien bâtiment appelé l'*hôpital de la Contagion,* où l'on soignait auparavant les personnes atteintes des maladies épidémiques qui se renouvelaient souvent à Bordeaux, et auxquelles on donnait le nom de *pestes.* Elles étaient occasionnées par la stagnation des eaux du Peugue dans les marais de l'archevêché. Cette fondation fut consignée dans une longue et emphatique inscription latine placée sur la porte du nouveau couvent, et qu'on peut lire dans la *Chronique.* En 1685, les capucins obtinrent de la jurade la concession de la partie du terrain des remparts de la ville qui bordait leur couvent, et ils y élevèrent une terrasse fort agréable. Ce couvent fut rebâti à neuf en 1768, au moyen d'une quête qui fut faite en ville. On dit qu'il parut tellement somptueux au général des capucins qui vint y tenir le chapitre de l'ordre en 1770, qu'il reprocha à ses frères de Bordeaux de s'être écartés de la modestie séraphique dans cette occasion. C'était une politesse *oratoire* que S. R. adressait aux Bordelais.

§ VI. Il existe aux archives de l'Hôtel-de-Ville un manuscrit français de 338 pages in-folio, portant ce titre latin : *Memorabilia præcipua provinciæ Aquitaniæ fratrum minorum ordinis sancti Francisci capucinorum, ab anno 1582 usque adhuc (1759), piæ posteritati dicata*. On trouve dans ces mémoires historiques sur l'ordre des capucins de l'ancienne province d'Aquitaine des détails relatifs au couvent de Bordeaux, aux chapitres généraux qui s'y sont tenus, aux élections de ses gardiens, aux missions prêchées par ces religieux dans le diocèse, aux visites d'étiquette qu'ils ont faites à divers fonctionnaires, et plusieurs particularités qui devaient intéresser la *pieuse postérité* à laquelle ce manuscrit est dédié. Il contient les matériaux d'une histoire des capucins dont s'occupait le père *Fidèle*, capucin de Bordeaux, qui avait fait imprimer dans cette ville, en 1778, un ouvrage de dévotion en deux gros volumes, sous ce titre énigmatique : *L'Homme enrichi du trésor de la vérité*. Le style de cette capucinade égale celui de *l'Oraison funèbre du dauphin de France*, que le même auteur avait publiée douze ans auparavant à Paris, et dont la police fit enlever l'édition chez les libraires, comme étant un galimatias du dernier ridicule, quoique composé dans de bonnes intentions.

§ VII. Le couvent des capucins est actuellement occupé par le *séminaire diocésain*. Il fut établi en 1804 par l'archevêque, qui ordonna à ce sujet des quêtes dans le diocèse de Bordeaux, pour fournir aux frais de cet établissement. On a fait d'importantes réparations à son église en 1828.

Article VII.

Du quartier du Maucaillou, et d'un événement remarquable qui s'y est passé.

§ I. Le *quartier du Maucaillou* était bien peuplé lorsqu'on le renferma dans l'enceinte du second accroissement de Bordeaux. Le voisinage de la rivière d'un côté et l'abord de la campagne de l'autre l'avaient rendu bien commerçant. Aussi les rues de ce quartier sont-elles désignées dans de très-anciens actes. Le nom de Maucaillou, en gascon *Maücaillaü* (mauvais caillou), vient de la grande quantité de cailloux qui rendait le sol de ce quartier fort incommode pour les piétons, et peu favorable à la culture des jardins qui y étaient nombreux. Ce nom fut d'abord affecté à la rue du Maucaillou pour la partie qui s'étend depuis la rue Permentade jusqu'à l'endroit où le mur de ville a été percé en 1744 pour former la porte des Capucins.

§ II. La *rue Ducasse* a été appelée grande rue du Maucaillou, pour la distinguer de la précédente, dont elle est le prolongement. Un titre de 1440 précise ainsi cette différence : « *Magna rua de malo calculo, quæ « à cœmeterio Sancti Michaëlis et à puteo qui est propè « ipsum cœmeterium* (le puits de Canteloup), *ducit « directè versùs puteum de malo calculo* (le puits du

« Maucaillou) *et meridiem.* » Cette rue Ducasse commença à perdre son ancien nom dans le siècle suivant. Son nouveau nom lui fut donné à cause de l'habitation d'un riche particulier appelé *Guilhem deü Casse, paropian de Sent-Micqueü,* dont les possessions étaient situées rue Maucaillou, à l'angle de la *rue Columbeyra*.

§ III. Dans un titre de 1308, cette dernière rue est désignée de manière à ne pas méconnaître la rue actuellement appelée *des Andouilles* : « *Rud Colum-*
« *beyra,* est-il dit, *quæ de ruâ de malo calculo ducit*
« *ad ruam minorum* (des Menuts.) » Le nom de la rue Columbeyre fut changé en celui de *rue des Andouilles* à l'occasion d'un charcutier qui vint s'établir dans cette rue sur la fin du XVIIe siècle, et qui eut une grande vogue pour la préparation des andouilles. Les Français ont été très-friands de ce mets, témoins les fameuses andouilles de Troyes et de Blois, qui étaient autant recherchées des gastronomes d'alors, qu'elles le sont peu actuellement.

Dans la rue des Andouilles fut commis en 1787 un assassinat dont les horribles circonstances doivent être présentes à la mémoire des vieillards de Bordeaux. Le 8 juillet de cette année, les nommés *Camalet* et *Lasneau* attirèrent, dans une maison qu'ils avaient louée dans cette rue, un horloger de cette ville, sous prétexte de prendre livraison des montres qu'ils lui avaient marchandées la veille. Ils le tuèrent dans cette maison ; et après avoir volé les montres qui étaient dans sa boutique, ils coupèrent son corps par morceaux, qu'ils jetèrent dans les latrines de la maison où ils avaient commis l'assassinat. La tête de leur victime n'ayant pu passer dans ce tuyau, ils la portèrent dans un puits qui était devant la maison du coin des rues des Menuts et Ducasse. Le lendemain, les ouvriers d'un boulanger, en tirant de l'eau à ce puits pour leur travail, découvrirent cette tête; et sa découverte amena celle des assassins. Lasneau fut bientôt arrêté à Bergerac. Camalet, son complice, ne fut pris que dans le mois de mai 1789, à Marseille. Ils furent condamnés à être rompus vifs. Ces assassins devinrent l'objet de la curiosité publique à Bordeaux. Ils eurent leurs dessinateurs, leurs chansonniers et leurs historiographes, comme plusieurs grands criminels dans nos derniers temps; mais avec cette différence, que nul ne prétendit qu'on dût attribuer leurs crimes à certaines bosses du crâne, ou à l'influence d'une monomanie irrésistible : ces *belles choses* n'étaient pas encore inventées.

Article VIII.

De la place des Cordeliers et des rues qui y aboutissent.

§ I. La *place des Cordeliers* fut formée au devant du couvent de ce nom, lorsqu'on vendit en 1752 une partie du terrain qui l'avoisinait. On lit dans le *Gallia Christiana* que l'archevêque de Bordeaux bénit en 1228 le cimetière de ce couvent, qui était situé dans le quartier du Maucaillou. Les cordeliers occupaient alors une maison que les bénédictins leur avaient prêtée. A l'en-

trée de l'ancien enclos de ce couvent on voyait, au commencement du siècle dernier, le *cimetière des juifs*. Sa place est figurée sur un plan de Bordeaux. Ce fait a été remarqué par dom Martenne, lorsqu'il visita cette ville en 1717. Il en parle en ces termes dans le *Voyage littéraire de deux bénédictins* : « Les cordeliers de Bor-
« deaux ont seuls le droit d'enterrer les juifs, dont on
« compte environ deux cents familles dans cette ville,
« où ils n'ont point de synagogue, ni aucune marque
« qui les distingue. »

§ II. Le père Bernard *Lambert,* mort en 1755, étant gardien du couvent des cordeliers de Bordeaux, a composé pour l'académie des sciences de cette ville, dont il était correspondant, plusieurs mémoires sur diverses questions de physique et d'archéologie. En 1752, il fit lecture, dans une séance publique de cette société, d'une dissertation intitulée *Réflexions sur le passage des Commentaires de César qui concerne la religion des anciens Gaulois*. Dans un ouvrage anglais qui a paru en 1770, sous le titre d'*Archæologia, or Miscellaneous tracts relating to antiquity*, on prétend que le père Lambert travaillait à une histoire d'Aquitaine. Mais comme il ne l'a jamais annoncée publiquement et qu'il n'existe de lui aucun *Prospectus* à ce sujet, on ne peut pas dire qu'il ait échoué dans son projet : ceux qui ont promis un livre au public sont seuls ses redevables.

§ III. La *place des Cordeliers,* quoique la plus petite de celles de Bordeaux, se compose de maisons dont la façade est uniforme : Tourny en avait donné le plan. Sur cette place habitait M. *de Vigneron,* ancien magistrat, auteur d'un *Eloge du maréchal de Biron,* qui a remporté le prix au concours ouvert en 1787 par l'académie des sciences de Bordeaux.

§ IV. La *rue de l'Observance* est ainsi appelée parce qu'elle aboutissait à la porte d'entrée du couvent des cordeliers, avant qu'on n'eût ouvert la place de ce nom. Ces religieux étant de la congrégation de la grande observance, cette dénomination devint celle de la rue qui conduisait à leur couvent. Dans ces derniers temps, feu M. *Duchesne-Beaumanoir* habitait la même rue. Il possédait une belle collection de médailles anciennes et du moyen âge, que les connaisseurs ne négligeaient pas de visiter. Une partie de ce médailler a passé dans le cabinet de M. *Péry* père, amateur distingué des arts à Bordeaux, qui y a joint la plus nombreuse collection qu'on ait encore faite dans cette ville en livres, plans, gravures, dessins, médailles et monnaies rares concernant l'histoire du pays.

§ V. La *rue Saint-François* fut ouverte sur le terrain des cordeliers en 1752. Dans cette rue habitait feu le docteur *Barbeguière,* qui a publié en 1784 une critique tout à la fois savante et plaisante du *Magnétisme animal,* intitulée *La Maçonnerie mesmérienne.*

§ VI. La *rue des Menuts* est ainsi nommée parce qu'elle bordait le couvent des cordeliers qu'on appelait originairement frères mineurs, et en gascon *frays menuts.* Mlle *Héliés* tenait dans cette rue une pension renommée. C'est la seule dame de Bordeaux qui ait enseigné les langues anciennes. On a d'elle plusieurs pièces de vers latins qui sont d'une bonne facture, entr'autres une *Eglogue* adressée au maréchal de Mouchy, commandant de la province, auquel elle avait dédié un exercice littéraire fait par ses élèves. Mlle Héliès est la dernière personne de France qui ait péri victime de la terreur, le 29 juillet 1794.

§ VII. Pour faire preuve d'exactitude, nous remarquerons que sur le plan de Bordeaux, gravé en 1787, la *rue Gabillon*, qui aboutit à celle des Menuts, porte le nom plus que singulier de *rue Minge-Cague-Béou*. Elle bordait autrefois le côté nord du couvent des cordeliers. Elle reçut cette étrange dénomination, parce que les mendiants auxquels on distribuait à certains jours la soupe à la porte de ce couvent, allaient la manger dans cette ruelle, puis y déposaient sans vergogne le résidu de leur digestion.

Article IX.

De la rue Leyteyre et de quelques rues qui y aboutissent.

§ I. Le nom de la *rue Leyteyre* vient d'un mot gascon qui signifie tout à la fois laitière et litière. Nous croyons que la dernière étymologie est la bonne, parce qu'il y a eu de tout temps dans cette rue un grand nombre de loueurs de chevaux, qui plaçaient abusivement au devant de leurs écuries la litière provenant de leurs chevaux.

§ II. A cette rue communique la *rue Causserouge*. On l'a nommée ainsi par rapport à un événement funeste dont elle a été le théâtre. Les bordelais qui tenaient pour le parti de la ligue, avaient formé le projet de s'emparer de la ville, et d'en chasser ceux des habitants qui ne partageaient pas leurs opinions. Le 1er avril 1589 fut choisi pour l'exécution de ce projet, à cause qu'il devait y avoir ce jour-là une procession. Lorsqu'elle fut parvenue à la porte d'Aquitaine, le chef des séditieux ayant crié *Aux armes!* la sédition éclata. Le maréchal de Matignon, gouverneur de Bordeaux, accourut avec des forces pour la comprimer, et chargea vigoureusement les factieux. On en tua environ deux cents. Le plus grand carnage eut lieu dans la rue actuellement appelée *Causserouge*, parce que le sang y coulait jusqu'à teindre les bas des combattants.

Le *temple des israélites* est établi depuis 1812 dans la rue Causserouge. Il remplace les diverses *synagogues* que les juifs avaient depuis longtemps dans le quartier des Augustins, qu'ils habitaient presque exclusivement.

§ IV. La rue Leyteyre a été prolongée dans ces derniers temps jusqu'à celle dite *Entre-Deux-Places*. Elle se terminait auparavant à la *rue Permentade*. Le nom de cette dernière rue vient de ce qu'elle fut une des premières qu'on ait fait paver à Bordeaux. Dans un acte du 1er février 1475, elle est ainsi désignée : « Rua Paymentada de Maucalhaü, per ou hom va deü « Fanhas (rue Augustine) au Maucalhaü. » La signification du mot *Paymentade* est expliquée par un article des statuts de Bordeaux de l'an 1366, par lequel il est défendu en ces termes de faire paver aucune rue,

sans l'autorisation de la jurade : « *Item*, deffenden los
« mager et jurats que nulhs no sian si hardits, que
« *paymente* o fasse paymentar carreyra jusques n'en
« auguda licencia deus mager et jurats desta vila. »

Dans la rue Permentade était le *couvent des petites
carmélites* ou de l'Assomption, qui fut fondé en 1618
par Jean de Redon, seigneur de Pransac, président au
parlement. Auprès de ce couvent habitait en 1750
M. *Castaing*, avocat, qui est auteur d'un bon *Traité sur
les alluvions*, et d'un mauvais *Plaidoyer* en vers sur
une demande en cassation d'un mariage pour cause de
paralysie. Dans cette rue est mort M. *Couchet*, jeune
littérateur qui a publié diverses pièces de poésie dans
les journaux. Il avait fondé en 1798 une société littéraire, qui se réunissait dans l'ancienne école de chirurgie, sous le nom d'*Athénée*. Cette société n'eut
qu'une courte existence, parce que son fondateur décéda l'année suivante.

Article X.

*Des rues du Mirail, des Augustines et de Candale,
et du couvent des augustins.*

§ I. La dénomination de la *rue du Mirail* est fondée sur une vieille tradition populaire qui s'est conservée jusqu'à présent, tout absurde qu'elle est. On
conte qu'au fond du puits qu'on vient de remplacer
par une borne-fontaine à l'extrémité méridionale de
cette rue, s'était logé un serpent d'eau qu'on appelait

basilic ou *cocatrix*. Cet animal, inconnu des naturalistes, avait, dit-on, la vertu de faire mourir tous ceux qui le regardaient; mais par compensation il perdait la vie, s'il pouvait voir ses propres yeux. Plusieurs personnes qui étaient venues un jour chercher de l'eau à ce puits, et qui avaient voulu examiner au fond le bruit qu'on y entendait, tombèrent mortes autour de sa margelle. L'alarme était dans le quartier, lorsqu'un soldat, d'autres disent un boulanger qui passait, perçant la foule désolée, annonça qu'au moyen d'un secret qu'il avait appris en Egypte, d'où il revenait avec la croisade, il allait délivrer promptement Bordeaux de ce dangereux animal. Aussitôt, tout en marmottant certaines paroles et prenant un air solennel, il ordonne de descendre au fond du puits, par une corde, le miroir d'une voisine; et dès que la bête y eut vu son image, elle s'élança hors du puits en poussant un cri effroyable, et expira sur-le-champ.

C'est à l'occasion de ce merveilleux événement que ce puits a pris le nom de Mirail (Miroir), et que la rue est ainsi appelée dans les plus anciens titres. Dans l'un d'eux, daté de 1342, on désigne une maison « *in ruâ strictâ quæ à fossato villæ, scilicet inter portale Sancti Juliani et portale de Miralho, ducit versùs meridiem.* » La porte de ville, nommée ici du *Miralh*, était placée à l'extrémité méridionale de la même rue, et avait son issue sur l'ancien chemin de Bègles, ainsi qu'il résulte d'un acte du même temps, où l'on indique une vigne « *in magnâ ruâ de Becglâ quæ à portali de Miralho ducit versùs Becglam.* »

§ II. Près de cette porte était jadis un couvent de *religieuses augustines*. La situation de ce couvent est bien déterminée dans un acte de 1354, où il est parlé d'une maison située « *in parochiâ Sancti Eligii apud* « *Miralhum, propè portale de Miralho, in ruâ quæ à* « *puteo de Miralho ducit versùs sorores augustinas.* » Ce couvent n'existait plus au xvie siècle, comme on l'apprend par le passage suivant de la *Chronique* sous l'an 1405 : « Il y avoit en ce temps audit Bourdeaux « deux monastères de religieuses : savoir est, des cor- « delières et augustines, lesquels sont pour ce jour- « d'huy ruinez, sans qu'il en reste autre chose que la « mémoire. »

§ III. La partie de la rue du Mirail, qui s'étendait depuis le puits de ce nom jusqu'à la porte où était le couvent des augustines, fut ensuite appelée *rue du Fagnas*. On la nommait ainsi à cause d'un grand amas de terres qu'on avait transportées au pied des murs de ville en cet endroit, pour y former un rempart élevé, ce qui rendait les abords de cette ruelle pleins de boue, qu'on appelle *fagne* en gascon. Un procureur à l'Hôtel-de-Ville, qui demeurait dans cette ruelle, et qui ne voulait pas qu'on jugeât, sur l'étiquette du sac, qu'il habitait une rue fangeuse, obtint en 1786 qu'on en changeât le nom en celui de *rue Augustine*.

§ IV. A l'entrée septentrionale de la rue du Mirail était jadis l'*hôpital de Saint-Jacques*, fondé en 1119 par un duc d'Aquitaine, pour héberger les pélerins et nourrir les enfants trouvés. On l'avait métarmorphosé en un prieuré que les jésuites s'étaient fait donner, en 1572, en s'affranchissant de ses charges. L'église de ce prieuré fut changée en salle de spectacles sous le nom de *Théâtre de Molière* en 1792 : elle a repris son ancienne destination depuis quelques années, et sert actuellement de chapelle à une société particulière.

§ V. Dans la même rue est établi depuis 1801 le *Mont-de-Piété* dans l'ancien hôtel Le Berthon. Cet hôtel fut la proie des flammes en 1741; et pendant qu'on le rebâtit, le premier président du parlement, auquel il appartenait, habita l'hôtel de la Mairie, où les jurats lui avaient offert un logement. Le roi, qui appréciait singulièrement les grandes qualités de ce magistrat, lui donna 60,000 fr. pour l'aider à faire reconstruire son hôtel.

§ VI. Vers le milieu du siècle dernier habitait dans la rue du *Mirail* un *industriel* d'un genre tout particulier, qui se faisait appeler le *marquis de La Baume*. Il était parvenu à persuader à des personnes crédules que si elles déposaient de l'argent dans un lieu qui fût *entre le ciel et la terre,* tout en observant certaines pratiques qu'il leur prescrirait, elles verraient doubler leur capital, par l'intervention d'un génie bienfaisant avec lequel il se disait en communication et qu'il faisait paraître par la vertu de ses évocations. Il avait pour théâtre de ses opérations magiques une maison située dans la rue du Peugue. Les sommes que ses dupes voulaient faire multiplier étaient renfermées, après force conjurations, dans un coffret suspendu à la voûte de ce ruisseau par une pierre d'aimant. Elles doublaient d'abord, et disparaissaient quelquefois. Dans ce cas, le génie répondait aux déposants qu'ils avaient négligé d'observer certaines pratiques prescrites, et qu'il les punissait de leur manque de foi à sa puissance. Il existe un *Mémoire* publié par un ancien notaire de Bordeaux, à qui La Baume avait escroqué une forte somme, sous promesse de le faire communiquer avec la *cour céleste*, pour en obtenir certaines révélations. Le parlement, auquel cette escroquerie fut dénoncée, en condamna l'auteur au bannissement perpétuel en 1765. Cagliostro a subi en 1786 une pareille peine pour quelques tours de ce genre, dans la fameuse *affaire du collier*. Il était venu à Bordeaux en 1783 pour faire de la médecine, qu'on croyait merveilleuse et gratuite.

§ VII. Le *couvent des augustins* a été fondé dans le XIIIe siècle. Le 21 décembre 1287, le chapitre Saint-André, pendant la vacance du siége archiépiscopal de Bordeaux, permit de construire ce couvent dans le lieu appelé au Mirail, à la demande de Robert, évêque de Bath et chancelier d'Angleterre. Dans une chapelle de l'église des Augustins s'élevait le mausolée de François de *Foix de Candale*, évêque d'Aire, l'un des plus savants mathématiciens de son temps, mort en 1594, âgé de quatre-vingt-deux ans. Il a traduit du grec et commenté les *Elements d'Euclide* et le *Pimandre de Mercure Trismégiste*. Le collège de Guienne lui dut la création d'une chaire de mathématiques, et l'hôpital Saint-André la fondation d'un service de cinq volailles qu'on ajoute encore tous les jours au bouillon des malades. Il avait inventé un élixir ophtalmique, dont il légua la recette avec une rente aux augustins, pour qu'ils le distribuassent gratuitement. Le mausolée de Candale avait 5 mètres de hauteur et était en marbre de diverses couleurs. Aux quatre angles on voyait assises les vertus cardinales, exécutées en bronze, de grandeur naturelle, et au sommet la statue agenouillée du prélat. Sa sœur, qui lui avait érigé ce monument, y avait exprimé le vœu qu'elle formait pour que son cœur y fût un jour déposé, en témoignage de l'amitié qui l'unissait au défunt. C'est ce qu'annonçait l'épitaphe qu'on lisait sur une pyramide, aussi de marbre, qui s'élevait à côté de ce monument. Les vandales de 1793 ont détruit ce mausolée, le plus beau des trois qui ont subsisté à Bordeaux. On n'en conserve d'autre souvenir que dans le nom de la *rue de Candale* qu'on a ouvert sur le terrain du couvent des augustins.

§ VIII. Vis-à-vis ce couvent feu M. *Pereire*, savant juif espagnol, établit en 1742 une école pour l'instruction des sourds et muets de naissance. Il se servait à cet effet d'une méthode de son invention qu'il appelait *Dactylologie*, ou *Alphabet manuel*. Cette méthode précéda celle qui a immortalisé l'abbé de Lépée. Pereire forma plusieurs élèves. Il était même parvenu à apprendre à l'un d'eux à articuler des phrases entières. Il le présenta à l'académie des sciences de Paris le 9 juillet 1749. Ce sourd-muet récita plusieurs pièces de vers, répondit de vive voix et par écrit aux questions que les académiciens lui firent sur la grammaire, l'arithmétique, la géographie, et donna des preuves de son intelligence et de l'art avec lequel elle avait été cul-

tivée. L'académie consigna ce fait extraordinaire dans ses registres, dont on trouve l'extrait dans le *Journal des savants* du mois de septembre 1749. Pereire est mort en 1780, à l'âge de soixante-cinq ans. Il jouissait, depuis 1750, d'une pension de l'état « en considéra-
« tion, porte le brevet, de l'art qu'il s'était acquis de
« pouvoir donner aux sourds et muets de naissance,
« une éducation dont ils avaient été jusqu'alors privés,
« comme incapables d'en profiter. » Buffon fait l'éloge de la découverte de Pereire dans l'*Histoire naturelle*, chapitre de *l'ouïe de l'homme.*

Article XI.

De la porte d'Aquitaine et des principales voies publiques qui y aboutissent.

§ I. La *porte d'Aquitaine* fut élevée pendant l'administration de Tourny. Elle remplace une porte plus ancienne, au devant de laquelle était un pont jeté sur les fossés de la ville, que défendaient quatre tours bastionnées. Cette ancienne porte s'appelait *de Saint-Julien*, du nom d'un hôpital autrefois établi dans le voisinage. Il subsistait en 1289, suivant une charte de cette année, par laquelle le roi d'Angleterre accorda une exemption des droits d'entrée pour les vins consommés dans cet hôpital, en ces termes : « *Pro priore
« et fratribus hospitalis Sancti Juliani apud Burde-
« galam, quod sint liberi à solutione custumæ pro vinis
« suis.* » Cet hôpital devint par la suite un prieuré

dépendant du chapitre Saint-André, et dont il s'était expressément réservé la collation, circonstance qui fait présumer que le prieuré de Saint-Julien était d'un grand revenu. Voici ce que nous trouvons dans un cartulaire de l'église de Saint-André : « *Die* 13 *mensis novem-*
« *bris anno* 1410, *ex certis causis animum nostrum*
« *moventibus, ordinamus ut à cœtero, non obstanti-*
« *bus statutis et consuetudinibus nostris, collatio prio-*
« *ratûs Sancti Juliani extrà muros Burdigalæ dùm*
« *vocabit, non per hebdomadarium canonicum, sed per*
« *capitulum et capitulariter fiat, et ad totum capitulum*
« *spectet.* » Les jésuites ont aussi joui de ce prieuré.

Le bâtiment de ce prieuré existait encore dans le siècle suivant, d'après cet article de la *Chronique :*
« Le 26 janvier 1572, le légat du pape entra à Bour-
« deaux par la porte Saint-Julien, et fut recueilly au
« prieuré de Saint-Julien, qui estoit alors basti hors
« la ville, où l'on avoit préparé des chaires pour re-
« poser ledict seigneur. »

§ II. La porte Saint-Julien fut inaugurée le 18 novembre 1753, sous le nom de *porte d'Aquitaine.* C'est après celle de Bourgogne la plus belle porte de Bordeaux. Elle est assortie de deux places formées de maisons bâties sur un plan uniforme. La *place extérieure d'Aquitaine* sert de marché hebdomadaire pour la vente des résines, de la cire et du bois provenant des landes des environs de Bordeaux.

§ III. La *rue des Incurables,* qui aboutit à cette place, a pris ce nom d'un hospice fondé en 1743 par M. *de Bigot,* pour un certain nombre de pauvres des deux sexes, dont les infirmités ont résisté à tous les remèdes. Dans la même rue est l'*hospice de la Maternité*. Il a été fondé par la ville en 1781, pour recevoir les femmes enceintes, qui réclament les secours nécessaires à leur état. On a établi dans cet hospice un cours gratuit d'accouchement que doivent suivre les femmes qui se destinent à la profession d'accoucheuses dans ce département. Mme *Coutenceau*, qui a été le premier professeur pour ce cours, a publié, en 1784, un livre élémentaire sur l'art des accouchements.

§ IV. Dans la même rue débouche la *rue Botanique*, qui forme actuellement le prolongement de la rue Leyteyre. Son premier nom vient d'un établissement public qui a subsisté sur le terrain qu'elle occupe. En 1781, l'intendant Dupré de Saint-Maur résolut d'y faire une suite d'observations sur les diverses espèces de vignes connues en Guienne, pour parvenir à les classer méthodiquement, afin qu'on n'en cultivât plus que les meilleures. Ces observations furent suivies pendant quelques années par des botanistes zélés. Elles ont produit l'*Essai de synonymie des cépages cultivés dans le Bordelais*, que M. de Secondat a publié à la suite de son *Histoire du chêne*.

§ V. A la *place extérieure d'Aquitaine* prend naissance le grand chemin de Toulouse. On l'appelle communément *chemin du Sablona*, parce qu'il traversait un vaste champ de terres incultes, d'où l'on tirait anciennement le sable dont on se servait pour bâtir à Bordeaux. Dans la *rue Tiffonnet*, qui communique à ce chemin, est un puits entouré d'une haute clôture, et dans laquelle on aborde par une porte fermée dans la nuit. Cette clôture a été faite depuis que dans l'hiver de 1828 un marchand, qu'on avait assassiné, fut trouvé mort dans ce puits. Les habitants du quartier disent que deux hommes qu'on soupçonnait d'avoir commis cet assassinat, périrent misérablement dans l'année, et que la maison où ils demeuraient est restée depuis sans locataires. Quoi qu'il en soit, il conviendrait qu'on substituât à ce puits une borne-fontaine, comme on l'a fait pour d'autres, afin qu'il ne gênât pas dans la construction d'une place publique qu'on peut ouvrir sur un grand terrain vide qui s'étend au bout de la rue Tiffonnet, ou même dans l'alignement de cette rue.

§ VI. Parallèlement au chemin du Sablona longe le *chemin de Bayonne*, qui fut commencé en 1771, pour conduire directement vers cette ville à travers de grandes landes. Ce chemin fut abandonné en 1797, parce qu'un membre du directoire exécutif de la république française trouva convenable de faire passer le chemin de poste de Bayonne dans les petites landes, où ses propriétés étaient situées.

§ VII. Lorsque Tourny traça et fit paver le *cours d'Aquitaine*, il s'étendait dans toute sa longueur sur un terrain couvert d'un côté par un large fossé appelé les *Doues*, creusé le long des murs de ville, et de l'autre par des terres en diverses cultures. Il est maintenant bordé de deux lignes de belles maisons; et plusieurs nouvelles rues des faubourgs de Saint-Julien et de Sainte-Eulalie viennent y aboutir.

Article XII.

Des rues d'Aquitaine, Mingin et des Juifs, de l'hôpital des Enfants-Trouvés et du couvent de l'Annonciade.

§ I. On n'a commencé à paver les rues de Bordeaux qu'au XIVe siècle. Les plus passantes devaient être les plus sales. Dans ce nombre on remarquait la *rue Bouhaut,* actuellement *d'Aquitaine.* Elle prit le premier nom de sa malpropreté primitive; il vient du mot gascon *boaüda,* qui signifie boueuse.

Feu M. *Babot* a tenu longtemps une pension renommée dans la rue d'Aquitaine. Cet instituteur a publié en 1774 l'*Eloge du président Barbot,* savant recommandable de cette ville, à la critique duquel Montesquieu soumit l'*Esprit des lois,* avant de le faire imprimer.

§ II. L'*hôpital des Enfants-Trouvés* subsista de 1714 à 1775 au coin des rues d'*Aquitaine* et *Mingin.* Cette dernière porte le nom d'un de ses anciens habitants appelé *Minjon.* Quoique cette rue soit située dans un quartier peu fréquenté, c'est la seconde qu'on ait pavé à Bordeaux; car la première qui ait joui de cet avantage est la rue Permentade, comme on l'a dit à son article. Un acte de 1548 parle d'une maison « scize « rue Paymentade, autrement Minjon, qui va et vient « de l'esglise Sainct-Olary à rue Boaü. »

§ III. Le *couvent de l'Ave Maria* ou de *l'Annonciade* fut fondé en 1521 par Mme de Lansac dans la *rue Mingin.* Le 28 juillet de l'année suivante, les religieuses de ce couvent passèrent une transaction pour certains droits avec le chapitre de Saint-André et le curé de Sainte-Eulalie. Le notaire qui retint l'acte y dit : « Que l'ayant lu à ces religieuses, elles l'approu« vèrent en disant seulement *oui*, ne les ayant nulle« ment vues en face, pour ce qu'elles sont recluses « et ne se montrent jamais. »

Dans ces derniers temps leur clôture était moins sévère; car on les voyait à visage découvert dans le chœur et au parloir du couvent. Leur costume était fort élégant pour le cloître. Elles étaient vêtues d'une robe gris-brun à corset rouge et d'un long manteau bleu. Leur coiffure consistait en une guimpe blanche couverte d'un voile noir, sur laquelle était passé en sautoir un ruban bleu-céleste, supportant un beau médaillon d'argent représentant sainte Jeanne, fondatrice de l'ordre, première femme de Louis XII. Les anciens gourmets n'ont pas oublié qu'on fabriquait dans ce couvent des noix confites et des petits bâtons de sucre tressés et aromatisés appelés *canelats*, qui étaient du goût le plus agréable, et dont la recette semble avoir disparu avec les annonciades.

§ IV. L'ancienne rue Bouhaut fut jusque dans ces derniers temps presque entièrement habitée par des juifs qui vendaient spécialement des fils, aiguilles, indiennes, soieries, dentelles et vieux habits. Ce n'est pas qu'ils eussent à Bordeaux un quartier exclusivement affecté à leur demeure, ainsi que dans certaines villes de France; mais comme ils avaient leurs synagogues dans cette rue, ils s'y étaient groupés, et il y en a encore plusieurs familles. On trouve des traces de leur ancien séjour dans le nom de la *rue des Juifs,* nouvellement ouverte, et qui va de la rue Mingin à celle *du Cayre.*

Article XIII.

Des rues de Lalande et de Labirat.

§ I. Le nom de ces deux rues qui se croisent vient d'un événement singulier dont on dit qu'elles furent autrefois le théâtre. En 1206, une armée espagnole vint assiéger Bordeaux au nom du roi de Castille, qui revendiquait des droits sur cette ville, à l'occasion du mariage d'un de ses ancêtres avec une fille de Henri II, roi d'Angleterre et duc d'Aquitaine. Les assiégeants et les assiégés souffrant également de la disette des vivres, convinrent de remettre le sort de la campagne au hasard d'un combat singulier entre un champion de chaque armée. Si celui des Bordelais était vaincu, ceux-ci promettaient d'ouvrir les portes de leur ville aux assiégeants, et si le représentant de ces derniers succombait, ils devaient lever le siége.

Les Espagnols envoyèrent au lieu du combat un de leurs guerriers que sa taille gigantesque avait fait surnommer *Goliath.* Le chevalier *de Lalande,* jeune bordelais, s'offrit pour se mesurer avec ce redoutable adversaire, et fit vœu de bâtir un couvent en l'honneur de Notre-Dame du Mont-Carmel, s'il sortait victorieux de ce combat. Ayant tué le champion des Espagnols, et délivré sa patrie des ennemis qui l'assaillaient, il fonda, dit-on, le *couvent des grands carmes* sur le terrain même où il avait remporté la victoire.

Cette tradition avait pour autorité l'inscription suivante, que nous avons lue sur un pilier de l'église des Carmes, et qui était placée entre une vieille lance et un grand collier de fer qu'on disait avoir appartenu au susdit Goliath :

> L'an de grâce environ mil et cent,
> Funda premier ung seigneur de La Lande
> Au carme vielh ceste église et convent,
> Pource qu'au lieu obtint victoire grande
> Contre ung géant, quy conduisoit la bande
> Des Espaignols, pour Bourdeaulx assaillir.
> Le dessusdict luy fit payer l'amende;
> Car il luy fist la teste à bas saillir.

Le père *Laforcade*, religieux du même couvent, a fait une petite dissertation qu'on trouve à la suite de la *Chronique*, pour justifier les faits énoncés dans cette inscription, qui s'accorde peu avec l'histoire. En effet, il est constant que saint Louis introduisit en France l'ordre des carmes en 1254. Delurbe dit que leur couvent fut fondé en 1264 ; et l'on trouve au tome II du *Gallia Christiana* une transaction passée le 26 juin de la même année, entre le prieur de ce couvent et le chapitre Saint-André, par laquelle il est permis aux carmes de construire une église et d'avoir un cimetière hors les murs de ville dans la paroisse de Sainte-Eulalie.

§ II. Quoi qu'il en soit, lorsqu'on bâtit autour de

ce couvent, la première rue ouverte sur le terrain du prétendu combat reçut le nom de *rue de Lalande*, qu'elle porte encore ; celle qui la traverse fut appelée *rue Labirat*, dont voici, dit-on, l'origine : Les Bordelais examinaient du haut de leurs murailles l'issue du combat entre leur champion et celui d'Espagne. Voyant ce dernier tomber mort sous les coups de leur compatriote, ils s'écrièrent simultanément dans le transport de leur joie : *L'a birat!* qui signifie en français *il l'a tué!* Ce cri devint le nom de la seconde rue qui fut ouverte sur le champ de ce beau fait d'armes.

§ III. Il existait dans la rue de Lalande un couvent de religieuses dites de *la Magdelaine*, qui fut fondé en 1633, pour y renfermer les femmes *authentiquées*. L'église de ce couvent, devenue propriété particulière, est occupée depuis 1804 par une société appelée *la Congrégation*.

§ IV. Le *pénitencier Saint-Jean* a été établi dans la rue Lalande par les soins de M. *Dupuch*, prêtre de Bordeaux, actuellement évêque d'Alger. Cette maison est destinée à recevoir les jeunes garçons condamnés à une détention déterminée par jugement, ou renfermés temporairement par forme de correction paternelle. Dans la même rue, la corporation des chirurgiens fit bâtir en 1753 l'*Amphithéâtre de Saint-Côme*, où ils donnaient des leçons publiques de leur art. Cet édifice sert pour l'*Ecole secondaire de médecine* depuis 1830. Il est d'une belle construction. Le plan en fut donné par M. *Massé*, chirurgien, et mérita l'approbation de Tourny.

Article XIV.

De l'ancienne porte Sainte-Eulalie, et des établissements fondés dans la rue de ce nom.

§ I. La *rue Sainte-Eulalie*, appelée *Saint-Olary* dans de vieux titres, a reçu son nom de l'église paroissiale située dans cette rue. L'archevêque de Bordeaux consacra cette église en 1174. Elle en remplace une plus ancienne. « Il est à remarquer, porte la *Chro-*
« *nique* sous l'an 1699, qu'il y a dans ladite église
« les corps de sept martyrs, qui furent transportés par
« Charlemagne, de Leytoure et autres lieux circonvoi-
« sins où ils souffrirent le martyre, dans un tombeau
« de pierre derrière l'autel de saint Clair. »

En juin 1624, le cardinal de Sourdis fit le départ dans des châsses séparées, de ceux des corps saints des compagnons de saint Clair, qui étaient dans une même châsse à l'église de Sainte-Eulalie. Il y eut ensuite une procession générale des sept châsses de ces corps saints, laquelle s'est renouvelée depuis tous les ans autour de la paroisse.

En 1828, on a reconstruit le porche qui est au devant de la grande porte d'entrée de cette église. Sur un des côtés intérieurs de cette porte se lit l'inscription suivante, qui rappelle deux tremblements de terre ressentis à Bordeaux et dont la *Chronique* ne parle pas :

« *Anno Dñi* MCCCLXXII, la terra tremblet lo ter
« (*troisième*) jorn de mars, que fo lo prumey jorn de

« careyme, en la hora de mijaneyt (*minuit*). Item,
« tremblet la terra lo dilus (*lundi*) aban sent Urban,
« quy fo lo XXII jorn de may, l'an de N. S. MCCCLXXIII.
« Item en l'an de N. S. MCCCLXXV balé lo boysset de
« formen x lb. (*livres*). Caquet an, Ramon Debu fit
« fa lo portaü. »

§ II. Il existait dans la rue Sainte-Eulalie deux couvents de religieuses, qui avaient été fondés, savoir celui dit *de Saint-Joseph* en 1616, et celui *de Sainte-Ursule* en 1608. Ce dernier est démoli. Dans le premier est établie depuis 1805 une pension pour les pauvres orphelines qui y sont élevées par les bienfaits d'une association de dames charitables.

§ III. Dans la même rue est la *maison de la Miséricorde*, fondée au commencement du siècle par la vénérable demoiselle *de Lamouroux*, qui y consacra sa fortune et sa vie. On y reçoit gratuitement toutes les filles et femmes repenties qui reviennent à la vertu. Elles travaillent à toutes sortes d'ouvrages en couture pour le dehors, et le produit en est consacré, avec les aumônes volontaires, aux dépenses de cet établissement. Il occupe une partie de l'ancien couvent de l'annonciade.

§ IV. La *porte Sainte-Eulalie*, démolie en 1800, avait été construite en 1603. L'ancienne, qui était à l'angle sud-ouest du cimetière de l'église de Sainte-Eulalie, fut alors condamnée. Cette dernière s'élevait à l'endroit où l'on établit la *porte Berri* en 1754. Tourny avait projeté de remplacer ces deux portes par une seule, qui aurait été bâtie au delà des anciens fossés de la ville, ainsi que le nouveau mur de clôture, lequel se serait prolongé en ligne droite vers la porte d'Aquitaine. Sur le terrain borné par cette ligne on devait construire : 1º une place intérieure au devant de la nouvelle porte Berri, 2º un hospice pour les enfants trouvés, 3º une maison pour le petit séminaire. Ces constructions avaient été approuvées par un arrêt du conseil d'état du 19 mars 1754, portant homologation d'une délibération prise par les jurats le 9 du mois précédent et que l'intendant avait provoquée. Ce projet d'utilité publique est un de ceux que ce grand administrateur ne put réaliser, par suite des contradictions que lui firent éprouver ses ennemis.

§ V. Nous avons dit ailleurs qu'il existait dans cette ville en 1711 une réunion d'amis des sciences et des arts qui tenait ses assemblées dans la rue Sainte-Catherine. Une semblable réunion avait lieu à la même époque dans la rue Sainte-Eulalie. Les plaisants la surnommaient l'*académie de l'escargot*, prétendant qu'elle s'était formée à la suite d'un repas fait à Caudeyran, où l'on avait servi, entr'autres, un plat d'escargots. Une mauvaise plaisanterie ne saurait empêcher d'applaudir une bonne institution, et celle-ci a préparé la formation de l'académie des sciences de Bordeaux. L'escargot était un mets friand pour les anciens habitants de cette ville. Ils avaient hérité de ce goût des Romains. Pline nous apprend que les gastronomes de son temps avaient des garennes et des viviers pour conserver et engraisser les escargots, et qu'en les mangeant ils prétendaient reconnaître le terroir où ils avaient été nourris. Lorsque les Bordelais empruntèrent ce mets à la cuisine romaine, ils lui conservèrent son ancien nom; car l'escargot, qui s'appelle *limax* en latin, se nomme *limac* en gascon.

Dans la rue Sainte-Eulalie est mort le 7 juin 1796 M. *de Secondat,* fils de Montesquieu, après avoir publié divers écrits sur l'histoire naturelle, dont certains contiennent d'utiles observations relatives au pays Bordelais. Ce fut Secondat qui détermina M. de Romas à se rendre à Bordeaux dans l'été de 1759, pour y répéter la fameuse expérience du cerf-volant électrique, faite par ce dernier à Nérac, sa patrie, les 14 mai et 7 juin 1753. Il avait informé de sa découverte l'académie des sciences de Bordeaux, par une lettre qui fut applaudie dans la séance publique de cette société, le 25 août 1752. L'expérience que Romas se proposait de faire dans cette ville n'eut pas lieu, parce que son appareil fut dérangé par le tonnerre qui tomba sur le pavillon du Jardin-Public, où il était déposé, comme le dit ce physicien dans son *Mémoire sur les moyens de se garantir de la foudre.*

Article XV.

De la rue Berri et de deux rues qui y aboutissent.

§ I. La *rue Berri* a pris son nom de la porte de ville dont nous venons de parler. Cette rue n'a commencé à être bâtie et fréquentée que depuis une quarantaine d'années. Auparavant son sol n'était pas même nivelé, et ses deux côtés n'avaient pour bordure que quelques mesquines échoppes, des murailles de jardins, le cimetière de Sainte-Eulalie, la plate-forme de l'ancienne Ormée, les fossés du fort du Hâ, et la partie d'un édifice public qui était resté inachevé depuis que Tourny avait quitté l'intendance de Bordeaux.

§ II. La construction de ce bâtiment avait été délibérée par les jurats le 2 décembre 1757, sous la dénomination de *Maison de force*. Ce devait être un lieu de détention pour les filles de mauvaise vie qui auraient été condamnées à y être renfermées. Tourny, qui avait provoqué la formation de cet établissement, décida que les frais de sa construction et de son entretien seraient pris sur le produit d'un droit de trois sous pour livre à percevoir sur les marchandises qui entreraient ou sortiraient par les ports de la généralité de Guienne. Les lettres-patentes pour autoriser cet établissement furent enregistrées au parlement le 18 février 1758. Elles accordaient à la ville de Bordeaux une somme de 60,000 fr. pour la construction de la maison de force, et 6,000 fr. pour son entretien, et contenaient un règlement pour l'administration intérieure de cet établissement. Lorsque Tourny fut déplacé de son intendance, la ville abandonna totalement la continuation de cet édifice.

§ III. En 1778 il fut cédé à l'archevêque de Bordeaux, qui y plaça le *petit séminaire*, dit de Saint-Raphaël; et sous ce dernier nom, il sert de caserne à une partie de la garnison de cette ville. A côté et à la place où s'élevait la plate-forme on a construit l'hôpital dont nous parlons au chapitre suivant.

§ IV. Dans la *rue Berri* ont habité MM. *Lartigue*, père et fils, professeurs d'architecture à l'ancienne académie de peinture, sculpture et architecture de cette ville. Le premier a laissé le plan d'une nouvelle porte d'entrée de l'église cathédrale, que l'archevêque de Rohan lui avait demandée. Ce plan, dessiné sur une grande échelle, est développé dans une brochure qui parut en 1776 sous ce titre : *Prospectus d'un portail d'église gothique pour la cathédrale de Saint-André*. M. Lartigue fils a le premier indiqué la nécessité et les moyens de transférer dans un endroit plus convenable l'ancien hôpital Saint-André. Ses vues à ce sujet sont consignées dans un écrit publié en 1782, intitulé *Projet d'un nouvel hôtel-Dieu à Bordeaux*.

§ V. Une autre caserne de la garnison est placée dans la *rue Segur*, qui débouche dans celle de Berri. A côté est la *rue Pellegrin*, où sont établies l'école communale supérieure et celle d'enseignement mutuel.

Dans la rue Segur a habité feu M. Romain *Dupérier de l'Arsan*,

De Roquelaure enjoué descendant,

comme il le dit dans l'épigraphe d'un de ses ouvrages. Il s'est exercé dans tous les genres de poésie, depuis le madrigal jusqu'à l'épopée inclusivement, et toujours d'une manière bouffonne.

Article XVI.

Du nouvel hôpital Saint-André.

Il est construit sur le terrain où s'élevait autrefois la plate-forme de Sainte-Eulalie, lieu fameux du temps de la Fronde. L'ancien hôpital qu'il remplace ne se trouvant plus en rapport avec la population locale, et d'ailleurs menaçant ruine, on reconnut au commencement du siècle actuel la nécessité de le reconstruire. Napoléon, pendant son premier séjour à Bordeaux, prescrivit cette reconstruction, dans une conférence à laquelle il avait appelé le maire et ses adjoints. Le projet d'un nouvel hôpital était arrêté, lorsque le duc *de Richelieu*, passant dans cette ville, à laquelle d'anciennes affections l'attachaient, manifesta l'intention de contribuer à cette construction, en y consacrant le majorat de 50,000 fr., qu'une loi venait de constituer en sa faveur. Il a réalisé cette intention en donnant ce majorat à la ville de Bordeaux. Une ordonnance royale du 14 août 1819 a autorisé le maire et la commission administrative des hospices à accepter cette donation.

Le duc de Richelieu étant décédé environ trois ans après, la ville n'en persista pas moins dans le dessein de réaliser par elle-même le projet dont ce généreux donateur avait pris l'initiative. Les travaux du nouvel hôpital ont été terminés en moins de quatre années; et le 3 novembre 1829, on transféra les malades dans cet établissement, qui fut solennellement inauguré le lendemain. Les dépenses pour les frais de sa construction et pour l'achat de son mobilier s'élèvent à la somme de 1,907,326 fr. 88 c.

L'hôpital est parfaitement isolé et de forme quadrilatère, dont les côtés ont 143 mètres sur 124. Son architecture est simple et grave, comme il convient à un édifice de ce genre. Il se compose du rez-de-chaussée et d'un premier étage, que couronnent de vastes combles qui servent de séchoirs. Ce bâtiment se divise en cinq corps de logis qui s'étendent parallèlement du levant au couchant, et que coupent en deux parties égales une grande cour et quatre petites; ce qui forme pour les deux étages vingt salles de malades. Elles sont de plus séparées entre elles par un préau ou jardin. Ces cours et ces préaux sont entourés de portiques qui servent de promenoirs aux convalescents et contribuent au renouvellement de l'air dans chaque salle. La galerie qui règne sur les façades latérales de l'édifice, en offrant au besoin de nouveaux ventilateurs, est destinée à faciliter le service des malades. L'hôpital renferme sept cent dix lits et dix-huit chambres pour les malades payants.

Dans la partie du bâtiment qui s'élève sur la façade méridionale s'élèvent les diverses usines de la maison, dont le nombre et l'étendue sont en proportion des besoins d'un pareil établissement qu'on cite comme le plus beau de France. Une de ces usines contient une machine à vapeur de la construction la plus ingénieuse. Elle sert à élever l'eau d'un grand puits dans des réservoirs, d'où elle se distribue dans toutes les parties de l'hôpital, et à mettre en mouvement un moulin à blé, qui approvisionne de farines les boulangeries de tous les hôpitaux de la ville. Ce puits peut fournir par vingt-quatre heures mille quatre cents barriques d'eau, dont un tiers suffit aux usages communs de la maison, et le restant est tenu en réserve avec les eaux pluviales, pour servir en cas d'incendie.

Sur le côté nord de l'hôpital est sa façade principale. Au milieu s'élève la chapelle, qu'annonce un porche formé de quatre colonnes et d'autant de pilastres d'ordre dorique. Aux deux côtés sont les portes d'entrée de la maison. Près de l'une de ces portes, et sous la première galerie qui borde la grande cour intérieure, une plaque de marbre offre l'inscription suivante, qui contient l'historique de la fondation de l'ancien et du nouvel hôpital :

L'HÔPITAL SAINT-ANDRÉ, FONDÉ EN 1390 PAR LE VÉNÉRABLE VITAL CARLES, PRÊTRE ET GRAND CHANTRE DE L'ÉGLISE MÉTROPOLITAINE DE BORDEAUX, EXISTA JUSQU'EN 1829, VIS-A-VIS LA CATHÉDRALE, SUR LE BORD MÉRIDIONAL DE LA DEVÈZE.

EN 1538, NICOLAS BOYER, CHEVALIER, VICOMTE DE POMIEZ, CONSACRA A SON AGRANDISSEMENT LA MAJEURE PARTIE DE SA FORTUNE.

EN 1819, LE DUC DE RICHELIEU AFFECTA A SA RECONSTRUCTION, SUR CE TERRAIN DONNÉ PAR LA VILLE, LA RÉCOMPENSE NATIONALE QUE LUI DÉCERNA LA LOI DU 11 FÉVRIER.

LA VILLE DE BORDEAUX POURVUT AU COMPLÉMENT DE LA DÉPENSE.

LA COMMISSION DES HOSPICES PROPOSA LA CONSTRUCTION ET LA FIT EXÉCUTER, ÉTANT EN FONCTIONS DE 1820 A 1829 MM. J.-V. DESFOURNIEL, VICE-PRÉSIDENT DE LA COMMISSION, AUG^{te} RAVEZ, L^s FABRE, P. PORTAL, AUG^{te} SARGET, J.-B. LORIAGUE, D. BÉCHADE, DUPRAT, AUG^{te} JOURNU, ADMINISTRATEURS; J.-B. PELAUQUE, SECRÉTAIRE; J. PEÏRE, DIR. GÉN. AGENT COMPTABLE; ÉTANT MINISTRES DE L'INTÉRIEUR MM. Vte LAINÉ, Cte SIMÉON, Cte CORBIÈRES, Vte DE MARTIGNAC; PRÉFETS, MM. Cte DE TOURNON, Cte DE BRETEUIL, B^{on} D'HAUSSEZ; MAIRES, MM. Vte DE GOURGUE, Vte DUHAMEL; ARCHEVÊQUES, MESSEIGNEURS DAVIAU-DUBOIS DE SANZAY, CARDINAL CHEVERUS.

EN 1826, LA CONSTRUCTION COMMENÇA SUR LES PLANS ET SOUS LA DIRECTION DE M. J. BURGUET, ARCHITECTE, COURONNÉ AU CONCOURS; INSPECTEUR DES TRAVAUX, M. ROCHET; ENTREPRENEURS, MM. GABAUD ET LALANNE.

CONCURRENTS DISTINGUÉS PAR LE JURY DU CONCOURS, MM. MARCHEBEUS, POITEVIN ET ROBERT.

EN 1829, INAUGURATION DU MONUMENT.

LA COMMISSION DES HOSPICES DE 1842, INTERPRÈTE DE LA RECONNAISSANCE PUBLIQUE, A PLACÉ CETTE INSCRIPTION.

Les autres inscriptions qui sont dans la même galerie ont pour objet de faire connaître les noms des nouveaux bienfaiteurs des hospices de Bordeaux. Elles sont ainsi conçues :

1828.

SIMON MONSARAT, NÉGOCIANT A BORDEAUX, A LÉGUÉ AUX HOSPICES UNE SOMME DE 30,000 FR.

1831.

JEAN VERNEUILH, NÉGOCIANT A BORDEAUX, A LÉGUÉ AUX HOSPICES UNE MAISON SITUÉE RUE DES FAUSSETS, ET UNE AUTRE MAISON SITUÉE RUE DES ARGENTIERS.

1841.

JEAN-ANTOINE CHAUMEL, NÉGOCIANT, A FAIT AUX HOSPICES DE BORDEAUX UN LEGS DE 12,000 FR.

1842.

JEAN-LOUIS LETELLIER, ANCIEN NÉGOCIANT, A LAISSÉ A L'HÔPITAL SAINT-ANDRÉ, A L'HOSPICE DES INCURABLES ET AU MONT-DE-PIÉTÉ, L'UNIVERSALITÉ DE SES BIENS.

La première salle des malades située au rez-de-chaussée, à gauche de la grande cour de l'hôpital, a reçu le nom de *salle Desfourniel*. Près de la porte de cette salle on lit l'inscription suivante :

EN 1842, CETTE SALLE A ÉTÉ CONSACRÉE A LA MÉMOIRE DE M. JACQUES-ANTOINE VERDEILHAN-DESFOURNIEL, DÉCÉDÉ EN 1828 VICE-PRÉSIDENT DE LA COMMISSION DES HOSPICES, EN RECONNAISSANCE DE SES CONSTANTS EFFORTS POUR L'ÉDIFICATION DE CE MONUMENT.

La salle correspondant à la précédente, au premier étage, porte la dénomination de *salle Mathieu*. L'inscription suivante, placée à côté de la porte d'entrée de cette salle, fait connaître le motif de sa dénomination en ces termes :

L'AN 1840, M. JEAN-BAPTISTE MATHIEU, ANCIEN NOTAIRE, OFFICIER DE LA LÉGION-D'HONNEUR, PREMIER ADJOINT DE M. LE MAIRE, VOULANT PRÉSERVER LES MALADES ET LES SOEURS DES COURANTS D'AIR PARFOIS MORTELS QUI RÉGNAIENT DANS LES PASSAGES LATÉRAUX DES SALLES DE CETTE MAISON, A CONSACRÉ UNE SOMME DE 12,000 FR. A LES FAIRE COUVRIR ET VITRER.

Le 23 décembre 1843, le conseil municipal a demandé que le gouvernement autorisât une fondation faite à cet hôpital dans un but tout particulier. Le fondateur est le même M. *Mathieu,* qui a voulu, par ce nouveau bienfait, consacrer son honorable patronage de l'une des salles de l'hôpital Saint-André. Par cette fondation, une rente annuelle et perpétuelle est assurée et doit être employée à fournir des secours à ceux des malades qui, après avoir été admis et guéris dans cette salle, seraient, à leur sortie, privés d'asile et du moyen immédiat de subsister pendant les premiers jours de leur convalescence. La distribution de ces secours et la fixation de leur quotité sont confiées à la conscience et à la discrétion de la supérieure des sœurs de la charité desservant l'hôpital.

Dans le préau qui sépare les deux premières salles

de cette maison, on a recueilli le tombeau du président *Boyer*, avec quelques inscriptions qui rappellent les noms de plusieurs bienfaiteurs de l'ancien hôpital Saint-André. Le mausolée du vénérable *Vital Carles*, fondateur de cet hôpital, manque à ce *sacellum* philanthropique. Un membre de la commission des hospices, qui n'a pas voulu se faire connaître, a inutilement offert, par la voie des journaux, une somme de 300 fr. à la personne qui rapporterait des fragments de ce mausolée, assez considérables pour le reconstruire dans le nouvel hôpital. A leur défaut, l'ancienne inscription qu'il portait pourrait être gravée sur un cippe funéraire, qui serait élevé au centre du préau dont nous parlons.

CHAPITRE IX.

DES RUES, COURS, CHEMINS, ET ÉTABLISSEMENTS PUBLICS RENFERMÉS DANS LA HUITIÈME ET DERNIÈRE DIVISION DE BORDEAUX.

Article I.

Du faubourg de Paludate en général, et du pont de Brienne en particulier.

§ I. Le *faubourg de Paludate* renferme la plus importante partie du faubourg de Sainte-Croix, et s'étend sur le bord de la Garonne, depuis la rue Peyrounet jusqu'au pont de Brienne. Le nom de ce quartier vient des terres grasses et aquatiques qui en forment le sol, et qu'on appelle *palue* dans le pays Bordelais.

§ II. A l'entrée du quai de Paludate s'élève l'*hôpital de la Manufacture*, qui fut construit en 1640, et dont il est parlé dans l'article suivant.

§ III. En face de cet hôpital est le *chantier du Gouvernement*, où l'on a construit à diverses époques plusieurs belles frégates. Ce chantier est peu occupé, ainsi que d'autres qui viennent à la suite, appartenant à des constructeurs, parce qu'un banc de sable formé devant ce quai ne permet pas d'y construire des navires d'une grande calaison. La façade de Paludate est bordée par divers magasins, celliers et greniers, où s'entreposent des marchandises sèches et des vins venant du Haut-Pays.

§ IV. Ce quai se termine par le *pont de Brienne*, qui est construit sur l'*Estey-Majou* (grand ruisseau), lequel sert de limite à la ville de Bordeaux du côté du midi. Dans le département de la Gironde, on appelle *estey* les ruisseaux sur lesquels sont établis des moulins à eau. Le pont de Brienne en remplace un autre qui avait été fait pendant que le comte de Brienne commandait en chef dans la province de Guienne. Il était en bois préparé suivant un procédé dont l'ingénieur qui l'avait construit se disait l'inventeur, dans une inscription portant ces mots : « *Pontem istum, usque nunc hâc* « *structurâ singularem, lignis ebulitionis virtute indu-* « *ratis et arcuatis, struxit Migneron de Broqueville,* « *hujus inventionis auctor.* » Ce pont, qui avait coûté

22,000 fr., s'écroula en 1790, trois ans après qu'il fut achevé.

Dans le faubourg de Paludate a habité feu J. *Jerbault*, mécanicien de Bordeaux, qui communiqua en 1793 aux comités du gouvernement un procédé pour accélérer le monnayage des nouvelles espèces de billon. Un décret de la convention nationale du 4 avril de la même année lui accorda une indemnité de 6,000 fr., pour les dépenses du voyage qu'il avait fait à Paris, afin d'établir les machines qui furent exécutées sur ses plans. Cette anecdote peu connue est attestée par une médaille dont il existe des exemplaires à Bordeaux, qui sont faits de métal de cloche des églises fermées par nos républicains au nom de la liberté.

Article II.

Hospice des Enfants-Trouvés.

Il est établi à l'entrée du quai de Paludate, dans le bâtiment auparavant appelé *l'hôpital des Métiers*, puis *la Manufacture*. Cet établissement n'était pas rigoureusement un hôpital affecté aux malades, mais une maison de secours publics ouverte aux enfants exposés, nés de pères inconnus, et aux indigents des deux sexes qu'on occupait à des travaux manuels de facile exécution.

La fondation de cet hôpital, qui remonte à l'an 1619, est due à Mme *de Tauzia*, veuve de M. de Brezets, conseiller au parlement de Bordeaux. L'édifice fut augmenté et porté presque au point où il est actuellement, par les libéralités de Mme la présidente *de Gourgue*, en 1652. Il avait été construit sur un terrain donné par la ville en 1639. Des lettres-patentes du roi, en date du 6 juin 1662, confirmèrent cet établissement. En 1706, la dame *Peyronin* et sa fille firent une donation à cet hôpital pour adjoindre aux sœurs de la charité qui le desservaient quinze dames séculières, lesquelles, sous le nom de *dames noires*, concouraient à son service : depuis la révolution, il se fait, par les sœurs qui sont au nombre de vingt-trois. Dans le courant de l'année 1844, neuf cent soixante-deux *enfants trouvés* ont été admis dans cet hôpital.

Sous le porche de l'église, à gauche de la porte d'entrée, on lit l'inscription suivante :

PAR SON TESTAMENT DU 26 OCTOBRE 1619, Mme ANNE DE TAUZIA, VEUVE DE M. DE BREZETS, CONSACRA LA PLUS GRANDE PARTIE DE SES BIENS A LA FONDATION D'UN HÔPITAL. CETTE PIEUSE VOLONTÉ A ÉTÉ ACCOMPLIE PAR L'ÉDIFICATION DE CETTE MAISON, DONT LA FONDATION COMMENÇA VERS 1635, PAR LES SOINS DE S. E. LE CARDINAL DE SOURDIS, ARCHEVÊQUE DE BORDEAUX, EXÉCUTEUR TESTAMENTAIRE DE LA CHARITABLE BIENFAITRICE.

LES MEMBRES DE LA COMMISSION DES HOSPICES EN FONCTIONS EN 1843 ONT VOULU, PAR CETTE INSCRIPTION, TRANSMETTRE A LA POSTÉRITÉ LA MÉMOIRE DE CE BIENFAIT.

Nous remarquerons que la *Chronique* sous la date du 24 mai 1639 rapporte différemment les circonstances de cette fondation.

Au côté droit du même porche, l'inscription suivante est placée :

EN 1652, Mme DE LESTONAC, VEUVE DE GOURGUE, PAR UN LEGS DE 30,000 FR., ET EN 1749, Mme MARIE LESPEZ, VEUVE DE J.-B. D'ALBESSARD, PAR UN LEGS DE 40,000 FR. EN ÉCUS, ET D'UNE PRAIRIE SITUÉE A VILLENAVE-D'ORNON, ONT CONCOURU AUX DÉPENSES DE LA CONSTRUCTION ET DE LA DOTATION DE CET ÉTABLISSEMENT.
EN 1843, LES ADMINISTRATEURS DES HOSPICES ONT PLACÉ CETTE INSCRIPTION COMMÉMORATIVE.

A l'entrée de l'hospice et sur la partie du mur qui est au-dessus du tronc des aumônes, on lit ces mots :

Mme ÉLIZABETH REYNARD, VEUVE DE M. JEAN-GEORGES STRECKEISEN, DÉCÉDÉE EN L'ANNÉE 1820, A FAIT DON A CETTE MAISON DE DEUX LEGS S'ÉLEVANT ENSEMBLE A 26,200 FR.

Au pied du grand escalier de cette maison est une plaque de marbre blanc, sur laquelle est sculpté un portrait, au bas duquel on lit :

ÉLIZABETH REYNARD, VEUVE STRECKEISEN, BIENFAITRICE DE L'HOSPICE DES ENFANTS TROUVÉS.
1820.

Le 16 juin 1784 eut lieu, dans la cour de cet hospice, l'ascension du premier *ballon aérostatique* qui ait été lancé à Bordeaux portant des aéronautes dont nous avons fait connaître ailleurs les noms. Ils se placèrent au nombre des bienfaiteurs de cette maison, en lui abandonnant le produit des billets d'entrée pris par les personnes qui voulurent voir de près cette expérience. Elle fut brillante et heureuse. Les aéronautes, après s'être élevés à une grande hauteur au-dessus de la ville, descendirent sans accident au village du Tondut, à trois kilomètres du point de départ. Le Permesse gascon se déborda en leur honneur et gloire. Nous sommes parvenu à sauver de l'innondation le quatrain suivant :

> Oh! pour lé coup, sandis! bibé notré Garonne!
> Jé lé sabais bien, moi, sans lé dire à personne,
> Qué quand les Bordélais boudraient sé mettre au jû,
> Ils boguéraient dans l'air, pilotés par lé fû.

Article III.

De la grande rue des Terres-de-Bordes et du cours Saint-Jean.

§ I. A la fin du dernier siècle, la *grande rue des Terres-de-Bordes* était la dernière des rues du faubourg de Paludate qui eût une issue sur le quai de ce faubourg. Elle traversait une espèce de lande couverte de bruyères, de quelques bouquets de bois et de vieilles échoppes isolées les unes des autres. Ce terrain épave n'était fréquenté que par les écoliers des pensions de la ville, qui y allaient prendre leurs ébats les jours de congé. Il appartenait à un particulier appelé *Bordès*, qui, ayant fait bâtir quelques échoppes dans cette rue, lui a donné son nom. Tout le quartier environnant porta la même dénomination jusque dans ces derniers temps, où il a été couvert de plusieurs voies publiques.

§ II. Sur cette rue appuye, par un angle droit, le *cours Saint-Jean*, auparavant nommé *grande rue Saint-Jean*. Dans une corderie de cette rue fut fait un essai de la première expérience aérostatique qui ait eu lieu à Bordeaux. MM. *Darbelet, Desgranges* et *Chalifour*, jeunes amateurs de cette ville, procurèrent ce spectacle à leurs concitoyens le 17 janvier 1784. L'aérostat qu'ils lancèrent à ballon perdu avait 20 mètres de circonférence et était rempli d'air raréfié suivant le procédé de Montgolfier. Il s'éleva à la hauteur d'environ 100 mètres, et alla tomber dans la *rue Gratecap*, au bout de cinq minutes d'ascension. Le succès de l'expérience détermina ses auteurs à tenter, peu après, les voyages aériens dont nous parlons ailleurs.

§ III. Le cours Saint-Jean est traversé dans sa partie méridionale par l'*estey de Bègles*. Tout auprès habitait M. *Chevet*, habile architecte, mort dans la rue qui porte son nom. C'est lui que Tourny chargea de la construction de la porte Bourgogne. Il fut assisté dans ce travail par M. *Lartigue* père, aussi architecte de cette ville, et dont nous parlons ailleurs.

§ IV. Le *chemin de Saint-Vincent*, qui aboutit sur le même cours, est ainsi appelé de la chapelle de *Saint-*

23

Vincent de Lodors, qui a subsisté jusqu'en 1790, à un kilomètre au couchant de son entrée orientale. Cette chapelle était une succursale de la paroisse de Saint-Nicolas des Graves. Sur une prairie qui s'étendait depuis la même chapelle jusqu'au *chemin de la Bombe,* il se tenait une petite foire le jour de la fête patronale.

§ V. Un embranchement du chemin de Saint-Vincent se dirigeait, au milieu de son parcours, vers le même estey de Bègles. On le traversait sur le *pont du Guit.* Le nom de ce pont lui a été donné parce que dans le siècle dernier on élevait en cet endroit, pour approvisionner le marché de Bordeaux, une espèce rare de canards, dont les mâles sont appelés *guits* en gascon. Ces oiseaux domestiques appartenaient à la classe des *canards à duvet.* Ils furent autrefois très-recherchés, tant à cause de l'excellence de leur chair, que par rapport à l'édredon qui les couvrait. Telle est la véritable origine de la dénomination du pont du Guit, que des personnes qui ne connaîtraient pas cette particularité pourraient chercher dans l'existence de quelque temple gaulois subsistant en cet endroit, où les druides auraient cultivé et distribué le gui de chêne, pour leurs dévots les anciens Bituriges.

§ VI. *L'Asile public des aliénés,* qui est situé sur le cours Saint-Jean, portait précédemment le nom de *Maison de force.* Dans une partie de cette maison on renfermait les aliénés, et dans l'autre les femmes condamnées à la réclusion. Cet établissement s'appela d'abord l'*Enclos d'Arnaud Guiraud,* du nom de son premier propriétaire, ainsi qu'on l'apprend par le pas-

sage suivant de la *Chronique* : « En 1550, Arnauld
« Guyraud, bourgeois de la ville, fit bastir sa maison
« près les murs d'icelle. Il y eust opposition, pource
« qu'elle estoit trop proche, et pourroit servir de for-
« teresse à l'ennemi. Néantmoins ledit bastiment fut
« achevé, et est aujourd'huy (1619) l'hospital de la
« contagion. » Ce bâtiment a été reconstruit et or-
ganisé sur un nouveau plan en 1803. On en a fait un
véritable *asile public des aliénés*, dont il porte le nom
actuellement. Il contient non-seulement les aliénés que
l'autorité fait renfermer, mais encore ceux que leurs
familles veulent y placer, afin d'y recevoir les soins
qu'exige leur état et pour lesquels ils paient une pension. Vers la fin de l'année 1844, on comptait cent
quatre-vingt-quinze individus renfermés dans cette
maison, savoir : quatre-vingt-neuf hommes et cent six
femmes.

§ VII. En face de cet établissement, Tourny fit commencer en 1745 les magnifiques *boulevarts* dont il a
environné l'enceinte de Bordeaux. Le sol sur lequel est
formé le cours Saint-Jean, d'où partent ces boulevarts,
n'était alors couvert d'aucune maison.

§ VIII. Sur ce cours est l'*Ecole secondaire ecclésiastique*, vulgairement appelée *petit séminaire*. Elle occupe le bâtiment construit en 1810, pour servir de dépôt de mendicité. Ce bâtiment étant devenu hors de
service à l'époque de la restauration, plusieurs prêtres
étrangers y établirent en 1818 une pension qui fut
bientôt en grande vogue. Elle portait le titre de *Maison d'éducation des pères de la foi*. Ces nouveaux ins-

tituteurs étaient des ci-devant jésuites, dont la société venait de s'impatroniser en France. Ils abandonnèrent leur établissement au mois d'octobre 1828, ayant refusé de se conformer à une ordonnance royale qui prescrivait un serment à tous les instituteurs publics.

§ IX. De temps immémorial, le bétail qui servait à la consommation journalière de Bordeaux était abattu dans des tueries particulières au centre de la ville [1], ce qui offrait de nombreux inconvénients. En 1828, une compagnie de capitalistes s'est chargée de construire un *Abattoir général* sur le terrain du fort Louis, moyennant une rétribution qu'elle est autorisée à percevoir sur le bétail qu'on tuera pendant trente ans dans cet établissement, lequel deviendra ensuite la propriété de la ville. L'abattoir a été mis en activité le 15 janvier 1833; et depuis cette époque, les tueries particulières qui subsistaient à Bordeaux sont prohibées. Cet édifice est construit sur une grande échelle, et renferme tous les accessoires qui conviennent à sa destination. Le *fort Louis*, dont il occupe la place, fut achevé en 1679. Il se composait de deux bastions avec contrescarpe et chemin couvert du côté de la ville, et d'un bastion avec ses fossés du côté de la campagne.

---

[1] Elles étaient établies dans la *rue du Mû*, dont le nom ne vient pas du mugissement que font entendre les bœufs lorsqu'on les abat, comme on le croit communément, mais bien de ce que cette rue longeait l'ancien mur de ville; car elle est appelée *ruá de subtùs murum*, et *dejus lo mur*, dans les vieux titres.

Article IV.

Des deux embranchements de la grande route de Toulouse.

§ I. L'un de ces embranchements part de la place des Capucins, et l'autre de la place d'Aquitaine. Tous les deux vont se réunir à la naissance de la grande route de Toulouse sur les limites de la banlieue de Bordeaux, près le pont dit du *Moulin-d'Arcs*. Ce dernier endroit est ainsi appelé à cause des arceaux d'un aqueduc romain, dont on voyait encore les ruines du temps de Vinet, qui en parle dans son *Discours des antiquitez de Bourdeaus*. On a découvert des fragments de cet aqueduc dans ces derniers temps. Tourny fit faire cet embranchement lors de la construction de la porte des Capucins. Il fut pratiqué sur un terrain alors en culture. On l'appelle le *chemin neuf de Toulouse*. Le cimetière des Juifs a son entrée sur ce chemin.

§ II. Vers le milieu du siècle dernier, MM. *Boucherie* frères, négociants de cette ville, firent bâtir une belle raffinerie sur le même chemin. Ils y mirent en usage des procédés de leur invention, pour le raffinage du sucre. A l'article *Raffinerie* de l'*Encyclopédie* il est parlé de ces procédés, sur lesquels M. Darcet publia dans le temps un savant rapport.

§ III. L'autre embranchement de la grande route de Toulouse est connu depuis longtemps sous le nom de *chemin du Sablona*, dont nous parlons ailleurs. A l'endroit où se réunissent ces deux embranchements, fut inaugurée en 1819 une pyramide de 15 mètres de hauteur, à l'occasion de l'arrivée à Bordeaux du duc d'Angoulême, qui était entré en France à la suite d'une colonne de l'armée des souverains étrangers confédérés contre le gouvernement impérial. Ce prince arriva dans cette ville le 12 mars 1814. On lisait sur les quatre faces de cette pyramide :

VIVE LE ROI !
XII MARS 1814.

Ce monument fut abattu par le peuple le 2 août 1830. Lorsqu'on le renversa, cette inscription se trouva couverte par les vers suivants :

Opprobre de notre patrie,
De honte éternel monument,
Chacun répète, en te voyant :
Ici la France fut trahie.

§ IV. Sur le chemin du Sablona habita M. *Leclerc*, qui, après avoir fait jouer à Bordeaux sa comédie de l'*Envieux*, entreprit dans cette ville, en 1763, un journal purement littéraire, intitulé l'*Iris de Guienne*. On le publiait une fois par mois, en un cahier de 72 pages. Il n'en a paru que douze cahiers. Au bout de quelques années, l'auteur tenta vainement de ressusciter son journal. Depuis celui-ci, on a vu tomber à Bordeaux trente-un recueils périodiques spéciaux paraissant par mois ou par semaine, et cinquante-cinq journaux quotidiens.

Article V.

Du faubourg des Gahets.

§ I. Une bonne moitié des habitants de Bordeaux ne se doute pas qu'un des faubourgs de cette ville portait, il y a moins d'un demi-siècle, le nom de *Gahets*. Il fut autrefois plus peuplé que les faubourgs de Saint-Eulalie et de Saint-Julien, entre lesquels il est situé. Il formait même une paroisse, dont l'église s'élevait sur la *place de Saint-Nicolas*. On a remplacé cette église par une autre plus vaste, qui a été construite dans la *rue Désirade*, en 1823.

§ II. Les premiers habitants du faubourg des Gahets faisaient partie de l'armée des Sarrasins qui vint ravager l'Aquitaine sous la conduite du fameux Abdérame, et qui, après avoir saccagé Bordeaux en 725, fut défaite par Charles-Martel. Les Sarrasins qui échappèrent au glaive des Français obtinrent de rester en France, à condition d'embrasser la religion chrétienne. On assigna à ceux qui s'établirent à Bordeaux un quartier séparé de la ville, attendu qu'ils passaient pour être atteints de la lèpre, maladie endémique du pays d'où ils étaient originaires. Ils habitaient exclusivement le quartier des Gahets, auquel ils donnèrent leur nom. Il vient du verbe gascon *gahar*, qui signifie s'attraper, s'attacher, par ce que la lèpre, dont ces hommes étaient supposés attaqués, s'attrapait par le moindre contact avec eux.

§ III. Les Gahets formaient à Bordeaux une colonie particulière. Ils y vivaient en communauté séparée des autres habitants par des règlements de police. En leur qualité de chrétiens et d'hommes malheureux par le hasard de leur naissance, ils furent l'objet de la pitié générale. Plusieurs riches particuliers leur firent autrefois des dons. On cite, entr'autres, Pierre Amanieu, captal de Buch, qui leur assigna une rente perpétuelle de 50 sous bourdelois, par acte du 20 mai 1300, et Assalhide de Bordeaux, femme du vicomte de Bénauge, dont le testament du 2 avril 1328 porte un legs de 10 livres en leur faveur, dans les termes suivants : « Item, « la deyta dona a leyssat à tot lo communal deüs Guaf-« fets de Bordeü detz libras una vetz paguaduyras. »

Les Gahets résidaient tranquilles dans leur faubourg et venaient même travailler en ville, mais en se conformant aux règlements qui les concernaient. L'autorité se bornait à les soumettre à des mesures de salubrité publique, pour empêcher que la maladie dont on les disait atteints ne se propageât à Bordeaux. Ils pouvaient y circuler, mais il leur était défendu d'entrer dans les boucheries, cabarets et autres lieux de réunion, et de paraître nu-pieds dans les rues, sans porter sur leurs habits une marque qui servit à les faire reconnaître, sous peine du fouet, ainsi qu'il résulte des anciens statuts de Bordeaux. Ces mesures de police étaient encore en vigueur en 1555 ; car on lit dans la *Chronique* sous cette année : « Les jurats font ordon-

« nance que les Gahets qui résident hors la ville, du
« costé de Saint-Julien, en un petit fauxbourg séparé,
« ne sortiront sans porter sur eux, en lieu apparent,
« une marque de drap rouge. C'est une espèce de la-
« dres non dutout formés, mais desquels la conversa-
« tion (fréquentation) n'est pas bonne, qui sont char-
« pentiers et bons travaillants, qui gaignent leur vie
« en cet art, dans la ville et ailleurs. »

Le temps affaiblit insensiblement les préjugés qu'on avait eu autrefois, par rapport aux dangers de communiquer avec les Gahets. Ils finirent par ne plus inspirer de répugnance aux autres habitants, à s'allier avec eux et à se confondre avec le restant de la population. Cependant, malgré ce mélange de familles, de professions et de domiciles, ceux qui étaient présumés descendre des anciens Sarrasins établis de temps immémorial à Bordeaux, s'étant trouvés quelquefois exposés à des mortifications et à des insultes publiques, à l'occasion de la descendance qu'on leur reprochait, obtinrent que l'autorité mit un frein aux vexations ridicules qu'ils éprouvaient encore de la part de certains de leurs concitoyens. Le parlement rendit un arrêt le 27 mars 1738, portant : « Inhibitions et défenses,
« sous peine de 500 fr. d'amende, d'injurier aucuns
« particuliers prétendus descendants de la race de Giézi,
« et de les traiter d'*Agots, Cagots, Gahets,* ni *Ladres;*
« voulant que lesdits Gahets soient admis à toutes as-
« semblées générales et particulières qui se feront par
« les habitants, aux charges municipales et aux hon-
« neurs de l'église, comme touts autres. »

§ IV. En 1829, un particulier découvrit, dans ses propriétés situées près l'église de Saint-Nicolas, une source très-abondante. Il la proposa comme pouvant alimenter les fontaines de Bordeaux. Elle ne parut pas suffisante pour cet objet. Elle fut achetée avec le domaine qui la renfermait par une compagnie de capitalistes, qui fit construire dans ce local, en 1836, une blanchisserie, des bains et un moulin à blé mis en mouvement par la vapeur. Cet établissement n'ayant pas prospéré, il vient d'être acquis par le gouvernement pour servir d'*hôpital militaire,* celui qui subsiste à Caudeyran étant insuffisant pour le service auquel il est destiné.

Près de l'église de Saint-Nicolas des Graves habitait feu M. *Sacau,* ancien maître de pension à Bordeaux. Indépendamment d'une traduction en vers des *Satires de Juvénal,* qu'il a publiée en 1802, il est auteur de plusieurs écrits sur diverses matières, qui, tous, annoncent un homme d'une solide instruction en plus d'un genre. C'était aussi un bon critique ; et nous nous faisons un devoir de reconnaître qu'il nous a donné d'utiles conseils relativement à certaines productions que nous lui avons soumises. A l'occasion de l'une d'elles il nous adressa, peu avant sa mort, le distique suivant, que son amitié pour nous lui avait inspiré, et que la reconnaissance pour sa mémoire nous détermine à publier :

Commeminit primus fastos, monumenta, virosque
Burdigalæ, et verum protulit impavidus.

ARTICLE VI.

Du chemin de fer, des chemins du Tondut, de Pessac et de Saint-Genès, et de quelques voies publiques qui y aboutissent.

§ I. Le *chemin du Tondut* commence à un village ainsi appelé, qui fait partie de la commune de Mérignac, et vient déboucher à Bordeaux sur la *rue de l'Enclos* et le *cours Champion*.

§ II. Le nom de ce cours est un de ceux que portait un archevêque de Bordeaux, dont un des vicaires-généraux fit bâtir la première maison. En 1830, on a construit sur ce cours une petite fontaine, qui ne laisse pas d'être d'un grand secours dans ce quartier dépourvu d'eaux potables.

§ III. La *rue de l'Enclos* tire son nom d'un amas de vieilles échoppes qui appartenaient au couvent des minimes de cette ville, et qu'on appelait l'*Enclos des minimes*. A la suite de cet enclos était le cimetière dans lequel on inhumait les morts des hôpitaux, et qui fut transféré en cet endroit lorsqu'on forma la place Dauphine.

§ IV. A côté de ce cimetière fut ouvert, en 1773, un établissement d'un genre jusqu'alors inconnu à Bordeaux, et qui portait le titre pompeux de *Colisée*, bien que ce ne fût qu'une brillante guinguette. On y remarquait une belle salle de bal, et un petit théâtre, sur lequel une troupe de comédiens de douze à quinze ans jouait des pièces de l'*Ambigu-Comique*. Les fameux *Moreau, Corse, Pénancier* et *Lepeintre* se sont formés sur ce théâtre. Il eut beaucoup de vogue pendant une douzaine d'années. Il avait été monté par un cafetier appelé *Belleville,* dont une rue de ce quartier a conservé le nom, et qui est particulièrement connu par l'anecdote suivante :

Le 4 décembre 1783, Belleville entreprit de donner sur la terrasse de son Colisée le simulacre d'une expérience de l'ascension d'un ballon aérostatique, dont un essai venait d'être fait en grand à Paris. Cette expérience attira une foule immense sur un vaste terrain vide qui s'étendait au devant du Colisée. On y avait pratiqué une enceinte commode pour les spectateurs payants qui désireraient voir de près ce ballon, qui n'était autre chose qu'une grosse vessie. Belleville n'ayant pu parvenir à y introduire le gaz nécessaire, lâcha son prétendu aérostat à moitié plein, et il tomba par terre sans avoir pu s'élever. Alors le peuple, indigné de se voir joué si impudemment, se porta en masse sur l'estrade où avait été tentée cette malencontreuse expérience, brisa tout ce qu'il rencontra, et pénétra dans l'intérieur du Colisée, où furent commis quelques dégâts, avant que la police eût pu s'opposer au désordre.

La mésaventure du cafetier-physicien devint le sujet de plusieurs facéties qui circulèrent en ville le lendemain. La plus remarquable fut la suivante, qu'on attribue à une dame de Bordeaux, où l'on rappelle plaisamment l'équipée de l'économe du grand séminaire qui venait de disparaître avec la caisse de la maison :

> A qui, Messieurs de ville,
> Allez-vous vous fier,
> De prendre un *Berneville*
> Pour votre Montgolfier?
> S'il vous faut un courrier
> Pour ce pays étrange,
> Au lieu de ce globe volant,
> Envoyez-y l'abbé Newlant :
> Il vole comme un ange.

§ V. Au fond de *l'impasse Rivière*, qui aboutit au chemin du Tondut, on a vu jusque dans ces derniers temps les ruines d'une ancienne chapelle qui a appartenu aux jésuites. Elle était connue sous le nom de *Saint-Laurent en Graves*; et dans les vieux titres on l'appelait *Saint-Laurent des Obscures* ou *de Lescure*. L'auteur des *Variétés bordelaises* prétend qu'au viie siècle il y avait en cet endroit un couvent de religieuses qui subsistait encore au bout de quatre siècles. Dom Devienne dit : « Qu'en 1561 il se tint auprès de cette « chapelle une assemblée de 300 protestants; que le « lieutenant de roi de Burie y ayant envoyé le capi- « taine du guet pour la dissoudre, celui-ci fut telle- « ment touché de ce qu'il vit dans cette assemblée, « qu'il se fit calviniste, et qu'étant retourné vers le « lieutenant de roi, il lui rapporta qu'il n'avait trouvé « ni armes, ni apparence de sédition. »

Dans le domaine de *Livran*, qui est à côté de cette ancienne chapelle, on a découvert récemment des briques romaines pareilles à celles qui forment les murs du Palais-Gallien. Ces briques devaient avoir servi à construire, ou la primitive église de Saint-Laurent, ou l'ancien *château de Livran* qui l'avoisine. Ce château appartenait autrefois à un seigneur de même nom, qui descendait de Pierre de Bourdeaulx, fondateur du couvent des cordeliers de cette ville, dont l'hôtel était situé dans la partie de la rue Sainte-Catherine, appelée alors *rue du Cahernan*.

§ VI. Le *chemin de Pessac* [1], qui commence à l'ex-

---

[1] Dans cette commune, Bertrand de Gout, archevêque de Bordeaux, qui fut pape sous le nom de Clément V, possédait un domaine qu'on appelle encore la *Vigne du pape Clément*. Il y avait fait construire un beau château par Le Giotto, célèbre architecte et peintre italien, le même qu'il employa dans la suite pour décorer Avignon. Lorsque ce pontife alla fixer sa résidence dans cette ville, il donna son domaine de Pessac aux archevêques de Bordeaux, qui l'ont possédé jusque dans ces derniers temps. Il avait alors auprès de lui, en qualité de son médecin, Arnaud de Villeneuve, homme autant renommé de son temps qu'il l'est peu dans le nôtre, bien qu'on ait un gros volume de ses œuvres. Ce savant cultiva la chimie avec succès; et cette science le conduisit à découvrir l'esprit de vin, certains vins médicinaux, l'huile de térébenthine et les eaux de senteur. Il est présumable qu'Arnaud de Villeneuve, pendant son séjour à l'archevêché, avait fait ses essais de chimie à Pessac, où abondaient les matières premières des découvertes dont nous parlons. Quoi qu'il en soit, la vigne du pape Clément, pour l'honneur de laquelle le propriétaire actuel vient d'intenter et de gagner un procès, fut autrefois en grand renom dans le pays Bordelais. Elle avait donné naissance à ce vieux proverbe gascon :

Espous que resteran chen se facha d'un an
Daü bon pape Clément la bigne gaigneran.

mité méridionale de la rue Berri, doit être compté au rang des rues de Bordeaux, attendu qu'il est bordé de maisons contiguës dans toute la partie située dans le faubourg de Sainte-Eulalie. Sur ce chemin habitait l'abbé *Gay*, qui a beaucoup écrit et prêché en faveur de la faction des Ormistes. Dans certains de ses ouvrages il a osé prendre le titre d'*aumônier de l'Ormée*.

§ VII. Sur le chemin de Pessac débouche la *rue Desgants*, qui, bien que située au fond d'un petit faubourg, est mentionnée sur le plan de Bordeaux, levé en 1733. Elle est remarquable par sa belle largeur et par la façade uniforme de la plus grande partie des anciennes maisons qui la forment. Elles furent bâties par un riche maçon nommé *Desgants*, qui se distingua dans sa profession sur la fin du xviie siècle. Dans cette rue est mort en 1817 M. *Mus*, amateur des sciences et des arts, qui possédait une collection choisie de tableaux et d'objets d'histoire naturelle, dont il faisait les honneurs avec une extrême complaisance. On a de lui un recueil de vers de société, intitulé *Bagatelles poétiques*.

§ VIII. Sur le chemin de Pessac est établie la tête du *chemin de fer* de Bordeaux à La Teste. Cette ligne a été concédée à une compagnie d'actionnaires pour soixante-dix ans, et elle a été livrée au public le 7 juillet 1841. Son étendue est de 52 kilomètres, que l'on parcourt en deux heures. La gare d'abordage de cet établissement est placée à l'entrée septentrionale de la *ruelle des Treuils*. Ce nom, qui signifie *pressoirs* en gascon, vient de ce qu'à l'extrémité opposée de cette ruelle il existait une maison dans laquelle on pressait la vendange provenant de la dîme que le chapitre de Saint-André levait dans la paroisse de Saint-Genès de Talence.

§ IX. L'église succursale de cette paroisse s'élevait tout auprès, à l'endroit où est placée la *barrière de Saint-Genès*, qui marque les limites de la banlieue de Bordeaux de ce côté. A cette barrière aboutit le *chemin de Cauderez*. Il porte le nom d'un prêtre né en cet endroit, lequel a publié, en 1783, l'*Eloge du comte d'Estaing*, un des amiraux français le plus distingué dans le dernier siècle. On croit devoir rappeler ici que cet amiral, qui était passé à Bordeaux l'année précédente, ayant reconnu que l'Etat pouvait utilement employer à son service beaucoup de capitaines du commerce de ce port, y créa une commission de sept négociants, qu'il chargea de lui désigner ceux de ces capitaines qui mériteraient d'être appelés dans le corps des officiers de la marine royale.

ARTICLE SUPPLÉMENTAIRE.

Changements survenus pendant l'impression de cet ouvrage.

§ I. Sur le cours du pavé des Chartrons on vient de terminer un *temple* à l'usage des luthériens qui suivent le rit anglican. Le style de construction de cet édifice est parfaitement assorti à sa destination.

§ II. Le 17 janvier 1845, la société philharmonique

a concouru à l'inauguration d'un établissement d'un genre nouveau, construit dans la *rue Vauban*, sous le nom de *salle Francklin*. Quoique cette salle ne soit qu'une propriété particulière, elle rivalise avec nos plus beaux édifices publics, par son étendue et par la magnificence de ses décorations intérieures. Elle appartient à M. F. *Seignouret*, négociant de Bordeaux, et a été bâtie par l'architecte auquel on doit la construction du nouvel hôpital Saint-André. Quinze cents personnes se placent commodément dans deux rangs de galeries formant le pourtour de cette salle, et dans un rang de baigneuses qui en font le soubassement. Les accessoires de cette salle se composent de plusieurs salons meublés avec goût, et qui la rendent propre à diverses destinations, comme réunions de sociétés particulières, soirées données par de grands artistes, expositions d'objets d'arts, galas d'apparat pour des solennités imprévues. Un pareil établissement manquait aux besoins d'une ville riche et populeuse. Il remplace avantageusement le *bal anglais*, qui subsistait il y a soixante ans aux Chartrons, et auquel le poète Despaze avait consacré une charmante *épître*.

§ III. Nous rappelons à la page 95, que feu M. Nathaniel *Johnston* avait légué 800,000 fr. à l'hôpital Saint-André de Bordeaux, et pareille somme aux pauvres de cette ville. Une ordonnance royale vient d'autoriser la commission administrative des hospices et le bureau central de charité de Bordeaux à accepter le legs, réduit à une somme de 350,000 fr. pour chacun de ces deux établissements.

§ IV. Dans une note de la page 157, nous avons dit que la colonne en marbre, qui s'élevait sur la fontaine supprimée au milieu de la place Royale, *attendait une meilleure destination*. Le 28 janvier 1845, cette colonne a été établie sur la *place du Palais*. On y a ajouté un socle quadrangulaire, aussi de marbre, dont chaque face offre une borne-fontaine [1]. Sur une de ces faces a été conservée cette inscription primitive, qui est un peu énigmatique, surtout par défaut de date :

LE VICOMTE DE MARTIGNAC, MINISTRE DE L'INTÉRIEUR; LE BARON D'HAUSSEZ, PRÉFET DU DÉPARTEMENT DE LA GIRONDE; LE VICOMTE DUHAMEL, MAIRE DE BORDEAUX; LUCADOU, ADJOINT DE MAIRE, DÉLÉGUÉ POUR LES TRAVAUX PUBLICS; DEVAULX, DECOMET, DE MINVIELLE, DE COURSOU, DUPUCH, ADJOINTS DE MAIRE.

Afin que ce monument et la place où il est élevé

---

[1] On a employé jusqu'à présent les *bornes-fontaines*, soit pour économiser les eaux des sources dont le produit est faible, soit pour remplacer les anciens puits publics qui obstruaient certaines rues. La plus ancienne de ces bornes a été établie dans le mois de juin 1837, contre la maison cantonnière des rues du *Puits de Bagne-Cap* et *du Cancera*, et la plus récente vient d'être posée dans la *place des Augustins*. De mesquines bornes-fontaines sans ornements, plantées au centre d'une place publique, y font une assez pauvre figure. Suivant le dernier projet de fontaines à Bordeaux, présenté au conseil municipal le 4 février 1842, six cent et une bornes-fontaines seront disséminées un jour dans les divers quartiers de la ville.

soient vus depuis le port, ne conviendrait-il pas d'abattre la bizarre et très-incommode *porte du Caillou,* dont la forme, d'ailleurs bien irrégulière, contraste avec la magnifique ligne de façade du quai, au centre duquel elle est placée, ou plutôt déplacée, en même temps qu'elle compromet la sûreté et la salubrité publiques? Cette porte est l'abord le plus fréquenté du port, et l'endroit que traversent en tous sens les charrettes qui transportent les marchandises du commerce et les denrées de consommation journalière. Son arceau est tellement étroit et surbaissé, qu'une seule voiture peut y passer. Sa démolition, depuis longtemps désirée par les habitants du quartier, permettrait d'exhausser de 1 mètre le terrain qu'elle occupe, pour qu'il arrive au niveau de celui des deux bouts, et délivrerait les maisons des rues du Caillou et du quai Bourgeois de l'innondation qu'elles éprouvent dans les forts *maréages,* par les grandes eaux qui refoulent des acqueducs du Peugue ouverts tout auprès. Par suite du pavage uniforme qu'on vient d'effectuer sur toute la place du Palais, la chaussée établie sous la porte du Caillou n'a été exhaussée que de 16 centimètres. Cet exhaussement facilite seulement la traction des attelages des voitures, sans diminuer les dangers du passage des piétons en ce dernier endroit.

§ V. Les sculptures qui décoraient la porte d'entrée de la maison que nous décrivons à la page 196 viennent d'être acquises par la mairie, dans l'intérêt des arts. Elles sont conservées dans le jardin de l'Hôtel-de-Ville.

§ VI. A la page 347, nous avons dit qu'on regrettait

de ne trouver dans l'hôpital Saint-André que des fragments d'anciennes inscriptions, qui rappellent les noms de quelques hommes généreux qui ont laissé à cet établissement des preuves de leur bienfaisance. La commission des hospices vient de prendre une détermination qui satisfera les amis de l'humanité. Elle a délibéré de faire placer dans l'hôpital les bustes de Vital *Carles*, du président *Boyer*, du duc de *Richelieu*, et de Nathaniel *Jonhston*, principaux bienfaiteurs de cette maison. Il serait à désirer que la commission généralisât cette mesure, en faisant exposer dans le lieu le plus apparent de chacun des hospices un tableau indicatif des personnes qui leur ont fait des dons depuis leur fondation. Les noms de tous les hommes qui ont consacré leur fortune au soulagement de leurs semblables méritent d'être recommandés à la reconnaissance publique.

§ VII. La *Société d'horticulture* formée à Bordeaux en 1839 était sur le point de se dissoudre, à la mort de son fondateur, dont nous parlons à la page 172, lorsque M. le Maire est parvenu à en réunir les membres, et à les déterminer à reprendre leurs travaux. Cette société vient d'improviser une exposition publique presque aussi remarquable que les six qu'elle a ouvert depuis sa fondation.

En rappelant le rétablissement d'une institution utile, qu'il nous soit permis d'émettre un vœu pour la reconstitution de deux sociétés d'un intérêt majeur, et qui ont déjà subsisté à Bordeaux. L'une serait la *Société de peinture, sculpture, et architecture civile et navale* [1], et l'autre, la *Société de commerce et de marine* [2]. La non existence de la dernière société à Bordeaux surprend surtout les étrangers qui y abordent. Les hommes qui, les premiers, voudront s'occuper de former seulement le noyau de ces deux sociétés, auront bien mérité de leur pays. On ne doit pas douter que le nombre des savants, des artistes et des amateurs distingués qui répondraient à leur appel ne devienne dans peu fort imposant :

Il s'en présentera, gardez-vous d'en douter.

---

[1] Cette société, formée en 1768 par une réunion spontanée d'artistes et d'amateurs distingués, fut constituée en *Académie* par lettres-patentes du 14 novembre 1779. Les trois classes d'artistes qui en étaient membres se rendirent bien utiles à leurs concitoyens, en ouvrant une école gratuite, dans laquelle ils enseignaient les principes de l'art qu'ils exerçaient.

[2] On ne saurait raisonnablement objecter, contre la possibilité de la formation de cette société, l'existence éphémère d'une réunion qui eut lieu à Bordeaux en 1829, sous le nom de *Société commerciale d'Emulation*. Cette réunion s'était organisée d'une manière peu sérieuse, et dans des conditions qui ne pouvaient pas assurer sa durée.

FIN.

TABLE DES MATIÈRES.

N. B. *Il faut chercher les mots sans avoir égard à l'article ou à la particule qui les précède.*

Abattoir	356	Barbeguière, auteur	317
Abbaye des marchands	112	Bardineau, place et bal.	128
Abert, fondateur	52	Barrere, artiste	66
Académie des scienc.	172, 337	Barreyre, rue	73, 115
Aérostats	78, 128, 352, 353	Bateaux à vapeur	299
Allées des Noyers, 79; de Tourny, 121; du Marais, 239; de Damours	148	Baulon, fondateur	284
		Baurein, auteur	7, 288, 293
		Bazar	170
Aliénora, sa statue	221	Bazemon, auteur	279
Alphonse, auteur	210	Bec d'Ambez, rue	45
Andouilles, rue	314	Beck, artiste	144
Anglaise, rue	308	Beaurieu, auteur	150
Andrieu, artiste	212	Bel, fondateur	119
Annonciades, couvent	330	Belleville, rue	297, 364
Aquitaine, rue, porte et pl.	326	Bénédictines, couvent	307
Archives départementales	74	Bénédictins, couvent	304
Arnaud-Miqueu, rue	202	Bensse, rue	52
Arsac, rue et hôtel	163	Bergeret, auteur	173
Augustines, couvent	322	Bergeron, auteur	167
Augustins, couvent et pl.	324	Berquin, auteur et rue,	39, 256
Ausone, auteur, rue et fontaine	192, 221	Berri, porte et rue	336, 338
		Betbeder, auteur	257
Ayres, rue, chapelle et porte	271	Bétoulaud, auteur	214
		Bibliothèque publique	118
Babot, auteur	330	Biennourry, auteur	201
Bacalan, faubourg	49	Bigot, fondateur	327
Bahutiers, rue	195	Birouette, impasse	294
Bains publics	57, 58, 98	Black, auteur	66

TABLE DES MATIÈRES.

Blanc, auteur.................. 106
Bon-Pasteur, couvent..... 208
Bordeaux, son origine, 8; enceinte romaine, 11; ses deux accroissements, 13; son invasion par les barbares, 17; troubles de la fronde....................... 20
Bornes-fontaines............ 370
Boucherie, artistes.......... 357
Boucheries, rue.............. 263
Bouffard, rue................. 241
Bouhaut, rue.................. 330
Bouquière, rue............... 263
Bourgogne, place........... 243
Boyer, fondateur............ 234
Boyer, artiste................. 274
Brémontier, auteur......... 285
Cachecoucuts, rue.......... 69
Cahernan, rue................ 175
Caillau, auteur............... 236
Caguemules, rue............ 291
Campaure, ancien quartier 107
Capelle, auteur............... 160
Canon, rue..................... 168
Candale, rue................... 325
Cancera, rue................... 207
Canteloup, artiste........... 74
Carles, fondateur..... 227, 231
Carmélites, 2 couv... 108, 320
Carmes, couv. en ville, 282, 333
— aux Chartrons............ 108
— petits, en ville............ 236
Carpenteyre, rues.... 208, 306
Carrière, auteur.............. 305
Castaing, auteur............. 320
Castignac, rue................ 210

Cauderez, auteur............ 368
Causserouge, rue............ 318
Cazalet, auteur............... 161
Casernes de la garde mun. 231
— de la garnison...... 339, 340
Cerf-Volant, rue............. 194
Cessy, artiste................. 144
Chai-des-Farines, rue..... 192
Chantier du Gouvernement 348
Chapeau-Rouge, rue....... 111
Chapelet, place et rue..... 115
Chartreux, couvents.. 63, 184
Chartrons, faubourg....... 62
Château-Trompette........ 81
Chemins du Roi, 68; du Médoc, 131; de Bayonne, 329; de Toulouse, 357; du Sablona, 328, 357; de Saint-Vincent, 353; du Tondut, 363; de Pessac, 366; de fer........... 367
Chéron, auteur............... 282
Chevalier, auteur............ 199
Cheverus, rue................. 217
Chevet, artiste................ 353
Cicé, fondateur.............. 151
Cimetière général.......... 186
Cirques pour combats d'animaux, 123; Olympique............................ 146
Cizos, auteur.................. 193
Clare, rue....................... 310
Clément V, sa statue et sa vigne................... 225, 366
Clozanges, auteur........... 307
Colléges de Guienne, 265; de médecine, 271; des

TABLE DES MATIÈRES. 377

lois, 272; royal, 281; de la Magdelaine, 285; de chirurgie 324
Colignan, rue 182
Colisée, anecdote 363
Colonnes rostrales 57
Columbeyre, rue 314
Combes, artiste 110
Comédie, place 98
Corcelles, artiste 183
Cordeliers, couvent et pl.. 315
Cottin, femme auteur 259
Couchet, auteur 320
Courréges, auteur 66
Cours Saint-André et Saint-Louis, 67; du pavé des Chartrons, 75; de Tourny, 92; du XXX Juillet, 91; du Jardin-Public 123; d'Albret, 239; d'Aquitaine, 329; de Champion, 297, 363; Saint-Jean 353
Course, rue 123
Coutenceau, femme auteur 328
Darnal, rue et auteurs. 39, 304
Dauberval, artistes 106
Dauphine, place et porte.. 179
Daviau, mausolée 228
Degascq, fondateur 184
Delancre, auteur 248
Delaunay, auteur 175
Delort, auteur 282
Delurbe, auteur et rue 40
Dépôt de Mendicité 152
Desbiey, auteurs 240
Desgants, artiste et rue 367
Désirade, rues 263, 359

Devèze, ruisseau 187
Devise, rues 209
Devienne, auteur 305
Dijaux, rue et porte.. 162, 179
Divone, fontaine 193, 222
Doues, anc. fossés de ville 329
Douhet, impasse 163
Droits de l'homme, place. 45
Dubernet, auteur 51
Dubreuil, artiste 248
Ducasse, rue 313
Dudevant, auteur 131
Duforest, auteur 162
Dumyrat, auteur 223
Dupaty, auteurs 212
Dupérier, auteur 340
Duplessis, rue 129
Duquesnoy, artiste 307
Dupont, artiste 282
Duranteau, rue 40
Dutems, auteur 223
Ecoles, de chirurgie, 334; ecclésiastique secondaire 355
Ecuries, rue 210
Enclos, rue 363
Enclos, d'Arn. Guiraud... 353
Enfer, rue 195
Entre-deux-Murs, rue 160
Entrepôt du commerce 57
Espaignet, auteur 198
Esprit-des-Lois, rue 97
Estey Majou 348
Estey de Bègles 353
Fagnas, rue 322
Fau, auteur 201
Féger, place 70
Ferrère, auteur et rue 167

TABLE DES MATIÈRES.

Feuillants, couvent........ 275
Feyseau, artiste............ 239
Fidelle, auteur............. 312
Figueyreau, fontaine...... 76
Figuières, rue.............. 282
Foires 150
Foix-Candale, auteur..... 324
Fonfrède, auteur........... 113
Fondaudége................. 130
Font de l'Or................. 60
Fonteneil, auteur........... 218
Forts du Hâ, 295; Louis... 356
Fossés de l'Intendance, 109; du Chapeau-Rouge, 111; des Tanneurs, 281; des Carmes, 282; de Ville 283; de Saint-Eloi, 286; de Bourgogne............ 287
Française, rue............... 311
Francia, auteur............. 288
Fusterie, rue................ 307
Gahets, faubourg........... 359
Galard, artiste.............. 83
Galin, auteur............... 281
Galerie....................... 170
Gabillon, rue................ 318
Garat, artiste............... 264
Gaviniez, artiste............ 290
Gay, auteur.................. 367
Giraud, artiste.............. 238
Gobain, auteur.............. 202
Gonet, auteur................ 116
Gonzalès, artiste............ 182
Gourgue, auteur, rue et fondatrice............... 176, 351
Granié, auteur............. 76
Gradis, auteur.............. 283

Grégoire, auteur............ 236
Grimauld, auteur........... 303
Guienne, rue................ 265
Guilhe, auteur.............. 117
Guyart, artiste.............. 271
Hâ, rue et porte............ 293
Harlots, rue................. 308
Héliès, femme auteur...... 317
Herbert, auteur............. 296
Herbes, rue.................. 273
Hervier, auteur............. 240
Hôpitaux de St-Charles, 85; ancien de St-André, 231; liste de ses bienfaiteurs, 233; nouveau de Saint-André, 341; liste de ses bienfaiteurs, 343; des Incurables, 327; des Vieillards, 303; de Saint-Jacques, 322; de la Maternité, 328; des Enfants-Trouvés, 330, 349; des Aliénés 354
Hôtel-de-Ville; le nouveau, 238; l'ancien........ 249, 265
Hôtels divers; de la Banque, 97; de l'Intendance, 109; de la Bourse et de la Douane, 157; du Gouverneur, 164; de Béguey ou Lansac, 195; des Monnaies, 143, 192, 308; du commandant de la division, 241; des anciens maires, 274; des fiacres. 296
Hustin, rue.................. 124
Huguerie, rue............... 144

Indivisibilité, rue............ 44	*Leclerc*, auteur............... 358
Jardin-Public.............. 126	*Lesage*, auteur............... 115
— des plantes.......... 80, 187	*Lescan*, auteur............... 264
Jaubert, auteur............. 288	*Lespez d'Albessard*, fond. 351
Jean, artiste.................. 115	*Lestonnac*, fondat.... 293, 351
Jerbault, artiste............. 349	*Leupold*, auteur.............. 200
Jésuites, couvents, 266,	*Leyteyre*, rue................ 318
274, 284, 306............ 326	*Lhospital*, auteur............ 67
Johnston, fondateur... 95, 369	*Lhote*, artiste................ 80
Journiac, auteur............ 237	*Lisleferme*, auteur......... 129
Journu, auteur.............. 114	*Livran*, ancien château.... 365
Judaïque, rues....... 145, 217	*Lois*, rue..................... 272
Juifs, leur ancien séjour,	*Lonsing*, artiste.............. 96
145; cimetières, 316,	*Louis*, artiste................. 99
356; Temple.............. 319	*Loup*, rue.................... 204
Labirat, rue................. 333	*Loyac*, auteur................ 236
Labottière, artistes......... 194	*Mably*, rue................... 119
Labrousse, auteur........... 163	*Madelaine*, femme auteur,
Lacolonie, auteur........... 203	108; couvent............ 334
Laclotte, artistes............ 131	*Maderan*, fondateur....... 63
Lafaurie, auteur............. 282	*Magasin de la Marine*.... 51
Lacoudraye, auteur........ 181	*Maison Dorade*.............. 161
Lachassaigne, auteur....... 287	*Maison de force*............ 339
Lacour, artiste.............. 144	*Malus*, auteur................ 309
Lacroix-Maron, auteur... 53	*Manége royal*................ 127
Lafon-Ladebat, auteur... 264	*Marchande*, rue..... 173, 214
Lagrange, rue et fontaine. 77	*Marchés* des Chartrons,
Lalande, rue................ 332	74; des Grands-Hommes, 119; Royal, 210;
Lambert, auteur............ 316	nouveau, 265; aux fruits,
Lamothe, auteurs........... 259	243; ancien, 268; au bétail, 310; des landes..... 327
Lamontagne, auteurs...... 287	*Manufacture des tabacs*.. 297
Lamouroux, fondatrice.... 336	*Margaux*, rue................ 218
Lartigue, artistes........... 340	*Marignan*, artiste........... 299
Lasau, rue................... 256	*Martelli*, artiste............. 105
Latapie, auteur et fondat. 117	*Martiny*, rue................. 291
Lavie, auteur................ 177	
Lavau, artiste............... 212	

Martial, auteur............ 236
Mathieu, fondateur... 172, 346
Maubec, rue............... 307
Maucoudinat, rue.......... 200
Maucaillou, rue............ 313
Maucouyade, rue.......... 273
Mautrect, rue.............. 117
Melon, auteur.............. 159
Menuts, rue................ 317
Merci, couvent et rue...... 201
Mercier, artiste, aut., 241, 285
Merlet, auteur.............. 127
Mériadeck, rue............. 240
Millanges, art. et rue.. 40, 255
Minge-cague-béou, rue... 318
Mingin, rue................ 330
Minimes et *Minimettes*,
   couvents et rues.......... 288
Mirail, rue................. 320
Miséricorde, hospice...... 336
Molière, joue à Bordeaux.. 100
Monballon, auteur......... 216
Mondonville, artiste........ 256
Montagne, place........... 46
Montaigne, son mausolée,
   276; sa demeure......... 288
Montesquieu, son buste,
   119; sa demeure, 218;
   anecdote sur sa médaille 259
Mont-de-Piété............. 323
Montméjan, rue............ 236
Montmorency, sa médaille 284
Mottes, rue................ 291
Mú, rue.................... 356
Moulins de Bacalan, 53; de
   Sainte-Croix, 307; d'Arcs 357
Moulinié, fondateur........ 125

Muguet, rue................ 246
Mus, auteur................ 367
Musée...................... 118
Nations libres, rue........ 43
Nau, auteur................ 150
Navigère, porte............ 209
Nesmond, auteur........... 164
Neuve, rue................. 258
Notre-Dame, rue, couvent
   et église, 72, 84, 115, 117, 293
Noviciat, rue............... 306
Observance, rue............ 317
Ombrière, rue.............. 191
Opinion, rue................ 44
Ormée.................. 21, 171
Orphelines, couvent....... 336
Palais Gallien, 139; place
   et fontaine, 190, 370; de
   l'Ombrière, 191; Archié-
   piscopal, 217, 237; de
   Justice..................... 295
Palanques, rue............ 294
Palière, artistes........... 172
Palisse, auteur............ 190
Palle-mail................. 89
Paludate, faubourg........ 347
Pau de Sainte-Catherine.. 59
Paulin, saint............... 179
Parlement, tribunal et rue,
   190........................ 211
Pédagen, rue............... 211
Pénitencier................. 334
Pépinière................... 187
Pellegrin, rue.............. 340
Péreire, auteur............. 325
Permentade, rue........... 319
Péry.................. 247, 371

TABLE DES MATIÈRES. 381

Petit-Judas, rue............ 195
Peugue, rue.......... 187, 291
Pey-Berland, fondateur et place...................... 221
Peyronin, fondatrice....... 350
Picard, place................ 71
Pichadey, rue............... 299
Picques, place.............. 46
Piffre, rue.................. 216
Piliers - de - Tutelle, 85, 160........................ 211
Poissac, auteur et rue..... 240
Poisson-Salé, rue.......... 174
Poitevin, artiste............ 309
Poitevine, rue.............. 193
Pomme-d'Or, rue........... 73
Pont de Bordeaux.......... 243
— du Guit 354; de la Mousque, rue, 159; Long, rue, 182; de Brienne..... 348
Portes de ville démolies, d'Andeyola, 86; de Tourny, 92; de la Cadene, 174; Médoc, 170; des Trois-Maries, 174; Dauphine, 179; Despaux, 154; du Chai-des-Farines, 182; de Richelieu, 97; Bégueyre, 206; Rohan, 238; d'Albret, 239; des Salinières, 242; Porte-Basse, 219, 290; de la Grave, 298; du Mirail, 320; de Sainte-Eulalie..................... 336
Portes subsistantes, Dijaux, 179; du Caillou, 188, 371; Bourgogne, 243; de St-

Eliége, 248; de Toscanan, 272, 290; de la Monnaie, 272; des Capucins, 309; d'Aquitaine......... 326
Porte-Dijaux, rue......... 162
Poyenne, rue................ 53
Poudiot, rue................ 257
Poudrière 131
Pradeau, place............. 151
Prisons départementales... 295
Puits-des-Cazeaux, rue.. 246
Putoye, rue................. 143
Puy-Paulin, chât., église et place................... 177
Pyramide 358
Quai-Bourgeois, rue....... 189
Quais de Bordeaux........ 56
Quinconces, promenades.. 81
Raëmound, auteur......... 165
Raison, rue................. 44
Raffinerie des salpêtres.... 131
Recluse..................... 147
Récollets, couvent......... 120
Religieuses, rue............ 143
Renière, rue................ 246
Retaillons, rue 71
Reynard-Strékeisen, fond. 351
Richelieu, fondateur....... 341
Risteau, auteur............ 259
Rivière, impasse........... 365
Rode, rue et artiste..... 41, 207
Rodesse, place.............. 296
Romainville, artiste........ 106
Romas, auteur.............. 338
Rouquette, artiste......... 178
Rousselle, rue.............. 245
Royale, rue et place 152, 156

TABLE DES MATIÈRES.

Rues; tableau de celles qui ont reçu de nouv. noms en 1842 et 1793...... 39, 42
Sacau, auteur............... 362
Saige, rue et auteur... 54, 131
Saint-André, cathédrale.. 223
— Antoine, couvent et rue 272
— Bruno, église............ 186
— Christoly, église........ 236
— Dominique, église...... 116
— Eliége, place............ 285
— Eloy, église........ 248, 286
— Fort, rue et reliquaire.. 134
— François, rue............ 317
— Genez, église............ 368
— Germain, chap., et porte 93
— Jámes, rue............... 254
— Joseph, couvent......... 336
— Julien, hôpital et place. 326
— Laurent, chapelle....... 365
— Louis, église............. 72
— Marc, auteur............ 240
— Martial, église et bâton............... 52, 136
— Martin, chapelle et auteur............... 145, 281
— Michel, église.......... 300
— Nicolas, église.......... 359
— Paul, rue et église, 235, 274
— Pierre, église............ 199
— Projet, église et place.. 213
— Remy, église et rue, 159, 162
— Seurin, église............ 133
— Siméon, église........... 201
— Vincent, chapelle....... 354
Sainte-Catherine, rue..... 169
— Claire, couvent......... 310

Sainte-Colombe, égl et pl. 270
— Croix, église............. 303
— Eugénie, rue............. 69
— Eulalie, église et rue... 335
— Hélène, rue.............. 223
— Luce, auteur............. 256
— Ursule, couvent......... 311
Salle Francklin............. 369
Sans-culottes, rue..... 46, 213
Sarrau, auteurs............ 176
Saumenude, rue........... 311
Secondat, auteur........... 338
Segur, rue............. 45, 340
Séminaires, ancien, 143; des Irlandais, 293; nouveau, 311; petits... 339, 355
Senault, femme auteur..... 215
Servandoni, rue............ 297
Sicard, auteur.............. 152
Société d'horticulture...... 372
Soley, rue.................. 246
Sourdis, fondateur......... 185
Sourds-muets, institut..... 143
Statue de Louis XV....... 155
— de Tourny........... 36, 94
Sticotti, auteur.............. 216
Taillasson, artiste.......... 190
Tarragua, auteur........... 271
Tauzia de Brézets, fondat. 349
Temple, rue................ 165
— des protestants, 73, 247....................... 368
— Décadaire, rue........... 44
Terrasson, auteur.......... 256
Terre-Nègre, quartier..... 153
Terres-de-Bordes, rue.... 352
Teulère, artiste............. 257

Théâtres divers depuis 1645	100	*Venuti,* auteur	289
Tiffonnet, rue	328	*Vernemétis,* temple	303
Thibault, auteur	114	*Vernet,* artiste	58
Tourny, notice sur sa vie	25	*Vinet,* rue et épitaphe, 41,	
— cours, place et porte	92	208	267
Tours de l'Hôtel-de-Ville.	248	*Victoire-Américaine,* rue	131
Traversière, rue	208	*Vieille-Tour,* rue	168
Treilles, rue	237	*Vigneron,* auteur	316
Treuils, ruelle	367	*Vignes,* fondateur	172
Trois-Chandeliers, rue	200	*Vigne-Garonne,* faubourg	49
— *Conils,* rue	215	*Villaris,* artiste	275
— *Marie,* rue	174	*Visitation,* couvent	281
Troupeyte, faubourg	81	*Vivre libre ou mourir,* rue.	44
Turpin, artiste	173	*Voxin,* artiste	96
Vand-Brande, auteur et rue	66		

ERRATA.

Page 106, ligne 18, au lieu de *dame,* lisez : *danse.*
Page 282, ligne 5, au lieu de 1736, lisez : 1836.
Page 327, ligne 10, au lieu de *vocabit,* lisez : *vacabit.*
Page 346, ligne 19, après *perpétuelle,* ajoutez : *de* 400 *fr.*

OUVRAGES DU MÊME AUTEUR,

DONT ON TROUVE QUELQUES EXEMPLAIRES CHEZ LUI, QUAI DE BOURGOGNE, 25.

Antiquités Bordelaises, ou *Recherches historiques sur Bordeaux et sur les lieux les plus remarquables du département de la Gironde.* 1797, in-8° de 408 pages.

Prix : 5 fr., avec les plans du Palais-Gallien et du premier Bordeaux.

Annales de Bordeaux, contenant la *Continuation des Chroniques Bordelaises, d'après les registres de la jurade, depuis* 1700 *jusqu'en* 1789. 1803, in-4° de 268 pages, avec quatre gravures.

Prix : 10 fr. l'ouvrage entier, et 2 fr. 50 c. un cahier séparé, avec sa gravure.

Tableau de Bordeaux, ou *Description historique des monuments et édifices publics détruits ou subsistants dans cette ville, avec un Montesquiana.* 1810, in-12 de 214 pages.

Prix : 3 fr., avec le portrait de Montesquieu.

Continuation de l'Histoire de Bordeaux depuis 1675 *jusqu'en* 1835, ouvrage qui a remporté le prix au concours ouvert à l'Académie des sciences de cette ville. 1837, in-8° de 604 pages.

Prix : 9 fr., avec une gravure représentant l'autel de l'ancien temple de Tutelle, qui se voit au musée.

Précis de l'histoire Française, en vers techniques. 1839, in-12 de 23 pages.

Prix : 50 c.

Le présent avis est pour les personnes qui pourraient chercher ces ouvrages chez les libraires, où il n'en reste plus d'exemplaires.

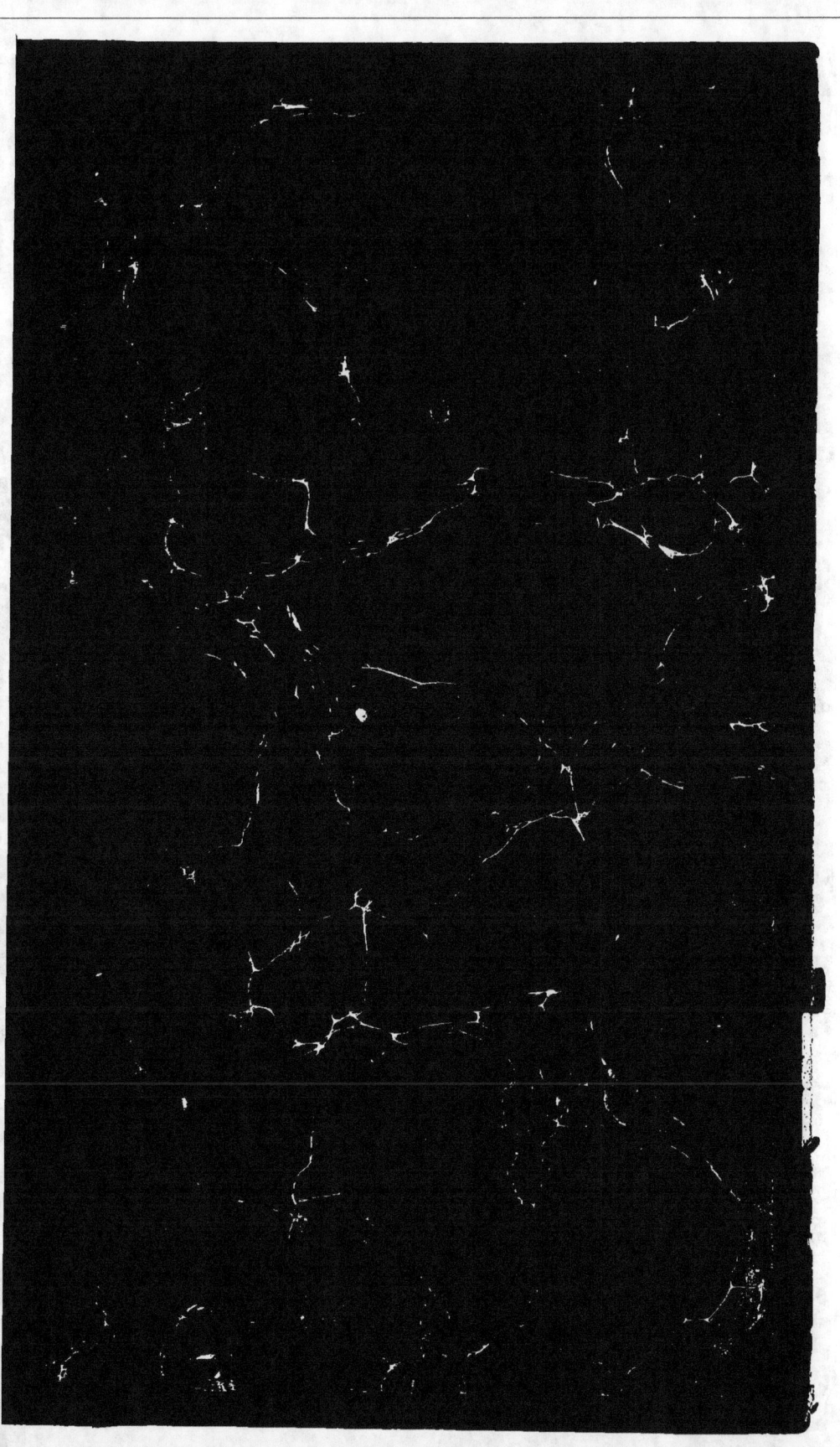

www.ingramcontent.com/pod-product-compliance
Lightning Source LLC
Chambersburg PA
CBHW052043230426
43671CB00011B/1770